图书在版编目（CIP）数据

物联网商业模式/余来文等编著. —北京：经济管理出版社，2014.7
ISBN 978-7-5096-3193-5

Ⅰ.①物… Ⅱ.①余… Ⅲ.①网络企业—商业模式—研究—中国 Ⅳ.①F279.244.4

中国版本图书馆CIP数据核字（2014）第143321号

组稿编辑：申桂萍
责任编辑：申桂萍　侯春霞
责任印制：黄章平
责任校对：陈　颖

出版发行：经济管理出版社
（北京市海淀区北蜂窝8号中雅大厦A座11层　100038）

网　　址：	www.E-mp.com.cn
电　　话：	（010）51915602
印　　刷：	三河市延风印装厂
经　　销：	新华书店
开　　本：	720mm×1000mm/16
印　　张：	15
字　　数：	235千字
版　　次：	2014年8月第1版　2014年8月第1次印刷
书　　号：	ISBN 978-7-5096-3193-5
定　　价：	45.00元

·版权所有　翻印必究·

凡购本社图书，如有印装错误，由本社读者服务部负责调换。
联系地址：北京阜外月坛北小街2号
电话：（010）68022974　邮编：100836

商业模式创新理论与实践系列

Internet of things Business Model

物联网商业模式

余来文 封智勇 孟 鹰 温著彬 著

序　言
商业模式——物联网发展动力源泉

管理学大师彼得·德鲁克曾说："经营目标可以被比做是轮船航行用的罗盘。罗盘是准确的，但在实际航行中，轮船却可以偏离航线很远。然而如果没有罗盘，航船既找不到它的港口，也不可能估算到达港口所需要的时间。"

然而现实是，即使我们有了轮船，也有了罗盘，但很多轮船仍然无法到达彼岸，一如曾经号称"永不沉没"的铁达尼号，最终也只能选择倒下。

企业经营跟航海实质上道理相通：有了轮船作为工具，有了罗盘保持方向，我们还需要足够的动力。在辽阔的海洋上，风高浪大阻力重重，没有足够的动力，轮船只能在原地打转。

企业走向成功的基础无疑是产品和服务的质量，然而，如何推动企业走向辉煌？在不同的企业家眼中，有着不同的见解和领悟。

2014年初时，国际物促会、物联网经理人联盟和物联传媒曾经联合举办过一场关于"互联网思维与物联网"的研讨会。会议上，众多的物联网企业家、职业经理人"一改常日谦虚谨慎的作风"，思维踊跃发散——在这个全球互联网已经进入纵深时期的阶段，建立在互联网基因上的物联网，需要从传统的行业策略中走出来，应用互联网思维解决未来的发展路向难题。

这是一场畅快淋漓的辩论赛，也是一场对未来物联网企业经营思考的火花碰撞测试。有辩论，自然有结果：在现代商业竞争中，"商业模式"是推动轮船快速前进的最大动力！

恰恰印证了彼得·德鲁克在不同演讲场合都一再重申的那句：当今企业之间的竞争，不是产品之间的竞争，而是商业模式之间的竞争。

乍闻余博士请我们给《物联网商业模式》写序的消息，虽然不免惊诧，但更多的是随之而来的思考。书籍中的部分内容在我们的《物联网世界》杂志连载刊登过，对不同物联网行业龙头的精致研究还时有回响。企业的产品与服务、战略、定位、整合，是这些龙头企业获得持续经营的动力，发人思考。

两三年前，我去同方股份物联网本部拜访，问过相关负责人一个问题：以同方股份的策略和定位，物联网业务到底如何架构核心价值？

该负责人给了我一份相当别致的答案："我们认为同方股份旗下的99家子公司中跟物联网相关的公司，大部分做的还是原有行业，而不是物联网。"未解，他给我们做出了解释——在同方股份的战略定位与商业模式设置中，所有关于物联网的产品与服务销售，都仅仅是一种手段。同方股份要抓住的是更末端的商业价值——从大数据架构下可能衍生和延伸的各种物联网数据应用。这才是同方股份关于物联网战略的核心。

他坦白说，即使正准备分拆的同方微电子以及已经分拆出去的泰豪科技，在同方股份的战略中都是更为前期的经营模式。而最终实现物联网完善应用的，还是在于后期的数据应用及挖掘。

在这样的设计下，商业模式所能体现的价值，将是同方股份在物联网产业布局的最主要支撑点。

同方股份在"技术与资本"上的优势自然不言而喻，同方股份所掌握的资源优势同样明显。从原有的基础来说，单纯通过产品销售和项目集成，已经可以形成足够的盈利深度和广度。为什么同方股份还需要在此基础上走向产业的更末端，以形成更为纵深的商业模式和盈利模式？

这是很多企图解开同方股份未来发展之谜的研究者们最渴望答案的问题。对此，我们更倾向于同方股份是为了未来物联网产业的变化而布局：早期的中国物联网市场，是以政府主导及政府驱动为特征的市场，特点就是大量的应用以政府项目的形式存在。然而，经历过初期的发展阶段后，市场已经开始转向商用及民用。

商用及民用市场与政府市场有着非常明显的不同，即其价值塑造具有发散性的特点，而政府项目的价值感相对集中。

这是未来物联网企业必须面对的一个现实，同方股份在面对这个现实时选择的是在其"战略·定位·整合"、"技术+资本"模式下,再次进行延伸,使得企业服务更趋向于末端价值的开发,进一步加强服务黏性和核心竞争力。同时,还迎合了产业未来发展的最主要趋势。

由此可见,商业模式设计将是关系到企业未来成败的最重要影响因素之一。无论进展快还是慢,物联网成为万亿级别的产业已经毋庸置疑。在物联网慢慢渡过导入期向快速发展期演进的过程中,应用的扩散将使得市场产生极大的变化,市场的趋势变化将呈现出多样性,商业应用和民用逐步普及。

企业如何在产业中站住脚跟,并在未来顺应发展大势,成长为"常春藤"?远望谷、新大陆、同方股份等系列龙头企业的发展模式,能够给我们带来什么样的借鉴?

价值塑造为基石,战略·定位·整合为支柱,商业模式为动力,大事可成!

国际物联网贸易与应用促进协会秘书长

深圳市物联传媒有限公司总经理

《物联网世界》杂志总编辑

前 言

当今企业的竞争已不再是价格的竞争,而是商业模式之间的竞争。企业要想在竞争中获胜,唯有依靠企业不断创新原有商业模式,提供更新、更有特色的产品和服务,最大程度去超越现有客户的期望,实现客户的价值追求,从而为企业创造更多的价值。伴随信息网络技术的兴起,企业的竞争环境已由之前相对稳定的静态环境向更趋复杂多变和日益不确定的动态环境转变。对企业而言,复杂多变的动态环境已是不争事实,企业唯一不变的就是变化。因此,我们最好的选择就是用创新去应对变化。正是如此,当今社会创新已无处不在,无时不在。云计算、物联网、大数据等技术创新一波未平一波又至,如果企业没有超前的竞争意识和创新思维,不能随机而动、随需而变,就很难在市场中生存,更无须谈发展。这些IT技术的变革必然会带来商业模式的创新。可以说,商业模式创新已成为企业技术创新之后的又一成功利器。IBM前首席执行官郭士纳曾提出,计算模式每隔15年发生一次变革,人们把它称为"15年周期定律"。1965年前后发生的变革以大型机为标志,1980年前后以个人计算机普及为标志,而1995年前后则以互联网革命为标志。到2010年,云计算、物联网的出现更是如潮水般袭来,那我们有没有足够的思想准备呢?

物联网,一个听起来很时髦又很IT化的词汇,很多人都误以为物联网还只是一个让我们可以遐想的概念,离我们的生活还很远,其实这是我们的错觉。物联网技术本身很抽象也很专业,但当我们还未识别其庐山真面目的时候,物联网应用就开始铺天盖地迎面袭来,小到智能家居,大到智慧城市,这些都已经逼近你我。只要我们稍加留意,其实物联网就在身边。可以说,当前物联网应用正渗透到我们每个人的吃、穿、住、用、行等诸多方面。就拿身边的售货机来说，我相信很多人还只是把它简单地看做一台售货机而已，其实远非如此。

自动售货机不仅可以联网控制，而且整合了多项技术，它几乎已成为当前物联网应用的最佳商业模式的一个缩影。首先，我们通过机械按钮，与自动售货机实现了简单的人机交互，并且这些售货机要具备一定的联网功能。目前，无论在各大中型城市，还是在各大飞机场、火车站、地铁站、汽车站等人口密集地区，到处都能见到售货机的身影，甚至还有售票机。其次，在我们所居住城市的每个角落，到处都有这种售货机的存在。有甚于此，在物流环节也可以通过时间记录或者定位来了解这些物品的流向，精准地对食品进行监控和分配。可以说，这种"智能"售货机真的是名副其实。庞大的流量和需求分布信息是有很高的价值的，这就是潜伏在物联网中的商业价值。再次，可远程控制的广告，这是物联网商业模式的创新。例如，在地铁站、快速公交系统（BRT）、火车站等公共场合，目前很多的物联网商家都在智能售货机上有一块屏幕，上面放一些广告，这些广告可以通过网络进行远程编辑和适时调整。同时，用户在付费购买商品之后还可以在屏幕上玩奖励游戏，甚至可以获得奖励商品。物联网商家之所以会这么做，也无非是在追求一种基于底层架构的增值服务，也算是一种商业模式创新的途径。可以说，物联网信息系统就是这样毫无保留地显示在这个屏幕上。最后，更新潮的 O2O 业务，即通过自动售货机屏幕上的在线购买功能，可以买到服务商提供的一些商品，进而一段时间后用户可以到自己指定的售货机凭验证码取货。因此，通过上述多种商业模式的完美整合，售货机也越来越智能化、自动化，在给我们生活带来极大便利的同时，也为很多企业带来了不错的利润。可以说，这就是我们天天所见却不以为然的自动售货机所表现出来的不同寻常的地方。其实自动售货机是物联网在商业模式创新方面的典范之一，在创新服务、满足客户需求的同时实现真正的客户价值创造。

小小的售货机尚且如此，其他产品又何尝不是如此。因此，很多高新技术企业开始面向物联网寻求转型升级，追求企业新的更大的利润源。自此，物联网商业模式也就应运而生。物联网商业模式是通过对诸多信息技术企业从原有行业向物联网领域转型升级而进行整合资源，通过信息感知、传递和处理，实现信息创造价值，进而挖掘出企业新的利润源的一种商业运作模式。为验证我们所得出的物联网商业模式，本书不仅选用了当前最具代表性的受益于物联网概念的上市企业为例，包括远望谷、新大陆、厦门信达、东信和平、高鸿股份、同方股份等知名企业，而且通过分析它们是如何向物联网产业进行转型升级，进而探究这些物联网企业实现成功转型的秘密基因。

可以说，物联网是一个新事物，物联网商业模式还处于不断摸索中，我们也只是对当下的企业经验进行总结，还有待于继续接受检验。物联网的发展，与当年手机的发展极为相似。手机的发展，既满足了个人消费者手握一机走遍全球的需求，又使产业链上的手机制造商、增值服务商、平台厂商、通信设备制造商等多方均获得利益，所以，手机一诞生，便迅猛发展。物联网与手机相比有类似之处，物联网也是要围绕产业链的诸多利益共同体，如射频识别（RFID）、传感等设备制造商、网络运营商、系统集成商、软件开发商等多方共同协作关系。唯有实现产业链价值，物联网企业的价值方能保证。

目 录

第一章 物联网融入我们的生活 ……………………………………… 001
  第一节 物联网融入我们的生活 ………………………………… 002
  第二节 什么是物联网 …………………………………………… 011
  第三节 物联网的应用 …………………………………………… 014
  第四节 物联网时代的到来 ……………………………………… 031
  第五节 物联网未来生活 ………………………………………… 034
  第六节 小结 ……………………………………………………… 036

第二章 物联网商业模式 ………………………………………………… 037
  第一节 什么是物联网商业模式 ………………………………… 038
  第二节 物联网商业模式解析 …………………………………… 039
  第三节 物联网企业商业模式创新"5+1"模型 ………………… 048
  第四节 小结 ……………………………………………………… 069

第三章 远望谷：RFID行业应用领军者 …………………………… 070
  第一节 公司概况 ………………………………………………… 071
  第二节 远望谷：基于RFID行业应用的商业模式 …………… 079
  第三节 远望谷商业模式创新路径分析 ………………………… 083
  第四节 远望谷的启示 …………………………………………… 097

第四章 新大陆：掌握二维码芯片核心技术的企业 ………………… 100
  第一节 公司介绍 ………………………………………………… 101
  第二节 新大陆：全面布局物联网应用 ………………………… 107
  第三节 新大陆物联网商业模式创新路径分析 ………………… 112

第四节　新大陆的启示 ………………………………………… 119

第五章　厦门信达："一体两翼"的产业架构 …………………… 121
　　第一节　公司介绍 ……………………………………………… 122
　　第二节　物联网商业模式：专注于RFID领域系列产品的研发与制造 … 127
　　第三节　厦门信达物联网个性化应用 ………………………… 129
　　第四节　厦门信达物联网商业模式创新路径分析 …………… 133
　　第五节　厦门信达的启示 ……………………………………… 140

第六章　东信和平：智能卡领域龙头企业 ………………………… 143
　　第一节　公司介绍 ……………………………………………… 144
　　第二节　东信和平：从提供智能卡业务向系统集成商转型 …… 148
　　第三节　智能卡的物联网应用 ………………………………… 150
　　第四节　东信和平物联网商业模式创新路径分析 …………… 153
　　第五节　东信和平的启示 ……………………………………… 162

第七章　高鸿股份：进军物联网、移动互联网等新兴产业 …… 164
　　第一节　公司介绍 ……………………………………………… 165
　　第二节　高鸿股份：基于"全国连锁销售和服务中心"的
　　　　　　商业模式 …………………………………………… 171
　　第三节　高鸿股份物联网商业模式创新路径分析 …………… 174
　　第四节　高鸿股份的启示 ……………………………………… 187

第八章　同方股份："大数据城市运行体征管理" ……………… 189
　　第一节　公司概况 ……………………………………………… 190
　　第二节　同方股份物联网行业创新应用 ……………………… 197
　　第三节　同方股份：基于"大数据城市运行体征管理"的
　　　　　　智慧城市 …………………………………………… 200
　　第四节　同方股份物联网商业模式创新路径分析 …………… 205
　　第五节　同方股份的启示 ……………………………………… 220

参考文献 ………………………………………………………………… 223
后　记 …………………………………………………………………… 227

第一章　物联网融入我们的生活

迈入物物相联的时代

有人说，即将到来的时代是一个物联网的时代。在办公室里点击鼠标就能看到家里的实时画面，回家路上一键按下，办公室的门窗就自动关闭。这些人与物、物与物之间的相联，就是物联网带给我们生活的便利。十年的时间，物联网在中国从一个科研概念变成了一个生活中的现实应用，物联网技术正从 1.0 迈向 2.0 的升级版。

第一节　物联网融入我们的生活

当人们还在为"智慧地球"、"感知中国"这些遥不可及的梦想而不懈努力与追求时,其实物联网已渗透到我们生活的每个角落,"吃、穿、住、用、行"一个也不少。让我们幻想一下,早上起床,窗帘会自动打开;上班时,可以用手机遥控家中的电饭煲煮饭;下班后,可以用手机远程将办公室的电脑关机;外出旅游时,可以对庭院进行自动灌溉,给家里的宠物进行喂食……这一切都可以通过手机、电脑和车载专用终端控制变为现实。

一、"吃":肉菜追溯系统让用户吃得更放心

在无锡,早上8点,市民华女士在朝阳农贸市场罗运芝的摊位上购买了2斤青菜。付款后,溯源秤自动吐出了一张小票,上面印有条形追溯码、商品名称、交易时间、交易金额、交易总量、交易摊号、商品产地等信息。华女士说:"有了溯源小票,食品安全更有保障。"对此,朝阳农贸市场经理汤建兴表示,每次打印的小票就好比是农产品的"身份证",记录了其从菜地和屠宰厂走到餐桌的全过程。此外,顾客还可以通过使用农贸市场里的终端查询机、下载手机应用程序、登录查询网站的方式进行追溯查询。

可以说,这就是"无锡肉类蔬菜流通及特产农产品质量追溯系统"。在建立肉菜追溯体系的农贸市场,每一斤肉、每一叶菜都有了自己的"保险单",通过扫描购物小票上的追溯条码,就能查到农产品的产地、上级批发商和下端零售商,一旦出现食品安全问题就可以快速逐级排查,为消费者的菜篮子加上一道"安全锁"。目前,无锡市已有2家屠宰厂、2家批发市场、34家标准化菜市场、61家大中型连锁超市、2家团体消费单位安装追溯设备、建设追溯子系统,实现

了农产品流通领域的全流程追溯和全方位监控。

而在上海,部分生猪更是戴上了"智能耳标",一头猪从生产、疫病防控、出栏、屠宰、检疫直到分割、销售、上餐桌的"来龙去脉"一目了然。可以说,这就是猪肉的追溯系统(见图1-1)。从活猪待宰到猪肉出厂,每一道手续都用芯片记录详细信息。即使到了消费端,也有唯一的"电子身份证"供消费者溯源、查询。在完善溯源系统以后,上海销售的几乎所有猪肉都会有自己的"电子身份证"。

图1-1 猪肉追溯流程

据了解,生猪在屠宰过程中,每个挂着生猪的钩子都有一张一元硬币大小的芯片。芯片中记录了生猪的产地信息、检验检疫、重量膘级等生产检验数据以及由谁经手等重要信息;屠宰完成后,这头猪将拥有唯一的编号。猪肉流向市场后,如果发生问题,就能依据这些信息快速回溯、确保安全。即使是猪的内脏已经和身体分开,也能通过统一的编码进行溯源。生猪销售后,大型超市、标准化菜场等销售端的信息会详细记录在系统内,消费者可上网查询,了解所购猪肉的产地、养殖场等信息,实现全程追溯。目前,猪肉溯源系统已覆盖了上海地区从前端的屠宰场到末端的菜市场和各大超市,实现了"从源头到餐桌"的全程监控,方便监管。

其实,这种肉蔬追溯系统远不止在猪肉、蔬菜上得到应用,而几乎覆盖了大多数食品领域,只是普及推广还有个时间过程。在食品安全追溯体系中,物联网技术得到了大规模、多层次、全方位的应用。根据各试点的经验,蔬菜追溯方案采用集成电路卡(IC卡)技术模式,交易数据存储在IC卡上,通过IC卡进行传递,可实现对经营者的追溯;猪肉追溯方案采用无线射频识别(RFID)溯源标签技术模式,可同时实现对猪肉本身和经营者的追溯。随着苏丹红、瘦肉精、三聚氰胺接二连三地被新闻报道出来,食品安全问题一次又一次地折磨着人们原本脆弱的神经,也挑战着我们已经低得不能再低的底线。不过让人稍感欣慰的是,食品追溯系统的应用,让吃的食品可以查源头、究责任,食品安全有了保障,自然吃得更放心。

二、"穿":可穿戴设备用身体与世界交流

可穿戴设备已从手腕逐步延伸到我们身体的各个部位,可穿戴设备形式丰富多样,从头到脚几乎无所不包。无论是我们头上戴的Google眼镜、手腕上戴的智能手表,还是我们脚上穿的智能袜子,这些可穿戴设备不仅越发智能化,而且彻底改变了我们的生活,为用户带来了全方位的使用体验。

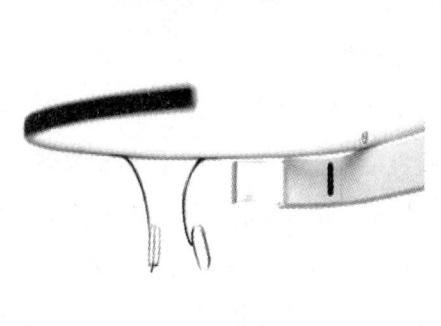 

图1-2 Google眼镜

首先,Google眼镜(见图1-2)。Google眼镜是一项开发用于增强现实的头戴式显示器。谷歌之所以推出了Google眼镜来吸引人们的眼球,是希望用眼镜取代智能手机的屏幕,并且允许人们使用自然语言与互联网交互。这种"增强现实"的眼镜,具有与智能手机一样的功能,可以通过声音控制拍照、视频通话和辨别方向以及上网冲浪、处理文字信息和电子邮件等。可以说,Google眼镜是目前最先进的智能穿戴设备。通过与您的智能手机连接,它可以像电脑一样在您一只眼睛前方的镜片上显示信息。眼镜中还内置了GPS导航仪,拥有照相机和摄

像机功能,并可以通过语音命令控制操作。对于普通大众而言,这未免有点像《007》电影中的情节。

其次,智能手表(见图1-3)。智能手表就是将手表内置智能化系统、搭载智能手机系统而连接于网络,从而实现多功能,如同步手机中的电话、短信、邮件、照片、音乐等。智能手表也开始脱离智能手机的束缚,具有更多的自主性,目前已经从"智能手机附属品"转变为我们日常生活中的智能化小工具。据最新报道,苹果、三星和谷歌等国际IT巨头2013年纷纷加入智能手表这一竞争领域。美国市场研究公司Current Analysis分析师艾维·格林加特(Avi Greengart)认为2013年可能会成为智能手表元年。例如,三星推出过一款搭载安卓系统的新型Galaxy智能手表。它是一种带有触摸屏的计时器,可播放音乐、安装应用程序、拨打电话,也可对运动和健身目标进行跟踪。仅仅通过佩戴一个小小的腕带,便可轻松地对睡眠、运动和饮食等生活进行实时跟踪,为用户提供重要的身体信息,帮助用户从整体上改善健康状况。而传闻已久的苹果iWatch,除了更易佩戴的方式和出众的设计外,我们还希望它能够提供更完美的iOS设备整合功能;当然,谷歌的智能手表也是值得我们期待的。总而言之,智能手表需要变得更好,才会让用户将它们戴在手腕上。

图1-3 智能手表

再次,智能袜子。一家名叫Heapsylon的公司开发出了名为"Sensoria"的智能袜子,可以监测用户的运动数据及热量消耗,但设计形式上还有待改进。袜子实际上仅集成了传感器,还需通过蓝牙脚环收集数据并将其发送到智能手机上。

可以说，智能袜子是不错的概念，只要它们的设计更加贴近用户的可穿戴形式，用户就会愿意使用。

最后，除了谷歌眼镜、智能手表和智能袜子外，还有很多新奇的可穿戴设备，如智能运动鞋（谷歌在2013年的SXSW（South By South West）大会上还展示了会说话的鞋子原型）、发亮的裙子（如连接蓝牙的鸡尾酒裙，可在有电话来时发亮）、Memoto挂饰摄像头（每隔30秒自动拍照，通过捕捉一切记录下生活的点点滴滴）、键盘裤子（配备无线的鼠标、键盘和扬声器，用蓝牙连接显示器）、传感器智能服（衣服上遍布多用传感器节点，获取有关人体运动的细节信息）、太阳能充电背包（加一个太阳能面板，在户外也能够为其电子产品充电）等。

可以说，可穿戴浪潮已经扑面而来。可穿戴设备通常是直接穿戴在身上，或是整合进用户的衣服或配件的设备。在2014年国际消费电子展CES会场上，可穿戴设备成为当仁不让的主角，各种智能眼镜、智能手表（与智能手机实时无线同步，在手表屏幕上显示短信、音乐或者电邮更新）、智能腕带（通过追踪人们的身体活动数据，提供"健康生活方式的整体分析"）、智能服装层出不穷。这些可穿戴设备以其自身轻巧、紧贴身体的佩戴方式等特点，成为身体与世界交流的一个更适合的载体。未来十年，可穿戴设备将从青涩逐渐走向成熟，从可穿戴的各个方面渗入我们的日常生活之中。

三、"住"：享受智能家居生活

当您准备进屋时，手机发一个短信到网关设备上，家里的空调和灯会自动打开，窗帘会自动拉起，连电视也会调到您喜欢的频道上。当您要睡觉时，也可发一个短信，灯光就会关闭，空调能自动调节到睡眠模式。如果您还想省点电，也只需发一个信号，所有家电就会自动转到节能模式，这样的服务比五星级宾馆还要周到。当主人离开房子后，手机又能发挥监控的功能，可以通过远程视频看到房子内及周围的情况，如果有可疑人员闯入，手机会自动发送短消息，还能将自动拍下的人像发送过来。可以说，无论在屋里还是屋外，只需有一台手机就能控制家里的一切家电以及窗帘等，甚至能"看"清家里是否有陌生人闯入。这难道不就是我们所期待的未来的家居生活吗？

未来的家居应该就是智能家居。智能家居，顾名思义，就是使平常的家居生活变得更加"聪明"，赋予它大脑一样的"智能"，并给我们的生活提供更多的便利与舒适（见图1-4）。智能家居技术不是零散的创新实验，也绝不是电饭锅自动煮饭、空调自动控温这样简单。通过智能技术的应用，人们可以在住宅内获取、加工和传递信息，控制和使用一切可以控制的事物。同时，智能家居也能够感知人们的需要和喜怒哀乐，为人们提供更安全、舒适、健康、充满乐趣及想象力的生活体验，使人与空间、环境、信息、自然融为一体，实现人类自身智慧的扩展。

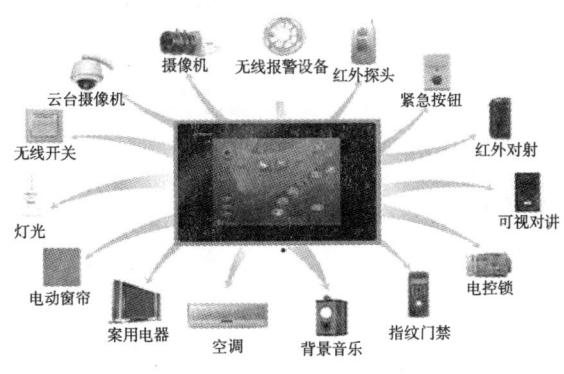

图1-4　智能家居

家居的智能化应该是集成的、全面的智能技术与应用，包括诸如健康医疗、电子商务、教育培训、通信社交、娱乐休闲、安全防灾等服务，并且能根据主人的需要任意扩展，帮助人们完成可以在家中完成的所有事务。因此，智能家居会给我们的生活带来更多便利，使我们的生活更加智能化。一个短信、一个手势、一个按键等简单操作，就可以很轻松很方便地控制家中的所有设备。这不禁让人想到一句经典的广告词，"只有想不到的，没有做不到的"。那还是让我们好好期待并享受一下未来的智能家居吧。

四、"用":用心体验智能生活

曾几何时,我们经常会查看家中墙上电表箱中的传统机械电表。而如今,这些电表早就不见踪影,取而代之的是综合了计算机技术和通信技术的智能电表(见图1-5)。"智能设备"的到来有效地解决了上门抄表和收电费难的问题。"您现在只需拿着这张类似身份证的智能IC卡,往电表中一插就有电了。它具备电量查询、低电量报警和透支使用等多项功能。以后我也不用定期上门查电表字了。"这是供电公司员工在智能电表改造中常对居民们说的话。这是每天都发生在我们身边的真实故事,也是物联网概念真正落地的具体应用。

 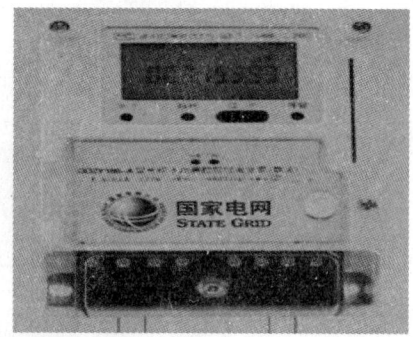

图1-5 智能IC卡和智能电表

安装使用智能电表后,用户可以直接通过电表上的液晶显示屏查询已用电量、余额、用电功率等信息。余额不足时,智能电表会自动及时报警,提醒用户缴费充值。由于"一户一表一卡"的对应关系,如果用户插卡插错了,会提示"读卡失败",这样即便把自己家的电卡插到别人的电表上,也不会误给别人充值。一般家庭大多存在着电视机开关不关、电插头不拔、热水器连续工作等现象,智能电表虽不能主动帮助节省家庭用电量,但它的实时显示功能会帮助用户注意到这些用电小细节,进而更合理地支配电能,养成良好的用电习惯。不仅如此,智能电表会首选在电价最便宜的时候提供电能,例如,洗碗机不会在用电紧张及电价最贵的时候开动,而是在清早或很晚时电价最便宜的时候,这有助于一个家庭节约开支。另外,通过智能电表的远程信息传送功能,电力工作人员可以实时监控电表工作状态,及时发现电表故障,避免给用户带来损失。

作为未来智能电网终端发展方向,智能电表已经在越来越多的城市普及应用,并逐渐走进千家万户。届时会有更多的人体验一下未来的智能生活。

五、"行":开车睡觉将不再是梦

如今,汽车已经彻底融入人们的日常生活,成为生活中不可缺少的一部分。或许未来,汽车将成为一个移动的房间,实现开车睡觉。虽然这是人们对未来智能汽车的一种设想,但绝不是白日做梦。未来智能汽车每辆车都安装有传感器,相当于车的一个"大脑",能自动对突发情况做出判断。由指挥中心对车辆进行控制,实现"不堵车、不撞车"。

图 1-6 无人驾驶汽车

如今,无人驾驶、汽车互联、设备融合的趋势扑面而来。无人驾驶汽车是一种智能汽车,也可以称之为轮式移动机器人,主要依靠装载在车上的各种传感器和车内的计算机系统组成的智能驾驶仪来实现无人驾驶。通过物联网系统,汽车与道路之间可以实现信息交互,从而是否堵车、前方是否有路障等都将"一目了然",车主还可以通过智能交通云计算数据库,很快查询到哪些路可以走、附近有哪些休闲商场及停车位等。目前,国内也推出了有内置车载信息服务设备的汽车。例如,上汽公司有一款车型上预装了类似平板电脑的设备,主要提供资讯服务,包括让司机和乘客收听在线新闻和音乐、获取语音导航服务、打网络电话等。上海通用公司则主要是做安全文章,当车主与呼叫中心联系后,服务商能远程控制车子的门锁、鸣号,这样,车主忘锁车门或在停车场找不到车时就能少些烦恼;万一车子遭遇事故,车载系统会自动报警并报告方位,为急救赢得时间。

无人驾驶技术发展到未来将会出现一种新的智能"车联网",给人们带来一个全新的世界。未来的汽车能与道路对话,感知拥堵并设计最佳行车路线;与其他车辆对话,感知车距以避免碰擦;与网络对话,在咫尺空间接通全球信息节点。坐在车里,能随时了解到周围其他车和你所在的车之间的位置关系以及前方道路拥堵还是畅通等信息,车辆采集到的各类信息通过信息网络平台的整合,可及时提供信息交互与信息服务。正如互联网能让人们实现"点对点"的信息交流,"车联网"也能让车与车"对话"。未来具备了"车联网 DNA"的汽车不仅高效、环保、智能,更重要的是它还可以提供前所未有的交通安全保障,甚至可以将汽车司机发生交通事故的概率降低为零。百辆"车"有条不紊地行驶在公路上,遇上禁止直行的路牌,不用驾驶员踩刹车,车子就能自动减速并停下来。这不是在演美国好莱坞科幻大片,五年或十年后,它将真正呈现在你面前。

综上所述,物联网已广泛应用于我们"吃、穿、住、用、行"每个领域,但又远远不止如此。可以说,物联网已经融入你我的日常生活。对此,2013 年在江苏无锡举行的第四届中国国际物联网(传感网)博览会上,专门评出了"无锡国家传感网创新示范区首届物联网十大应用案例",从江南大学的数字化校园能源监管到西泾变电站的无人值守;从大为车踪监控系统构筑城市智能防控天网到移动车卫士的电动车出行防盗网;从中农河蟹智能化有氧养殖到感知太湖,智慧水利的智能检测;从肉蔬追索系统到基础设施监测系统;从让专业保健医生 24 小时进万家的矽丰"健康服务云"到助力智能养老防护的"晓山系统"。可以说,物联网的应用越来越广泛,已由以前纯粹的概念变为更理性的商业价值。至此,物联网已融入我们的生活,进入你我的视野。

第二节 什么是物联网

说了这么多，那究竟什么是物联网？继 2009 年美国提出"智慧地球"后，中国又抛出"感知中国"，物联网几乎一夜之间就火了起来，成为当下最为热门的词汇之一。无论是在我们日常生活之中，还是在高科技前沿领域，物联网已经与云计算、大数据和 3G 网络等概念成为最吸引眼球的时尚话题。但是对于物联网概念的界定至今是个谜，想解都解不开。香港科技大学讲座教授倪明选就认为："对于物联网的概念，没有一个非常清楚的共识。它的英文来源于哪个？The Internet of Things？Cyber-Physical Systems？M2M？WSNs？我看都未必准确。RFID 不是物联网，无线传感器网络（WSNs）也不是。我们说物物相联，那么什么是物？物是物理界的？数字界的？实的？虚的？看得到的？摸得到的？这个定义也不清楚。看起来这个物无所不包、无所不含。这也难怪每个工作组都按照自己的观点去诠释物联网概念。"由此可见，物联网虽然按字面理解为物物相联，但因其包罗的物品这一对象本身范围太大，所以概念就难以界定。

随着全球信息技术革命的深入和 3G 的推进，物联网概念越来越受到业界的广泛关注。对于"物联网"（Internet of Things，IOT）这个词，国内外普遍认为是麻省理工学院自动标识中心（MIT Auto-ID Center）Kevin Ashton 教授 1999 年在研究 RFID 时最早提出来的，即把所有物品通过 RFID、传感器等信息传感设备与互联网连接起来，实现智能化识别和管理。后来在 2005 年国际电信联盟（ITU）以及欧洲智能系统集成技术平台（EPoSS）发布的报告中，物联网的定义和范围已经发生了变化，覆盖范围有了较大的拓展，不再只是指基于 RFID 技术的物联网。2005 年，在突尼斯举行的信息社会世界峰会（WSIS）上，国际电信联盟发布了《ITU 互联网报告 2005：物联网》，提出了"物联网"的概念。报告指出，无所不在的"物联网"通信时代即将来临，信息与通信技术的目标已经从任何时间、任何地点连接任何人，发展到连接任何物品的阶段，而万物的连接就形成了物联网。2008年5月，欧洲智能系统集成技术平台发布了Internet of Things in 2020报告，将物联网定义为："物联网是由具有标识、虚拟个性的物体或对象所组成的网络，这些标识和个性等信息在智能空间使用智慧的接口与用户、社会和环境进行通信。"2009年9月，欧盟物联网研究项目组（Cluster of European Research Projects on the Internet of Things，CERP-IoT）发布了《物联网战略研究路线图》，认为物联网是基于标准的和可互操作的通信协议且具有自配置能力的动态的全球网络基础架构。物联网中的"物"都具有标识、物理属性和实质上的个性，使用智能接口，实现与信息网络的无缝整合。可以说，到目前为止，国际上关于物联网尚未形成一个放之四海而皆准的公认界定。

物联网的概念与其说是一个外来概念，还不如说它已经是一个"中国制造"或"中国智造"的概念，"Internet of Things"这个词在中国被意译为"物联网"，它的意义和覆盖范围在中国可谓"与时俱进"，已经远远超越了1999年Ashton教授、2005年ITU报告以及2008年《EPoSS IoT 2020》报告所指的范围，物联网已被贴上中国式标签，中国在物联网理念和应用方面可以说已经走在了世界的前面。

为了便于更好地对物联网进行概念界定，我们对不同机构、不同学者、不同企业有关物联网的概念界定进行了整理，如表1-1所示。

表1-1 物联网概念一览

序号	年份	提出者	简要定义
1	1999	麻省理工学院自动标识中心（MIT Auto-ID Center）	物联网就是物物相连的互联网，即把所有物品通过RFID、传感器等信息传感设备与互联网连接起来，实现智能化识别和管理
2	2005	国际电信联盟（ITU）	无所不在的"物联网"通信时代即将来临，信息与通信技术的目标已经从任何时间、任何地点连接任何人，发展到连接任何物品的阶段，而万物的连接就形成了物联网
3	2008	欧洲智能系统集成技术平台（EPoSS）	物联网是由具有标识、虚拟个性的物体或对象所组成的网络，这些标识和个性等信息在智能空间使用智慧的接口与用户、社会和环境进行通信

续表

序号	年份	提出者	简要定义
4	2009	欧盟物联网研究项目组（CERP-IoT）	基于标准的和可互操作的通信协议且具有自配置能力的动态的全球网络基础架构
5	2009	IBM	把感应器嵌入和装备到电网、铁路、桥梁、隧道、公路、建筑、供水、大坝、油气管道等各种系统并普遍连接而成
6	2007	百度	通过射频识别（RFID）、红外感应器、全球定位系统、激光扫描器等信息传感设备，按约定的协议，把任何物品与互联网连接起来，进行信息交换和通信，以实现智能化识别、定位、跟踪、监控和管理的一种网络
7	2010	国务院发展研究中心	物联网就是能够将物体的身份识别、自身特征、存在状态等全生命信息进行智能管理和反馈控制的网络
8	2010	国务院政府工作报告	物联网是指通过信息传感设备，按照约定的协议，把任何物品与互联网连接起来，进行信息交换和通信，以实现智能化识别、定位、跟踪、监控和管理的一种网络

根据以上对物联网概念的汇总，我们不难发现，物联网概念也在发生根本性的变化，以往仅仅认为物联网就是"物物相连的互联网"。中国早在1999年就已提出了相关的概念，只是当时被称为传感网而已。最初的物联网被描述为物品通过射频识别等信息传感设备与互联网连接起来，实现智能化识别与管理，其核心在于物与物之间广泛而普遍的互联。

后来，伴随物联网的应用，其内涵也在发生根本性的变化。如今的物联网是指在物理世界的实体中部署具有一定感知能力、计算能力或执行能力的各种信息传感设备，通过网络设施实现信息传输、协同和处理，从而实现广域或大范围的人与物、物与物之间信息交换需求的互联。物联网包括各种末端网、通信网络和应用三个层次，其中末端网包括各种实现与物互联的技术，如传感器网络、RFID、二维码、短距离无线通信技术、移动通信模块等。传感器网络是物联网末端采用的关键技术之一。

当前最新的物联网理念指的是将无处不在（Ubiquitous）的末端设备（Devices）和设施（Facilities），包括具备"内在智能"的传感器、移动终端、工业系统、楼控系统、家庭智能设施、视频监控系统等，和"外在使能"（Enabled）的，如贴上RFID标签的各种资产（Assets）、携带无线终端的个人或车辆等"智能化物件或动物"或"智能尘埃"（Mote），通过各种无线和/或有线的长距离和/或短距离通信网络实现互联互通（M2M）、应用大集成（Grand Integration，也就是MAI，M2M Application Integration，vs. EAI），以及基于云计算的 SaaS 营运等模式，在内网（Intranet）、专网（Extranet）和/或互联网（Internet）环境下，采用适当的信息安全保障机制，提供安全可控乃至个性化的实时在线监测、定位追溯、报警联动、调度指挥、预案管理、进程控制、安全防范、进程维保、在线升级、统计报表、决策支持、领导桌面（集中展示的 Cockpit Dashboard）等管理和服务功能，实现对"万物"（Things）的"高效、节能、安全、环保"的"管、控、营"一体化 TaaS（everyThing as a Service）服务。

第三节　物联网的应用

虽然我们对物联网概念有了较为全面且清晰的认识，但必须要明确的是物联网的价值还不仅仅局限于技术层面，而是体现在更为宽广的应用层面。2010 年中国物联网大会上，中国电子学会副理事长、中国工程院院士、中国物联网专家委员会主任委员邬贺铨指出："与其说物联网是一种网络，不如说物联网是一种业务和应用。物联网关键在于应用，相比互联网的全球性，物联网是行业性的。"可以说，物联网已被广泛应用到各行各业，并发挥着重要作用。

随着物联网技术的不断完善与发展，物联网在各个领域的应用备受关注。目前，美国、欧盟等国家和地区都在投入巨资深入研究探索物联网。我国也正在高度关注、重视物联网的研究，工信部也更是将物联网规划纳入到"十二五"规划中，使物联网未来的发展更加明确化。目前，我国物联网开始进入初步推进阶段，智能应用也渐成气候。我国物联网主要有九大应用领域，即智能工业、智能农业、智能物流、智能交通、智能电网、智能环保、智能安防、智能医疗、智能家居，如图 1-7 所示。

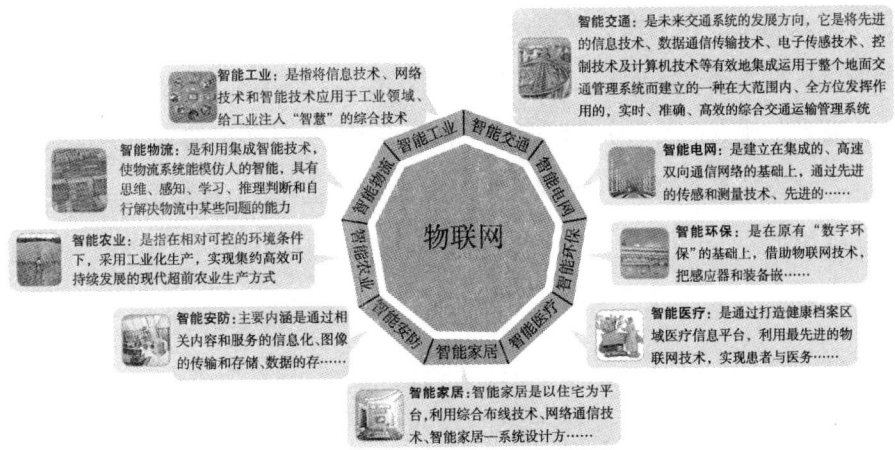

图1-7 物联网的智能应用领域

一、智能工业

智能工业是指将信息技术、网络技术和智能技术应用于工业领域、给工业注入"智慧"的综合技术。它突出了采用计算机技术模拟人在制造过程中和产品使用过程中的智力活动,以进行分析、推理、判断、构思和决策,从而去扩大延伸和部分替代人类专家的脑力劳动,实现知识密集型生产和决策自动化。其中,智慧工厂就是智慧工业未来的发展方向。智慧工厂是现代工厂信息化发展的新阶段,是在数字化工厂的基础上,利用物联网的技术和设备监控技术加强信息管理和服务;清楚掌握产销流程、提高生产过程的可控性、减少生产线上人工的干预、及时正确地采集生产线数据以及合理地编排生产计划与生产进度,并集绿色智能的手段和智能系统等新兴技术于一体,构建一个高效节能的、绿色环保的、环境舒适的人性化工厂。

未来智能工业时代将是人与智能机器并存的时代。在德国的智能工厂里,全自动流水线、原料、加工、库存等一路都有各类传感器监控。德国西门子工业集团总裁鲁斯沃博士认为,智能工厂将是构成未来工业体系的一个关键特征。在智能工厂里,人、机器和资源如同在一个社交网络里自然地相互沟通协作;生产出来的智能产品能够理解自己被制造的细节以及将如何使用,能够回答"哪组参数被用来处理我"、"我应该被传送到哪里"等问题。同时,智能辅助系统将从执行例行任务中解放出来,使工人能够专注于创新、增值的活动;灵活的工作组织能够帮助工人将生活和工作实现更好的结合；个体顾客的需求将得到满足。要实现智能工厂，其基础是实现智能车间，而智能车间的基础则是自动化生产流水线。而要真正建立自动化生产流水线，自然离不开各种传感器、检测仪器仪表。自动化检测设备与机器人、机械手等工业设备一起构建了智慧工厂。智能工厂如图1-8所示。

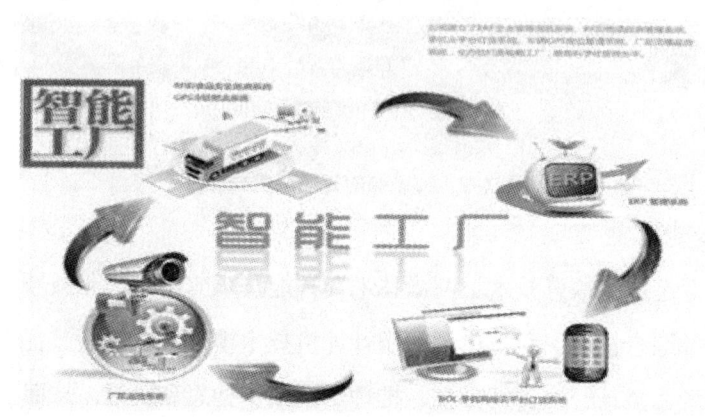

图1-8 智能工厂模型

作为中国石化四家智能工厂的试点单位之一，从2011年3月开始，九江石化便启动了智能工厂的总体规划编制工作，并预计在2015年左右实现。质量监管中心是九江石化的核心部门，也是智能工厂总体规划中最早实施智能化控制的部门。在质量监管中心，原油要进行最初的成分检测，成品、半成品的成分要被配置，即使是即将出厂的汽油、柴油、航煤，也要进行最后的26个项目的测试。过去人工管理时，样品流转、分配、标识、留样等工作都需要工人们一个一个操作，费时费力，而且极易出错。目前应用实验室管理系统（LIMS），不仅分类集成了所有实验室数据，还能在样品分析过程中，通过系统设定目标值，自动产生分析报告，自动发布到各个部门。与此同时，分散控制系统（DCS）为九江石化污染物的排放进行了有效控制。有一次，连续重整车间的DCS监控到车间反应器的苯产品溴指数指标超标，车间控制室在车间立即布点加样分析，并派出巡检工人查找原因，在数据指引下迅速确认为苯精制的白土穿透失活。技术工人及时对白土罐进行切换，保证苯产品的质量，将一场可能的生产事故消除在萌芽状态。可以说，智能工厂的监视、分析和优化功能就像一个全能管家，将会大大提高工人巡检的准确性和炼油投入产出的可控性。此外，"员工帮助计划"（EAP）是九江石化智能工厂建设的重要方面。目前EAP已经试点实施的项目包括心理咨询、培训、调查和个性辅导。在未来的智能工厂，企业还将建立完整的员工心理健康档案，作为智能工厂关注和测量的重要方面，完善企业职工关怀和文化建设。

对于智慧工厂未来场景，九江石化连续重整车间控制师梁民做过如下描述："假设你是一名普通工人，清早刷卡通过1号门进入生产区，门禁系统在记录出勤的同时，会将个人基础信息自动录入EAP管理系统。在系统的另一端，厂里的心理咨询师会根据数据提供的近期内你的劳动强度、工作表现、情绪指标等来关注你的健康状况。早餐后，你走进中心控制室，与全厂10个车间的控制师们在明亮舒适的工作环境中开始一天的工作。在每个人面前的设备屏幕上，全厂的设备运行状况配以数据，以可视化模型的方式一览无余。你心情愉快地扫视自己监控设备的数值波动，DCS会自动提示出现异常数值波动的环节，并通知车间巡检班长到设备区进行仔细巡检。一会儿，巡检工人的坐标出现在电子视图上，对方发现的问题和记录的数据也一并通过电子巡检设备传回控制室。判断问题后，系统自动给出处理方案，并指导技术工人轻松地处理了设备问题……"

二、智能农业

智能农业，又称工厂化农业，是指在相对可控的环境条件下，采用工业化生产，实现集约高效可持续发展的现代超前农业生产方式，就是农业先进设施与露地相配套、具有高度的技术规范和高效益的集约化规模经营的生产方式。它集科研、生产、加工、销售于一体，实现周年性、全天候、反季节的企业化规模生产；它集成现代生物技术、农业工程、农用新材料等学科，以现代化农业设施为依托，科技含量高，产品附加值高，土地产出率高，劳动生产率高，是我国农业新技术革命的跨世纪工程。

在宜兴市水产养殖示范基地的蟹塘里，一台像蘑菇一样的设备固定在水中，对蟹塘内的含氧量进行监测，岸边的控制器实时接受传输的数据，科学控制水中溶解氧含量。江苏中农物联网科技有限公司研制的"智慧水产养殖系统"，以物联网传感技术精确识别蟹塘含氧量，无线 3G 设备、主控平台与增氧设备智能联动，实现了蟹塘的智能化精确增氧。"中农水产养殖智能监控系统"由采集、传输、控制与中央管理四个部分组成。池中的溶解氧传感器作为采集和传输单元，可对蟹塘内的含氧量进行监测，一台采集器监控 25~40 亩蟹塘，采集到的信息通过内置的 3G 无线传输设备发往位于岸边的控制器。随后，一方面，控制器对传输来的信息进行分析，当数值低于每升 3 毫克，就会自动开启增氧机，一旦高于每升 5 毫克，自动结束增氧；另一方面，采集器还会把汇集的信息传输至总控制中心，用户可以通过互联网登录中农智慧水产养殖系统平台对设备进行监控。目前，该系统在无锡 2 万亩蟹塘成功应用，亩均增收 1000 元以上。对此，宜兴市水产养殖户吕师傅算了一笔账："自从使用该系统后，每亩河蟹产量从最初的 150 斤增加到 200 斤。同时，河蟹规格也从原来的 2.5 两一只增加到 3 两一只。行情好时一亩蟹塘能增收 1500~2000 元，行情一般时也能增收 1000 元。此外，每亩可节省电费 80 元左右。不计节省的人力成本，除去设备费用，一亩地至少增收 1000 元。"

不仅如此，安徽省 20 个县的小麦四情监测系统和安徽省 36 个县的水稻四情监测系统也实现了智能化。在每一块示范大田里，分布着十几种传感器，它们收集到数据会实时传递到朗坤物联的云端服务器上，经过数据专家的分析，以可视化方式呈现在 Web 网页上，农民可以在家中电脑前甚至手机上实时了解小麦、水稻的生长信息。农民坐在电脑前，轻点鼠标，即可完成翻地、播种、除虫、灌溉和收获，就如同"开心农场"一般简单。而且农业科技专家也可以通过这些监测结果对整个县的小麦、水稻收成状况有一个大致预估。智能农业强调的是通过物联网在农产品的生产、加工、流通、销售各个环节中的应用，实现整个过程中信息流的传递和汇总，从而实现对农业产业链的全程掌控。智能农业如图 1-9 所示。

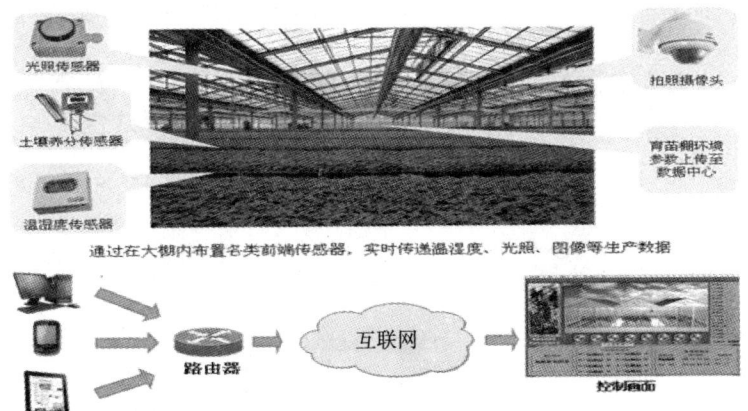

图 1-9　智能农业示意图

可以说,智能农业就是利用物联网技术对农产品产业链进行重构,进而实现农产品的信息收集和传递。例如,在安徽浩翔农牧的养猪场,每头猪的耳朵上都会挂一个"耳标",内含芯片,记录的是这头猪的出生时间,在养殖过程中的用药、防疫情况及是否转过栏等各种信息;进入屠宰场时,每片猪肉上又会挂上一个流通码,批发商持 IC 卡刷卡交易,这片肉的检验检疫、屠宰信息便一目了然。普通消费者只需要扫描包装上的二维条码,就能看到这片肉的完整信息。无独有偶,在江苏无锡,一些西红柿外包装的条形码上也带有溯源系统。你只需登录网站,输入生产日期,一张西红柿的"前世今生图"就呈现在眼前,包括它们的产地、种子来源、肥料、基地名称、生产过程,甚至包括生产当天的温度、湿度、"生身父母"农户的名字。

三、智能物流

智能物流是利用集成智能化技术,使物流系统能模仿人的智能,具有思维、感知、学习、推理判断和自行解决物流中某些问题的能力。智能物流根据自身的实际水平和客户需求对智能物流信息化进行定位,是国际未来物流信息化发展的方向。预计到 2015 年,中国智能物流核心技术形成的产业规模将达 2000 亿元。智能物流是在流通过程中获取信息从而分析信息做出决策,从源头开始对商品实施跟踪与管理,实现信息流快于实物流。即可通过 RFID、传感器、移动通信技术等让配送货物自动化、信息化和网络化，智能物流如图1-10所示。

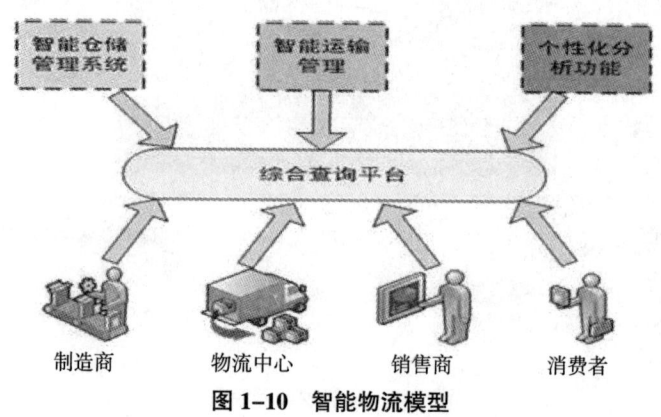

图1-10 智能物流模型

智能物流从理念走向了实际应用。基于智能物流理念而建立的物流公共信息也陆续出现，南方智能货运公共信息平台就是一个实例。南方智能货运公共信息平台按照立足佛山、辐射全国的发展方向，集政府监管、全程在线交易、跟踪和支付、信息发布、物流交易、产品展示、推广营销、互动交流服务为一体，依托云计算、物联网、三网融合的技术背景，结合应用了GPS/RFID等最新科技的终端设备，拥有众多独具特色的功能板块，并整合了社会各方资源，努力打造现代智能货运新体系。南方智能货运公共信息平台负责人卿高俊认为，智能货运公共信息平台之所以会出现，主要是由政府主导，香江一本、中国陶瓷城等数十家企业或市场提出需求而应运而生的。为解决"货找车，车找货"的问题，为货主提供一个选择运力的可信渠道，智能货运公共信息平台正在构建一个统一、开放、竞争、有序的道路货物运输市场服务体系。南方智能货运公共信息平台最大的特点就是能够实现全程在线交易，并有效地将信息流、资金流、物流运输等结合在一起。例如"直报系统"，这是一个物流企业的财务电子申报系统。有了这样一个智能化的系统，便能减少企业针对运营情况和财务状况申报的时间和流程，同时也方便上级部门的监管。其他的诸如"物流SAAS"、"验证系统"、"物流保险"等功能性模块也得到了很好的应用。

通过"网上停车场"功能，可以进行城市区域货运车辆动态信息追踪，实现可用车辆信息即时查询，轻松快捷，在城际亦如此。广佛或珠三角有货发往成都或其他地方，车货信息配对上网一查便知，通过 GPS 定位、无线射频技术可随时跟踪货运进程和状态。智能货运公共信息平台还与银行、工商、税务、司法等职能部门对接，货运企业资质、经营信息一目了然，提高了行业信用。另外，通过引入第三方支付系统，实现了网上交易，方便两地用户，避免纠纷。简单来看，该平台具备三种服务功能：一是免费的大众信息服务，面向所有市民；二是包括在线支付、货物跟踪等行业特色服务；三是有助于政府监管。

四、智能交通

智能交通是未来交通系统的发展方向，它是将先进的信息技术、数据通信传输技术、电子传感技术、控制技术及计算机技术等有效地集成运用于整个地面交通管理系统而建立的一种在大范围内、全方位发挥作用的，实时、准确、高效的综合交通运输管理系统。智能交通可以有效地利用现有交通设施、减少交通负荷和环境污染、保证交通安全、提高运输效率。

智能交通就是信息技术与传统产业结合而创造出的新领域。其中，车联网就是物联网技术在交通系统领域的典型应用（见图 1-11）。车联网技术基于传统的移动通信技术和汽车技术，将车内的传感器、车载智能终端通过无线网络同信息网络平台互联，从而实现人与车、车与车、车与路之间的互联互通。可以说，车联网是能实现智能交通管理、智能动态信息服务和车辆智能化控制的一体化网络。在车联网系统中，智能车技术与移动互联通信技术是车联网的核心。智能车主要依托于环境感知技术、规划决策技术和车辆控制技术。车联网和智能车辆的交互应用是车联网发展的必然趋势，"车轮上的计算机"因此得名。通过车联网，马路上的车辆、车辆与路边设施均可以相互通信，从而实现事故预警、辅助驾驶、交通信息查询、车辆通信等多种功能。可以说，车是车联网的核心载体，信息化是车联网的核心，基于车辆信息化的应用是车联网的本质，安全、节能、环保、舒适、智能、高效（省时）是车联网的主要目的。

对于机动车辆智能监管，江苏大为科技股份有限公司依托嵌入式高清视频检测与识别前端设备、专用宽带光纤传输网络和大数据检索预警软件平台，创新推

图1-11 车联网示意图

出基于海量视频智能分析技术的车辆行踪监控系统。据了解，有1000多个探头分布在江阴全城150个路口和120条路段，全程摄录抓拍每辆驶过的车辆，每日抓拍图片达500多万张。"每天上传的图片都存储在后台的总数据库中。可疑图片经过自动比对，实时推送给办案人员。"江阴市公安局交警大队秩序中队副中队长陶一鸣说，推送的数据会在指挥中心实时报警，指挥员根据数据的重要性，指派相关层级的民警处理。陶一鸣还介绍说，类似这种查处套牌车的情况，此前主要靠在路口执勤的民警以人工方式完成。"1000个智能探头，24小时实时抓拍，按照'三班倒'算，差不多相当于3000个民警。"对此，江苏大为科技股份有限公司副总经理郑培余表示，大为技术的"即时性"，主要是通过系统预设的筛选程序实现。例如，对于嫌疑车辆，可以直接在系统库中提前预设车牌号、车辆特征等信息，一旦嫌疑车辆出现在监控探头中，设备将自动报警，民警便能第一时间在路口堵截。而对于监控探头抓拍的海量信息，也可以采取事后设置筛选条件的方式，直接调取相关图片。

五、智能电网

智能电网（Smart Power Grids），即电网的智能化，也被称为"电网2.0"，它是建立在集成的、高速双向通信网络的基础上，通过先进的传感和测量技术、先进的设备技术、先进的控制方法以及先进的决策支持系统技术的应用，实现电网的可靠、安全、经济、高效、环境友好和使用安全的目标,其主要特征包括自愈、激励和包括用户、抵御攻击、提供满足21世纪用户需求的电能质量、容许各种不同发电形式的接入、启动电力市场以及资产的优化高效运行。智能电网如图1-12所示。

图1-12 智能电网示意图

智能电网推动能源与技术的变革。智能电网不仅是电网自身的智能化和信息化,而且是借鉴和利用物联网技术的能源基础设施变革。作为国内首座220千伏智能变电站,西泾变电站利用物联网技术,将传统意义上的变电设备"智能化",实现自我感知、判别、决策和控制,从而实现变电站真正意义上的"无人值守和巡检"。目前,西泾智能变电站包括385个各类传感器、55个高清摄像头、2台红外热成像仪及声光报警设施构建的传感测控网络。其中,智能变电站的核心就在于遍布各个角落的385个传感器。这些半个火柴盒大小的传感器,对周围环境中温度、湿度、水位以及烟雾进行感知,在第一时间将周围环境中的细微变化传输到控制中心的在线检测系统。温湿度传感器通过对周围环境中温度和湿度的感应,可以自动地对通风口的风速大小和空调的温度等进行调节。同时,应用物联网和图像识别技术,实现了站内巡检工作的智能监督和站内防误入间隔的智能认证。各类传感器将信息收集后,通过它们之间的联动,迅速而准确地向总监控室的工作人员发出指令,为提高变电站运维巡视和安全措施布置的生产作业安全做出了有益的尝试。

"如果一个陌生人私自闯入西泾变电站,那么不到5分钟,他就会被工作人员直接'拿下'。因为从碰触到变电站防盗门的那一刻起,他的一举一动就尽收工作人员眼底。"无锡物联网产业研究院智能电网部设备研发部经理张万生说。首先，防盗门上的振动传感器会传送信号给系统，系统控制高清摄像机进行实时监测，同时声光报警系统进行报警。另外，在主变压器上方安装有2台红外热成像仪，可实现24小时实时监测。过去，需要人工手持仪器到现场测温，现在一切都实现了智能化、网络化，工作人员坐在操作台前便可对现场情况一目了然，而且可以实现远程操作。对此，国家电网公司总经理刘振亚表示，西泾变电站的新技术、新功能和先进设施的应用达到了国内领先水平，真正实现了"智"的跨越，并努力打造"能"的提升，为国家电网公司系统树立智能变电站样板，推进智能电网建设做出了突出贡献。

作为智能电网支撑智慧城市发展的落地工程，智能电网综合示范工程能够充分发挥其对城市发展的基础支撑作用，并随着智能电网向更深层次、更宽范围、更广角度不断推进，实现城市的绿色、智慧、宜居发展理念和应用功能，大大促进我国城市智慧化发展进程。智能电网作为能源配置的主要载体，是智慧城市的基础和核心，在各个方面支持智慧城市的建设和发展。

六、智能环保

"智能环保"是在原有"数字环保"的基础上，借助物联网技术，把感应器和装备嵌入到各种环境监控对象（物体）中，通过超级计算机和云计算将环保领域物联网整合起来，实现人类社会与环境业务系统的整合，以更加精细和动态的方式实现环境管理和决策的"智慧"（见图1-13）。"智能环保"的基础是物联网。基于"数字环保"平台和物联网技术在环保领域的深入发展，构建环保领域覆盖全国的物联网系统，是实现由"数字环保"向"智能环保"转化的第一步。"智能环保"是"数字环保"概念的延伸和拓展，是信息技术进步的必然趋势。智能环保如图1-13所示。

以山东威海市"智能环保"监测网络为例，目前威海市主要监控全市的重点监管企业、城市污水处理厂、重要河流断面、城市环境空气、城市饮用水水源地这五个方面。只要一登录威海市自动监测监控管理系统，电脑屏幕上就会立刻出

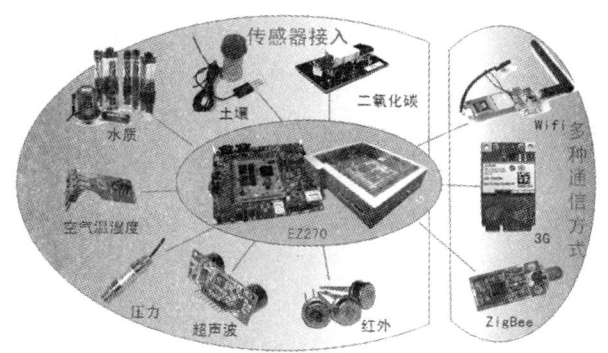

图1-13 智能环保示意图

现环境空气、饮用水、污水处理等几个窗口。点开"重点监管企业"一项，企业污染物COD、氨氮、流量等相关数据一一显示在电脑屏幕上。在电脑屏幕界面上，各项数据的颜色并不一样。如果企业排放的污染物指标正常，显示的数字是黑色；如果污染物指标超标，屏幕上显示的数字则是红色。一旦发现企业排污超标，环保局工作人员立即到现场检查排污超标原因。

环保工作人员在电脑前可即时获知各项环保信息数据，这得益于分布在企业、河流、空气监测站等处的"电子眼"。目前，威海市有100多家企业共安装了污染源自动监控设备150多台。企业在厂区内安装自动监测设备，与环保部门的监控中心联网。为了防止企业有作弊行为，企业工作人员不经允许不能进入企业监控室，更不得随意调整监测设备。在城市饮用水监测方面，2011年，威海市环保部门在米山水库、崮山水库各设置了一个水质自动监测站，对这两处饮用水水源地实施24小时连续水质在线监测，水源地水质情况如何，清晰快捷可见。在威海市区，市环保部门在6个环境空气自动监测子站安装了监控系统，空气质量实现24小时监控。市环保局还统一发布空气质量状况信息，市民登录环保局网站可随时查看。同时，在市区高角山上已经开通了监测试验网，共布下200个传感节点，节点信息向市环保局监控中心传递。不过，这一试验网目前主要针对林业部门森林防火预警应用。同时，只需要在传感节点增挂大气污染相关指标的检测传感器，监测试验网就可以实现环保方面的功能。

可以说，正是得益于这套监控系统，威海市已经在全市范围内构建起基于无线传感网技术的智能环保系统。未来威海市环境自动监测监控系统将实现更高程度的智能化,包括空气、噪声、水质、固体废弃物等环保指标皆会纳入,其中,广泛布设监测点自然必不可少。

七、智能安防

智能安防的主要内涵是通过相关内容和服务的信息化、图像的传输和存储、数据的存储和处理等,实现企业或住宅、社会治安、基础设施及重要目标的智能化安全防范。一个完整的智能化安防系统主要包括门禁、报警和监控三大部分。智能安防就是物联网在安防领域的应用。目前安防行业将物联网应用到海关、能源、物流及医院等诸多领域。智能安防系统如图1-14所示。

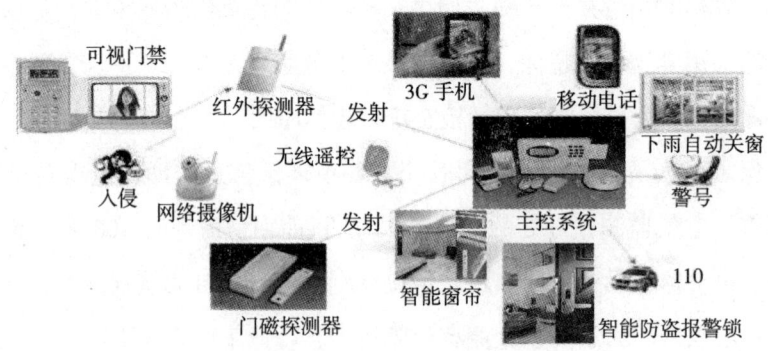

图1-14 智能安防系统

目前,中国移动无锡物联网研究院与中国移动江苏有限公司无锡分公司共同开发推出基于物联网的电动自行车智能防盗应用——车卫士。以中国移动物联网专网为基础,在电动自行车内置物联网终端,结合各类传感器、GPS位置定位技术、移动通信技术,实现对电动自行车的监控、定位、追踪等功能。简单来说,车卫士就是通过一套安装在电动自行车车身内的智能黑匣子设备,即时将电动自行车位置、安全状态以预警信息发送到车主手机上,车主可实时查询车辆位置、行驶轨迹,如果车辆被盗,可协助警方快速找回失窃车辆。

"你的爱车主电源被断开,请尽快检查是否发生异常。"某晚10点,杨先生收到"车卫士"发送的告警短信,赶到停车地点发现车子已丢失。次日上午,接到报警的无锡南站派出所韩警官登录车卫士平台,在卫星地图上观察到失窃车辆一路向北移动,并于下午2点50分左右停留在盐城市射阳县北环路发鸿街某处,盐城警方立即配合对附近车辆进行排查,核对失窃车辆车架号无误,在犯罪嫌疑人霍某准备驾车出行之际一举将其抓获。对此,据中国移动无锡物联网研究院综合部经理周子洺介绍,在车主停车后,"车卫士"自动设防,"车卫士智能终端对车主常用动作进行记录、识别,日常开锁、关锁、推车、行驶中震动等情况默认为正常触碰,不予以提醒或报警,"周子洺说,"一旦车辆发生震动、位移、电瓶电源接口断开等异常情况,安装在电动车内的定位防盗传感终端即将报警短信发到车主手机。"从终端监控发现并确认告警信息、到业务平台处理告警信息、再到最后通过短信发送到用户手机上,整个流程1分钟内完成。若车主发现车辆被盗,可通过手机或客户端下发指令,远程锁定车辆,使车辆无法骑行,并可快速报警求助。警方得到车主授权后快速登录"车卫士安全监控系统",利用车卫士平台对失窃车辆的运行轨迹进行监控,介入案件处理,可大幅提升警方破案的效率和成功率,提升民众满意度。自该应用推广以来,车卫士已协助无锡警方成功破获电动车盗窃案件70余起,破案率达100%,电动车被盗案件发案率明显下降,已成为当地公安部门破解电动自行车盗窃案件的重要利器。

八、智能医疗

智能医疗是通过打造健康档案区域医疗信息平台,利用最先进的物联网技术,实现患者与医务人员、医疗机构、医疗设备之间的互动,逐步达到信息化。在不久的将来,医疗行业将融入更多人工智慧、传感技术等高科技,使医疗服务走向真正意义的智能化,推动医疗事业的繁荣发展。在中国"新医改"的大背景下,智能医疗正在走进寻常百姓的生活。智能医疗如图1-15所示。

在无锡,矽丰信息科技有限公司在国内首次提出"开放式健康管理服务云平台"的理念并付诸实施,通过将现代化的健康管理和服务理念与现代医学科学技术,以及物联网、互联网、健康传感器、无线通信和云计算服务等信息技术完美结合,提供了一个集文化、技术、服务于一体的健康管理解决方案,采用线上健

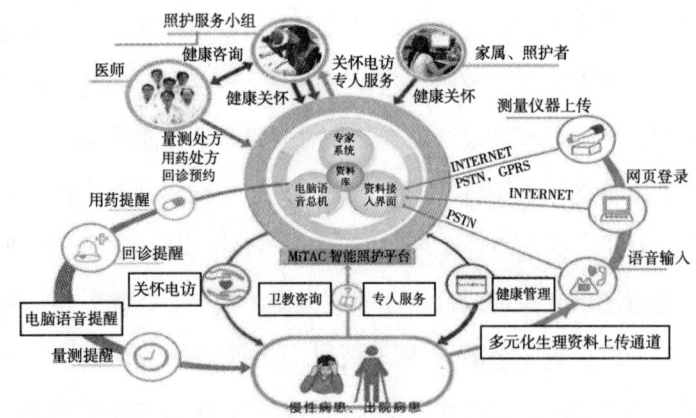

图 1-15 智能医疗示意图

康云平台和线下实体健康小屋相结合的方式,让"24小时专业保健医生"走进千家万户,实现无所不在、无时不在的智慧健康管理与服务。

"基于物联网的健康小屋及健康管理服务云平台"是一个集智能的健康感知设备和专业的健康服务于一体的创新型健康管理与服务系统,其核心包括"1个门户"(爱你健康网)、"3个中心"(健康体验中心、健康研究中心、健康数据中心)和"6个服务"(健康检测服务、健康档案服务、健康评估服务、健康促进服务、健康咨询服务、健康关怀服务),通过将传统以疾病救治为主的医疗模式转变为健康管理,提倡关注疾病未发生前的保健和预防,对个人的健康资产进行全程无缝隙连接管理,以达到提高全民健康的目的。2013年初,深圳万科地产在新开发的老年公寓小区中,全面引入矽丰"物联网健康小屋及智能健康服务云平台",为每一套公寓房配备了全套的健康体检设备。据无锡矽丰信息科技有限公司技术总监钱晓刚介绍,万科为公寓房配备的设备包含骨密度、血糖、血氧、心率等医疗器械,总价值约为1万元,全部与矽丰的"智慧健康风险评估系统"无缝对接。业主入住后,可以根据自身情况,随时监测读取健康分析报告,或测试某一类疾病的风险概率,为健康把脉。

不仅如此,国内首个"睡眠呼吸疾病物联网管理技术平台"在上海中山医院青浦分院落成,通过一个传感器、一个无线肺功能仪、一个手机,医生就能远程监测到病人的血氧饱和度、肺活量等指标,一旦数据呈现异常,监测医生就会及时告知其干预措施。这种利用"云端"数据实时管理病人的移动医疗技术革新，在国内一些大型医院和社区也在积极尝试。例如，针对慢性病患者，物联网医疗在社区建立起"云健康"系统，对患者的血压、血糖等主要指标进行实时监测，大大减少了慢性病患者到医院复查复诊的繁琐程序，为诊治节省了大量宝贵时间。据了解，上海目前大约有60万人正在享受物联网医疗创新，这种创新可降低60%以上的居民健康管理成本。而且，随着远程监控和MR影像诊断等尖端技术的逐渐成熟，物联网医疗也提高了一些疾病的诊治效果。例如，中风瘫痪病人在家里即可享受远程康复治疗，由于在家治疗的时间和频率远超传统模式，疗效显著，多例重症病人已重新恢复行走。又如在ICU重症监护，利用远程数据监控和MR影像诊断等，实施"云端"会诊，既节省了时间，又避免了感染。

近年来，物联网的概念逐步被引入医疗卫生领域，虽然还是处于进展缓慢的状态，但物联网在医疗卫生领域开启了一个新时代。在未来医疗卫生领域的物联网发展中，移动医疗和社区医疗健康管理将是非常重要的应用场景。通过使用移动通信技术，如笔记本、平板电脑、智能手机、3G/4G移动网络和卫星通信等来提供医疗服务和信息，物联网将在医疗卫生领域有着非常广泛的应用。此外，社区医疗健康管理也是物联网在医疗卫生领域最重要的应用之一。整体而言，随着物联网与医疗卫生领域的融合，实现了患者与医务人员、医疗机构、医疗设备及药物之间的智能互动，使医疗系统变得更加便捷、全面，引领医疗卫生迈进智能新时代。

九、智能家居

智能家居是以住宅为平台，利用综合布线技术、网络通信技术、智能家居系统设计方案安全防范技术、自动控制技术、音视频技术将家居生活有关的设施集成，构建高效的住宅设施与家庭日程事务的管理系统，提升家居安全性、便利性、舒适性、艺术性，并实现环保节能的居住环境。智能家居如图1-16所示。

目前，各种智能产品如智能电视、智能冰箱层出不穷，家庭物联网已不再是一个单纯的概念，而已经变成现实。如今在海眸科技的帮助下，我们可实现随时

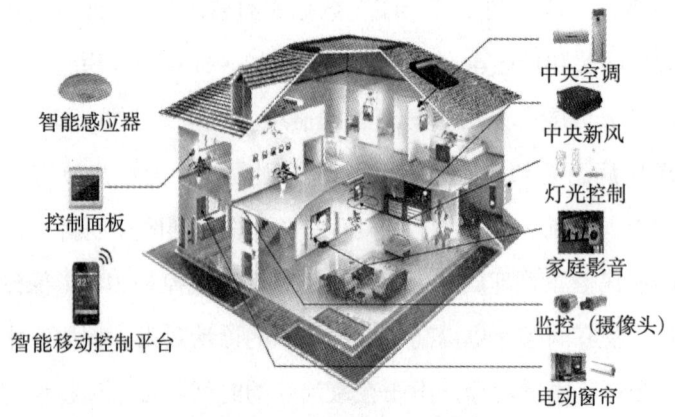

图1-16 智能家居示意图

随地操控家电设备,真正做到智能家居,舒适生活。海眸智能管家是一款颇具创新的产品,它通过全向红外设计与家电链接,可以成为遥控家电的总控制平台。用户只需要将这个设备放在任意位置,就可以保证海眸智能管家对范围内需要红外遥控的家电进行精确操控。你只需点击手机上的APP,就可以实现对电视、机顶盒、音响、空调等传统红外遥控家电的操作,让你彻底扔掉家中的遥控器。另外,海眸智能管家还是一款具备自主学习能力的产品。智能管家为用户预设了模板,只要通过简单的学习,就能够熟悉任意家电的特性,不受家电品牌限制,让用户的操控更简单、更方便。

另外,海眸科技还推出了海眸智能插座,实现让家电自动"预约"早饭。海眸智能插座基于WIFI通信,可实现任何时间、任何地点控制家中、办公室电器的电源开关。同时,海眸智能插座的预约功能还可以支持电饭锅、咖啡机等小家电的工作。与海眸智能管家的红外控制类似,用户也只需要登录手机APP操作,轻轻一触,轻松搞定。其实,这就是我们想要的和所期待的智能家居生活。

可以说,物联网广泛应用于绿色农业、工业监控、公共安全、城市管理、远程医疗、智能家居、智能交通、环境检测等领域。而且远不止上述的九大智能应用领域,物联网已经在各行各业都有具体的智能应用。

第四节　物联网时代的到来

继计算机、互联网之后，物联网已成为信息产业的第三次发展浪潮。2005年 ITU 发布的《ITU 互联网报告 2005：物联网》报告指出，无所不在的"物联网"通信时代即将来临，信息与通信技术的目标已经从任何时间、任何地点连接任何人，发展到连接任何物品的阶段，而万物的连接就形成了物联网。之后，许多国家不仅确立了"无处不在物联网"的发展战略，而且开始了基于物联网发展的计划和行动。2009 年，美国奥巴马政府把"智慧地球"上升为国家战略；同年，欧盟推出了"欧洲物联网行动计划"；而我国也在 2009 年提出了"感知中国"理念，并于 2010 年把包括物联网在内的新一代信息技术等七个重点产业，列入"国务院加快培育和发展的战略性新兴产业"中，同时纳入我国"十二五"重点发展战略及规划。日本在 2009 年颁布了新一代信息化战略"i-Japan"；韩国于 2006 年提出"u-Korea"战略，2009 年具体推出 IT839 战略以呼应"u-Korea"战略；澳大利亚推出了基于智慧城市和智能电网的国家发展战略；此外还有"数字英国"、"数字法国"、"新加坡智慧国 2015"（iN2015）。可以说，物联网发展已成为世界各国政府的共识，并把物联网建设提升到国家战略高度，通过大力发展物联网，占领后 IP 时代制高点，从而引领和推动未来世界经济的发展。不仅如此，越来越多的企业也开始涉足该领域。包括 Google 在内的互联网厂商，IBM、思科在内的设备制造商和方案解决商以及 AT&T、Verizon、中国移动、中国电信等在内的电信运营企业纷纷加速了物联网的战略布局，以期在未来的物联网领域取得先发优势。在 2014 年 CES 国际消费电子展上，思科 CEO 钱伯斯这样描绘物联网：物联网覆盖的产品从汽车到家庭用品，从而知道人们的偏好，促使消费者购买更多产品。届时，将有 500 亿个物体连接至互联网，物联网的市场规模将达到 19 万亿美元。其实这并不是物联网技术如何了得，而是物联网技术将会永久地改变我们的生活。这才是我们常说的，物联网的时代已经到来。

物联网并不是一个新词汇，这一概念最早是由 MIT Auto-ID 中心的 Ashton 教授于 1999 年在研究 RFID 时提出的。发展到如今，物联网也迈过了 15 个年头。一开始物联网几乎就等于 RFID，后来慢慢延伸到传感器、网络、应用平台，再后来，但凡智能 XX、智慧 XX 多半都算是物联网。不过总体而言，如今的物联网就类似于 20 世纪 60~70 年代刚兴起的计算机行业，在工业领域、公共管理领域都有出色的应用，但都是一个个应用孤岛。伴随物联网应用的逐渐深入、移动智能终端特别是穿戴式终端设备的兴起，我们现在已经处于物联网 2.0 时代来临的前夜。按照物联网业内人士的观点，只要有物、有网就是物联网。2010~2012 年是物联网的 1.0 时代，我们已经度过了物联网 1.0 时代。这个时代是物联网兴起，大家都说自己是物联网，但谁也不知道物联网到底是什么样的时代。到了 2013 年，物联网就迈入了 2.0 时代。该阶段的主要特征就是物联网产业开始得到培育，以及过去对物联网进行观望的一大批有实力的企业和研究单位，现在都围绕物联网的核心技术、物联网的重点应用开展工作，一些物联网的产品初现端倪。

可以说，物联网 1.0 时代是传统行业信息化阶段，每个行业应用其实就是一个信息和应用的孤岛。而物联网 2.0 时代就是让每个物互联对话，让行业信息和应用孤岛不再存在。物联网 1.0 就是传统行业的信息化，使传统行业更自动化、更智能化。实际上，我们身边的公交卡、门禁卡、身份证、条码、二维码都是物联网的一部分，所以物联网并不是一个很新很特别的东西，而是各行各业进行信息化改造升级的一个概念包装。"十二五"规划里提及物联网应用的九大领域包括智能工业、智能农业、智能物流、智能交通、智能电网、智能环保、智能安防、智能医疗、智能家居。这些领域有一个共同特征，就是它们都是传统行业。在物联网 1.0 时代，物联网企业更多的是传统行业或者公共管理的附属，而在这样的产业链结构中，应用物联网的传统企业才是主角，背后的公司要么只能专注于某个行业、某个企业，要么专注于某个设备，甚至就专注于某个地区。因此，在 1.0 时代，物联网不是一个独立的行业（如果非要说是，RFID 产业勉强可算），而是无数行业在应用着信息技术，或者说，所有在进行信息化的行业都可以说是物联网。

而物联网2.0时代是让每个物能互联对话，比如，智能电表能够跟电冰箱对话，进行节能控制；电视能跟电灯对话，根据节目进行亮度调节；电源能跟汽车对话，汽车没电时自动充电。在这样的对话基础上，物与物就形成了庞大的基础网络，如同互联网一样，最重要的是，能够为上层应用提供统一的标准接口，这样才能真正把应用独立于硬件，才会产生跨行业、跨领域的我们不可想象的应用。因此，物联网2.0一般可界定为：①任何物之间可互联；②物与物相联形成开放的基础物联网络；③基础物联网络为上层应用提供开放接口；④上层应用独立于基础物联网络。目前，物与物的通信基本是私有的，用于某个特定应用，这个物必须和相应的平台对接才能产生应用，脱离这个范围跟哑终端没有区别。举几个例子，智能电表的所谓智能是对于电力平台而言的，看着它也没用；公交卡也是和一个独立的体系绑定的，拿到外地就没用了。相较于物联网1.0时代传统行业的信息化模式，物联网2.0时代将致力于突破孤岛，实现各种应用的互联。特别值得一提的是，可穿戴设备助力物联网发展，可穿戴设备掀起的科技浪潮正试图开启物联网2.0时代的大门。在行业和消费市场的协力驱动下，可穿戴设备或将成为唤醒物联网2.0的潮流先锋，助力物联网从1.0时代迈向2.0时代。随着可穿戴设备技术的逐步完善与应用的逐步落地，如谷歌眼镜、智能手表、铁道导航手链、GolfSense手套等各种可穿戴式设备应用到我们生活当中，可穿戴设备技术或将改变我们的生活方式。如果说，物联网1.0时代还是对传统行业的信息化，那么物联网2.0时代则是需要每个物真正具备互联对话的能力。

国际电信联盟2005年报告就曾描绘过物联网时代的图景：当司机出现操作失误时，汽车会自动报警；公文包会提醒主人忘带了什么东西；衣服会"告诉"洗衣机对颜色和水温的要求等。有专家预测，未来十年，物联网将广泛应用于智能交通、环境保护、政府工作等各种行业的各个领域。人们通过手机或电脑来控制设备、管理信息，随时切换不同的物联网物业，实现随时随地的双向互动。可以说，物联网时代的到来已毋庸置疑，我们的日常生活也必将发生根本性改变。

我们可能在外面通过手机就能控制家中一切电器,或者看到各类电器的情况。例如,突然看到家中冰箱的食材已经不多了,或者今天特别想吃的食材不够了,那么我们可以通过一些命令直接下单,让这些食材可以在我们下班回家时同步送达。生活其他各方面的应用也会越来越丰富,物联网将会彻底改变智能家电在我们生活中的用处,而这一刻也离我们越来越近,我们做好充分的思想准备来迎接物联网时代了吗?

第五节 物联网未来生活

对于物联网的未来,清华大学刘云浩教授曾说,物联网意味着更广泛而全面的互联互通,更透彻的感知,更深入的智能。据欧洲智能系统集成技术平台(EPoSS)在 Internet of Things in 2020 的报告中分析预测,未来物联网的发展要经历四个阶段:第一阶段,2010 年前,基于 RFID 技术实现低功耗、低成本的单个物体间的互联,并在物流、零售、制药等领域进行局部应用。第二阶段,2010~2015 年,利用传感器网络及无所不在的 RFID 标签实现物与物之间的广泛互联,针对特定产业制定技术标准,并完成部分网络融合。第三阶段,2015~2020 年,具有可执行指令的标签被广泛应用,物体进入半智能化,物联网网间交互标准制定完成,网格具有超高速传输能力。第四阶段,2020 年之后,物体具有完全智能的响应行为,异质系统能够协同交互,强调产业融合,实现人、物、服务网络的深度融合。可以说,物联网发展的必然趋势就是越来越网络化,越来越智能化。

对于物联网未来生活,人们自然而然地联想到智慧生活。笔者曾看过一篇题为《物联网时代,白领一天的生活》的新闻。其大概的内容是:一名白领,早晨出门前,通过智能环境,在手机上看了一下实时天气预报;出门后,来到公交车站,通过智能公交、智能交通看了一下站牌,等了几分钟就上了公共汽车;到达公司大厦，来到自己的办公桌前坐下，打开电脑，收到了一系列信息，并开始了一天的工作：①通过智能校园，发现自己的孩子已经顺利到达学校；②通过智能医疗、智能养老，了解到老父亲正在公园锻炼身体，身体各项指标良好；③通过智能仓储，在电脑上花了1分钟就完成了公司库存的盘点，并和采购同事做了确认；④通过智能商贸，收到公司下属经销店的实时销售数据，并向老板做汇报；⑤通过智能交通，选择最优路线去机场接客户，高速公路上车辆之间相互"对话"，实现自动驾驶，避免追尾；⑥通过食品安全、质量溯源，在酒店预订了酒菜款待远道而来的客户；⑦通过智能展示、智能生产、智能装备，下午带领客户参观公司展厅、生产线；⑧通过智能物流、智能售后服务，与客户签订合同，发货。这就是物联网时代白领一天的生活。可以说，在我们羡慕这位白领享受如此智能化生活的同时，我们也真实感受到智慧生活无处不在、无时不在。这样的日子不再是梦想，已经指日可待。所谓智慧生活，就是由一系列智慧化体系共同组成，包括智慧交通、智慧医疗、智慧物流、智慧建筑、智慧城市等，而这种智慧体系的构建与物联网可谓密不可分。正是在物联网技术之上，我们才得以发展出智慧交通、智慧物流、智慧建筑等一系列智慧化生活体系。如果说智慧生活是我们所向往的生活，而物联网则是我们实现梦想的基石。

你有没有想过这么一幅画面：在清晨锻炼时，你的每一个动作所带来的脉搏、呼吸、血液的改变都会通过你手上所戴的手表，以实时数据的形式传递到你的私人医生那里。当你回到家，打开任何一部终端上的视频通信软件，私人医生就会出现在你面前，告知你由实时数据中分析出的身体状况，并嘱咐你要注意哪些。到了吃药的时间，父母会收到来自药瓶的提醒，提醒他们吃哪种药、吃几颗……这就是物联网带来的智慧生活。

第六节　小结

本章主要是对物联网的概念、应用、时代、生活等分别进行了简单介绍。首先,从我们日常的"吃、穿、住、用、行"五大方面介绍物联网已融入我们的生活;其次,介绍了什么是物联网,并对物联网在九大行业的具体应用进行了阐述;再次,阐述了物联网时代的到来;最后,对物联网的智慧生活进行了展望。通过上述内容的介绍,不仅开启了我们对物联网的认知之门,而且也加深了我们对物联网时代的理解和领悟。

第二章 物联网商业模式

无处不在的物联网

当前物联网企业缺乏对商业模式的创新，为此，需要做"四则运算"。首先做"除法"：除掉原来的思维惯性，从传统思维模式转向物联网模式；其次做"减法"：集中力量做新兴产业；再次做"加法"：增加物联网创新内容；最后做"乘法"：形成成熟的商业模式，使用户与市场倍增。

——华为技术有限公司副总裁陈奕泉

第一节 什么是物联网商业模式

现代管理学之父彼得·德鲁克在《德鲁克日志》中指出："当今企业之间的竞争，不是产品之间的竞争，而是商业模式之间的竞争。"由此可见，一个企业的商业模式设计、实施与创新对于该企业的生存与发展是何等重要。市场竞争日趋激烈的今天，人们意识到，企业必须要选择一个适合自己的且有效的商业模式，并随着企业内部和外部条件的不断变化而动态调整，才能获取持续的竞争能力，从而确保自己的生存与发展，在这个市场中长期立足。那么，商业模式究竟是什么？

一般来说，商业模式是在商业操作中企业整合了什么资源，对资源如何整合的逻辑设计，简单地说，就是关于企业"做什么，如何做，怎样赚钱"的问题，是企业探求所经营业务的利润来源、利润生成过程和利润产出方式的系统方法，并且围绕企业如何盈利这个核心来配置企业资源和组织企业所有内外部活动的一系列的行为过程。总之，商业模式是企业创造价值的核心，是包括产品模式、用户模式、市场模式、营销模式和盈利模式在内的一个不断变化的、有机的商业运作系统，其中任何一个模式都不能分裂开来考虑，而这当中盈利模式是商业模式体系中最为核心的子模式，其他几个子模式最终的目标都是为了形成盈利模式。其实物联网商业模式又何尝不是如此。

随着物联网的广泛应用，物联网企业的层出不穷，物联网商业模式呼之欲出。那么物联网商业模式到底是什么呢？商业模式是在为客户和供应链条上的利益共同体提供商业价值的基础上，追求企业获得利润，创造价值的经营模式。对此，我们初步将物联网商业模式的概念界定为：物联网企业在物联网产业链中为整合各方面的资源并就企业"做什么，如何做，怎么赚钱"而展开的一种系统思考和具体考量。物联网商业模式必须基于物联网产业链，以提高物联网产业链价值,更好地服务目标客户,进而追求企业更多的利润,创造企业更大的价值。对于物联网技术提供商而言,商业模式就是要与行业用户、系统集成商、软件提供商、设备提供商等一起,致力于提升整个物联网产业链的商业价值,才能确保自己的商业价值得以实现。所以说,物联网商业模式真正要做的是建立一个基于产业链视角的多方共赢的商业模式。通过物联网的广泛应用,参与物联网产业链的物联网企业可以从中收益,获得相应的回报,从而使物联网能够持续快速地发展起来。

第二节 物联网商业模式解析

一、物联网商业模式的核心:信息价值

要想实现物联网万亿级产值,首先要有一个成功而恰当的商业模式,而商业模式的本质就是企业的价值创造逻辑。来自欧洲的学者 Eva Bucherer 和 Dieter Uchelmann 认为,在物联网中,信息本身也是价值创造和价值主张的重要来源,这包括有些只能通过物联网技术获取的信息,还包括现有信息和实体产品之间的联系。在传统观念中,产品有价格,而信息无价格。殊不知我们其实已经把信息成本隐藏在产品价格之中了。伴随着互联网、物联网的技术革新与应用普及,信息的价值已经被越来越多的人所接受。如我们为获得某条信息愿意支付费用,同时很多物联网企业通过信息来增加企业收入。只是从产权来看,信息本身虽是一种资产,但其价值难以估量。对此,Moody 和 Walsh 2002 年提出了七个信息法则,解释了信息与其他资产相比的特征,具体如表 2-1 所示。

表 2-1 Moody 和 Walsh 的信息法则

信息法则	具体内容
法则 1	信息可以无限共享,其价值不会因共享而有所损失

续表

信息法则	具体内容
法则2	信息的价值随着使用次数的增加而增加；如果无人使用，信息就没有任何价值
法则3	信息具有易逝性，会随着时间流逝而贬值
法则4	信息的价值随着准确性而增加
法则5	不同信息的整合能够提高信息的价值
法则6	信息未必越多越好
法则7	信息不会消耗

由于信息具有上述的七个法则，信息的价值可谓不言自明。为此，Eva Bucherer 和 Dieter Uchelmann 从中推导出物联网的价值创造模式，并认为，信息是价值创造的主要来源，也是物联网领域价值主张的一个重要部分，特别是当可以获得的详细信息越来越多时更是如此。信息还可以直接与物体（或产品）相关联。物体的使用状况、当前状态和位置都可以跟踪，提供的信息也可以通过物联网发布和访问，这就是信息的新的价值主张。例如，向顾客提供更多的有关产品的数据（如碳足迹），或者基于实际使用情况的产品和服务的准确账单（如租车）。此外，实体产品的交换是沿着价值链传递的，且通常以消费者为结束点。而在物联网中，信息的交换则超过这个范围，包括各个不同的参与者。物联网中的信息提供者以及它们之间的信息流如图2-1所示。

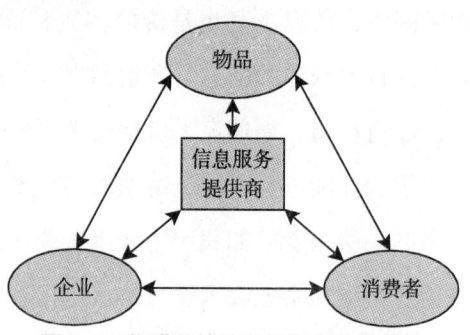

图2-1　物联网的信息提供者和信息流

可以说，物品、企业、消费者之间以及它们各自与信息服务提供商之间的信息交换构成了一种错综复杂的三角关系。一方面，信息流可以直接传递，从物到物，从企业到消费者，从消费者再到物；另一方面，信息流也可以间接传递，如信息通过信息提供者从物传递给企业，或信息通过物从一个企业传递给另一个企业。物包括通过传感器、数据处理单元和驱动器来传递它们的识别码和状态的产品。其他信息则由企业和消费者提供。可以说，物物之间的对话已经开始，更多的信息能得以有效传递和交换，为相关企业创造了更多的价值，也再次体现了物联网的商业价值。

二、物联网商业模式的依托：物联网产业链

产业链这一概念源自产业经济学，是指各个产业部门之间基于一定的技术经济关联，并依据特定的逻辑关系和时空布局关系而客观形成的一种链条式关联关系形态。从本质上来说，产业链描述的是一个具有某种内在联系的企业群结构。在产业链内部，不仅拥有大量具有上下游关系的企业，而且它们之间存在着相互的价值交换。上游企业向下游企业提供产品和服务，而下游企业向上游企业反馈需求信息。物联网产业链自然也是如此。

物联网产业已确定为国家战略性新兴产业，但物联网产业本身还是比较宽泛。一般认为，物联网产业可细分为标识、感知、处理和信息传送四个环节，每个环节的核心技术分别是 RFID（二维码）、传感器、智能芯片和电信运营商的无线传输网络。自然相对应的产业包括标识产业、传感器产业、智能芯片产业和电信产业。这些产业共同构成了当今的物联网产业。因此，物联网产业链就是围绕物联网技术应用由多家企业以某种关联关系而形成的一种动态链网式组织。一般来说，物联网产业链较长，涉及环节较多，结构较复杂。从纵向来看，物联网产业链是自上而下自发形成的一条明确的产业链条关系，依次分为三个层次，即感知层、传输层和应用层。具体又可细化为标识、感知、信息传输和信息处理四个环节，每个环节都有其关键技术作为支撑。正是依托这些产业环节及其关键技术，物联网相关企业自上而下构成了物联网产业链，如图 2-2 所示。

根据物联网产业链的纵向结构，物联网产业主要由如下五类企业构成。

（1）芯片制造商和 RFID 制造商。芯片制造商和 RFID 制造商处于物联网产业链上游的核心位置，在产业发展初期，市场上最为关注的是 RFID，除此之外，还包括二维码、电子标签、阅读器及其他基础设施等。整个物联网产业链中，我

| 物联网商业模式 |

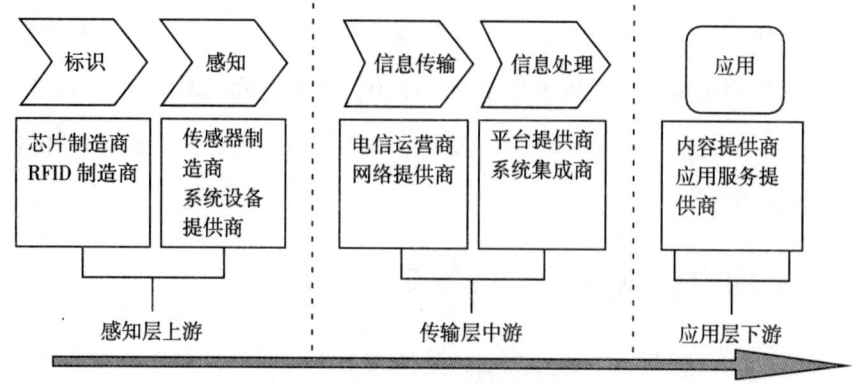

图 2-2 物联网产业链的纵向结构

国在这一领域的研究能力及技术水平与国外发达国家的差距最大，特别是在某些高端的传感器、芯片市场。

（2）传感器制造商和系统设备提供商。传感器制造商和系统设备提供商实质上是芯片和RFID提供商的外延，某些大型企业既是芯片与RFID提供商，也是传感器及系统设备提供商。其设备产品主要用于数据采集，代表产品有电子标签、读写器、智能卡等。相对产业链的其他环节，我国在该领域的发展是较快的，但仍以中小企业为主，尚未形成规模化的"领头羊"。

（3）电信运营商和网络提供商。电信运营商和网络提供商负责各种数据的传输与对接，目前以固网、移动通信网、广电网及互联网为主。"三网"融合和3G布局为信息资源的共享和高效利用提供了十分便利的条件，中国移动、中国联通、中国电信三家电信运营商以及广电、华为、中兴、大唐、烽火等国内网络设备提供商在物联网产业链中将扮演重要角色。

（4）平台提供商和系统集成商。平台提供商主要是指物联网信息管理平台的提供者，负责对传递来的数据在平台上进行分析与处理。系统集成商主要负责集成一整套解决方案，目前系统集成主要有两类，即设备系统集成和应用系统集成。部分大型的系统集成商已经开始向产业链的上下游延伸，它们也能够给客户提供软件产品和行业解决方案，甚至是生产某些外部设备。

（5）内容提供商和应用服务提供商。有了传感芯片和外部设备后，物联网还只是一堆没有生命的机器，而内容提供商的出现，使物联网变得有血有肉。内容提供商包括中间件厂商,虽然已有相当数量的企业参与中间件的研制,但很多都是专门为某一特定行业提供产品及综合解决方案。应用服务提供商则主要面向用户提供设备鉴权、计费等服务,并实施相应的管理和控制。

虽然我们知道物联网产业链是由感知层、传输层、应用层三大关键环节构成,但物联网产业链涉足的环节还是比较多,而且关系比较紧密,为便于更好地理解物联网产业链,我们将物联网产业链划分为芯片、传感器等终端设备制造商、网络设备提供商、网络运营商、系统集成商、软件及应用开发商、服务提供商和目标用户七个环节,如图2-3所示。

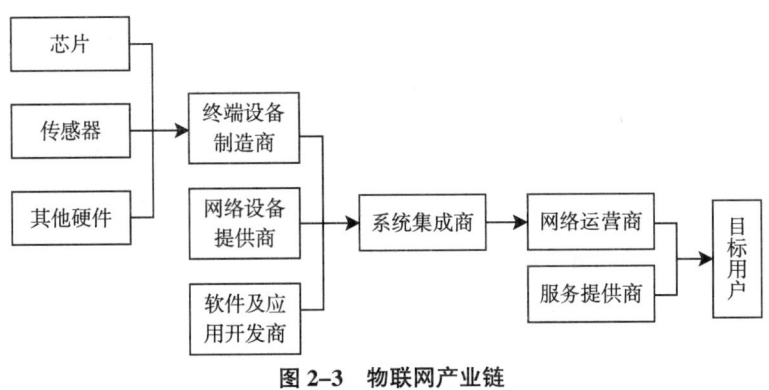

图 2-3 物联网产业链

目前,物联网产业链所涉足的环节具体分析如下:

1. 终端设备制造商

终端设备制造商位于物联网产业链的上游环节,主要负责提供必要的软、硬件设备,通过将物体智能化后接入物联网中,实现物与物之间的联接。这些终端设备主要有各种 RFID 卡、传感器、通信模块等。其中,RFID 是物联网发展的排头兵。据最新研究显示,2012 年,我国 RFID 产业的市场规模达到 236.6 亿元,年增长 31.7%。2013 年中国 RFID 市场继续保持快速增长,比 2012 年增长 34.6% 左右,我国 RFID 产业市场规模达 318.4 亿元左右。不仅如此,传感器也是物联网发展的基础,据 GSII 统计,2011 年中国传感器市场的规模达到 500 亿元,增长率为 24.4%。

2. 网络设备提供商

网络设备提供商主要向网络运营商提供建设和运营网络的软、硬件设备以及网络产品、服务和解决方案,是网络运营商向目标客户提供网络技术服务的基础。例如,思科、华为、汉柏科技、锐捷网络等知名企业都是大型的网络设备提供商。

3. 网络运营商

网络运营商是真正的网络拥有者,负责向目标客户提供基础的网络连接服务,包括有线和无线两种通信网络。越来越多的知名运营商已开始与物联网应用行业合作,转变成物联网运营商角色,而且随着"两化"融合、"三网"融合进程的加快,甚至可能会出现新的独立的物联网运营商。网络运营商在物联网产业链中扮演的角色不仅仅是渠道提供商,更应该是信息提供商。

4. 系统集成商

系统集成商是指具备系统资质,能对行业用户实施系统集成的企业,包括设备系统集成商和应用系统集成商。系统集成商通过选择合适的硬件设备及配套的软件系统,为目标客户提供物联网服务的全面解决方案。随着物联网的发展,系统集成商在物联网产业链中的地位越来越重要,它不仅要熟悉硬件设备系统的集成,还要深入到用户的具体业务和应用层面,具备很好的跨行业应用整合能力。

5. 软件及应用开发商

软件及应用开发商是物联网产业链中的关键环节,负责不断开发能够吸引目标客户的内容或应用。物联网产业发展的重点是能够带来实际效果的应用,软件是做好应用的关键,而中间件可以说是物联网软件的核心。所谓中间件是指一种独立的系统软件或服务程序,位于操作系统之上,负责管理网络资源,分布式应用软件就是借助中间件实现资源共享。

6. 服务提供商

服务提供商是物联网面向用户的服务内容的直接提供者,其基于网络通过各类终端和平台提供服务。具体的服务方式是,通过网络运营商提供的增值接口,向客户提供统一的终端设备鉴权、终端接入控制、行业应用管理、业务运营管理和统一的平台管理等信息服务,最后和运营商按比例分成。

7. 目标用户

目标用户是指物联网产品或服务的主要接受对象,也是物联网产业链的利润来源，主要包括个人、家庭、企业和行业。

三、物联网商业模式的应用：四大应用场景

在物联网环境中，物联网企业主要还是通过商业模式来实现盈利。国内外物联网企业莫不如此。为了对物联网商业模式有一个清醒的认识，我们在此介绍几种比较典型的物联网商业模式场景。目前主要存在四种典型场景，包括支持 PaaS 的物联网技术应用、信息服务提供商在物联网中的角色、终端用户的参与、实时商务分析与决策制定等。具体分析如下：

场景一：产品即服务（Product as a Service，PaaS）

对于商业模式而言，从提供产品到提供服务，是一种演进趋势。不仅软件公司提供软件即服务（SaaS），而不再单纯销售软件序列号，而且更多的实体制造商都在遵从这种趋势。最典型的案例如国际建筑机械巨头 Hilti 公司。消费者不再需要一个钻头，而是需要墙上的一个洞。为了摆脱价格战，Hilti 公司这家国际性的专业建筑工具生产商，推出了名为"舰队管理"的服务。消费者不用再直接购买某一种工具，而是通过一份合同提供月度费用，获得一组工具的使用许可和维修服务。这样就从卖产品转变为卖服务。可以说，物联网提供了 PaaS 场景使能的支持技术。传感器可以跟踪产品，并且给出定位。某个产品的使用时间以及使用场景可以被精确地记录到文档中，并可追溯。这样相关企业就可以为产品或者配件提供精准的维护和维修服务。通过开放性的物联网架构，不同的 PaaS 可以被融合。其实，PaaS 的物联网应用场景已经无处不在。就拿我们最熟悉不过的车辆租赁行业来说，Daimler 公司推出了"汽车共享"计划 Car2Go。目前租车的计费模式是根据车辆型号和行驶时间、耗油量等指标，而 Car2Go 的计费模式根据非常精确的汽车使用情况，包括发动机转速、加速度、车载重量以及其他的详细指标。这种模式激励了汽车的环保使用方式。第三方维修公司可以通过监控数据为车辆提供检修服务，第三方的服务中心可以为汽车提供停靠和保养服务。这种商业模式使得用户的花费可以被精确计算，最大限度地减少了在租车过程中的人力消耗，并且可以和多家第三方公司实现合作，各尽其长。这种模式打破了传

统租车企业按天计费和在门店租车还车的运营模式。用户可以提前半小时预订车辆,并按照分钟计费,还车时只需停靠在任意公共停车位即可。截至2013年1月,Car2Go项目已在全球拥有超过27.5万名用户。2013年6月,该项服务已拓展到欧洲和北美的6个国家、19个城市,拥有的车辆数达到7300台。可以说,这种外包的租车服务实现了对车辆状态的监控,进而实现了即时维修,减少了维修成本,提高了营运收入。

场景二:信息服务提供商(Information Service Providers, ISP)

当信息以度量的方式进行计费时,信息服务提供商的机会就来了。企业信息技术部门将会告别以成本投入为主的时代,进入盈利的时代。物联网相关的数据可存储在数据中心,并得到处理。信息服务提供商还可以对物联网中各种不同的信息进行聚合与处理,从而提高信息的价值。在物联网中,随着样本量的增加,信息收集成本的下降,信息分析的即时性提高,信息服务提供商可以彻底改变原有的市场研究方式。可以说,在防伪溯源领域的应用就是信息服务提供商的应用场景,如爱创的食品质量安全追溯。爱创从一个集成商的角度,用了一维码、二维码、RFID,甚至用了激光感知的部分,然后综合起来做产品。例如,爱创给伊利做的每一盒牛奶就用了一个随机码,一半码印在盒里,一半码印在盒外面来实现对它唯一的可控和追溯;又如,给华润做的每个啤酒盖上加激光码,然后用照相的方式,24频显示之后把它和那一箱做绑定,这就是信息服务的部分。可以说,这种商业模式主要借助于物联网的唯一标识技术和计费模式才能实现,不过也增加了信息获取和聚集、信息系统购买和维护的成本。

场景三:终端用户的参与

物联网提供了一个新的平台,用户可以投身到合作创造的过程中。一方面,用户可参与到产品和服务生命周期各阶段的开发过程中;另一方面,各利益方可以参与到物联网价值的共创过程中。物联网综合计费方案可实现商家和终端用户之间的信息无缝双向流动。以下两个美国农场的例子就是最好的说明。第一个例子是,美国有超过2亿个农场,80%都是小农场,它们把自家农产品在LocalHarvest网站上直接卖给消费者,网站展示一张美国地图(绿色标注是农场位置,红色是农贸市场或商店,蓝色是由附近农场供给的餐馆,紫色是杂货店),顾客输入邮编,网页上会提示附近的农场、市场等信息,顾客可通过平台实现O2O购物。第二个例子是,Blain's Farm和Fleet美国中西部知名农场零售连锁,其销售品类有15万种,线上线下协同:一方面,顾客利用智能手机APP的GPS或输入邮编便可查最近的商店和商品,网上下单就近取货,系统自动提供驾车路线;另一方面,在Facebook上搞猜图片送礼品卡活动,拉动顾客。

场景四:实时商务分析与决策制定

对于物流而言,实时就是没有确切的时间限制。相比传统物流花费几天甚至几周,目前物流时间不过几个小时甚至几分钟,这就是一种实时。使用实时的业务分析并做出决策更为合适,其融合多种技术来获取信息,并对信息加以整合,增加信息的价值,进而促进物联网基础设施的应用。以智能卡车为例,卡车向物联网传递数据,获得实时的回应。一些简单的任务,如导航和动态路由,可以不通过物联网。但是更复杂的任务,如实时跟踪和状态监测,将在很大程度上受益于物联网。又如,马云对物流行业改造的可能技术架构就是一个实时分析。菜鸟网络的经营范围是:物联网软件的研究、设计、开发与制作,物联网络技术的开发与设计,并提供相关技术咨询与技术服务、投资管理、企业管理投资咨询、经济信息咨询服务。菜鸟网络计划主要包括:第一,用四年时间,建立八个核心城市的超级物流集散中心,形成整个的网络框架,并建立整个骨干网的信息平台,接入所有服务商的信息系统,实现骨干网信息统一。第二,用三年时间,整合并入市级、县级节点,建立统一的信息调度平台。第三,用三年时间,搭建"最后一公里"配送的生态链,包括基础设施和信息平台的标准化。菜鸟网络会根据历史信息建立标准,评价加入平台的各个企业最擅长的业务。菜鸟网络会根据历史数据和未来需求进行预测,合理统筹生产商、批发商、零售商的库存商品在全国各地的配送。

可以说,上述四种场景在物联网应用中开始越来越普及,即通过选择合适的商业模式,企业对信息进行管理,利用信息感知、传递和处理,提供信息服务,获得新收入来源。正是由于物联网商业模式的应用场景越来越广泛,物联网商业模式自然也就会越来越成为物联网企业关注的焦点。

第三节 物联网企业商业模式创新"5+1"模型

物联网是继个人PC机、互联网之后的又一次信息浪潮。物联网发展已是大势所趋，物联网应用更是渗透到我们身边的各行各业之中。如今物联网处于"井喷式"发展，与当年一夜之间"大爆发"的互联网何其相似，套用一句很经典的台词，"前途是美好的，但道路是曲折的"。因此，要想实现物联网万亿级产值，首先要有一个成功而恰当的商业模式，而商业模式的本质就是企业的价值创造逻辑。物联网企业要想在潜力巨大的物联网市场中快速抢占一席之地，实现企业的价值创造，就必须先接地气，找到有效的应用场景。可以说，物联网企业必须找到一个适合自己的商业模式，否则一切的努力都是徒劳，这样的企业也不可能长久存在于这个市场当中。

虽然每个企业的商业模式都不尽相同，但为了对更多还在为物联网而晕头转向，或在这个圈子里迷失方向的企业指条明路，笔者对物联网企业的商业模式展开了深入研究，探索出了影响物联网企业成功与否的六大因子，即产业布局、盈利模式、资源整合、资本运作、组织革新和价值创造，并且这六个要素之间构成了一个相互联系、相互作用和相互影响的整体。这就是物联网企业商业模式创新"5+1"模型，如图2-4所示。

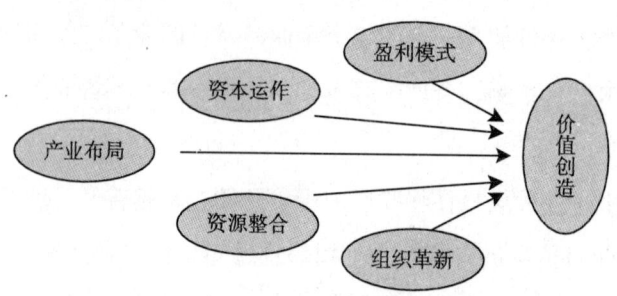

图2-4 物联网企业商业模式创新"5+1"模型

物联网企业商业模式是由物联网企业为实现企业盈利，创造企业价值而采取的一整套企业商业运作模式。对此，我们认为，物联网企业商业模式创新"5+1"模型由物联网企业5种源动力和1个共同目标组成。5种源动力其实就是制约物联网企业发展的五种关键因子，即企业内部的盈利模式、组织革新和资源整合以及企业外部的产业布局和资本运作。而物联网企业发展内外部因素共同作用的最终目的就是为了1个共同的目标，即企业价值创造。在企业价值创造这一共同目标的作用下，只有这五种源动力共同给力，物联网企业才能快速前行。也正是基于这六大构成要素之间的相互配合，才构造了如今走向成功的物联网企业商业模式创新"5+1"模型。

对于物联网企业而言，依据企业自身的情况所确定的具有自身特色的盈利模式是企业能够立足于物联网这个市场，并与其他物联网企业展开激烈竞争的资本。它不仅是企业获取日常运作资本的来源，同时也是企业发展初期抢夺市场、建立品牌的武器，更是企业能够得到持续和稳定发展的保障。因此，物联网企业必须根据企业自身的资源状况、市场状况等多方面的因素，确定一个适合企业发展和符合市场要求的盈利模式。唯有如此，物联网企业才能在未来日益激烈的物联网市场中分到属于自己的那一块"蛋糕"，从而在物联网市场中拥有属于自己的那块立锥之地。除了有适合自身发展的盈利模式，物联网企业还必须对组织进行适当变革。特别是当物联网、云计算、大数据等新信息技术一个接一个来袭时，企业组织的变革能力对企业来说往往至关重要。除此之外，企业的资源，包括有形和无形的资源，对物联网企业来说也很重要，但是如何以有限的资源创造出更大的价值，往往成为物联网企业PK的关键。由此可见，物联网企业的资源整合能力已经成为影响物联网企业商业模式的关键因素。通过对企业资源的了解、掌握和充分的利用，才能为物联网企业商业模式的实施提供比较充足和稳定的资源。

无论是盈利模式、组织革新，还是资源整合，都是从企业内部的因素来分析企业成功的因子，其实企业外部的因素同样对物联网企业的成功起着不可忽视的作用。作为国家战略性新兴产业，物联网产业是一个新鲜事物，同时也是一个很热门的产业，很多企业都蠢蠢欲动，开始布局物联网。这本来无可厚非，但是要想在竞争中取胜，有必要对物联网产业加以清楚认识。特别是在产业环境和市场环境不断变化的今天，物联网企业生存和发展更是不能仅凭一时的热情，而需要冷静的思考，弄清楚行业的地位，并且选择正确的战略方向。物联网产业布局更是关系到企业的战略定位，因此对物联网企业而言更要慎之又慎。

与此同时，企业外在因素还有一个很关键的因素，那就是资本运作。物联网技术已经实现突破，而物联网的应用又需要投入大量的资金，只有达到一定规模的应用，企业才能得到足够的回报。可以说，获得资本对物联网企业而言非常重要。尽管盈利模式在企业发展中也承担着资本流的供给作用，但是当企业决策中出现资本运作相关信息时还是需要外部资本运作的相互配合。因而企业不仅在初期对于融资的需求比较大，而且在企业后期发展的过程中对于资本运作能力的要求也是比较高的。在某种程度上而言，资本运作是确定企业战略方向之后，与企业内部因素共同推动企业向前发展的必要因素之一。

上述五大因素，归根到底都是为了价值创造，即实现企业的自身价值、客户价值和社会价值。物联网企业的内外部因素在相互推动、相互作用和相互影响的过程中，实现的不仅仅是企业的初期利润价值，也包括企业在发展中与客户、利益相关者以及社会的总体价值。

一、产业布局

企业要想长远发展，就要有战略规划，而这就与企业的产业布局密不可分。所谓的产业布局包括产业定位及自己的战略选择。一个企业要想在市场中赢得最终的胜利，首先必须明确自身的定位。而定位就是企业有所为有所不为，知道自己应该做什么，它决定了企业应该进入什么行业，提供什么特征的产品和服务来实现客户的价值。产业定位是企业战略选择的结果，也是企业商业模式体系中其他有机部分的起点。

物联网企业想要在物联网这个新兴的、充满诱惑力的市场中获得竞争优势，毫无疑问，建立起适合自身发展的商业模式能为企业的生存和持续发展提供先机。企业实施商业模式或是运营决策的过程其实就是企业的产业战略实施过程。对于物联网企业而言，就是要明确自己的产业布局及其定位。物联网产业由于涉足产业较多，相对来说比较广泛。目前物联网产业链由感知层、传输层、应用层三大关键环节构成，包括芯片、传感等终端设备制造商、网络设备提供商、网络运营商、系统集成商、软件及应用开发商、服务提供商和目标用户七大构成主体。

对于物联网企业来说，首先是明确自己处于产业的哪个位置上，并依据自身的环境和资源制定符合自身企业发展的战略规划。只有明确自身的战略和定位，企业才能在市场中充分发挥优势并获得成功。例如，中国电信、中国移动、中国联通这三家中国通信行业巨头，都明确地将自己定位于网络运营商。而在终端设备制造商中，远望谷、新大陆、厦门信达布局 RFID、二维码，而达华智能、中瑞思创主攻智能芯片。因此，物联网企业若想在市场中得到认可并获得成功，避免自身劣势以及环境带来的压力，就应该重视战略的作用，认真地对企业进行物联网领域的布局。

一般来说，物联网企业不会贸然地选择自己在行业中的定位，而是需要审视自己的资源状况，从而制定可行的战略规划并逐步实施。物联网企业是否能得到市场的认可，关键在于对行业选择及战略定位的把握，因为在这个过程中，企业可以从大量信息中得知哪些是企业的优势，哪些劣势企业应该克服，哪些机会必须抓住，哪些威胁可以尽量避免。只有正确的行业选择和战略定位，才能使企业具有区别于其他企业的竞争力。

对于物联网产业布局，大唐电信可以算是其中的佼佼者。大唐电信科技股份有限公司于 1998 年在北京市海淀区注册成立。同年 10 月，"大唐电信"股票在上海证券交易所挂牌上市，股票代码为 600198。公司控股股东电信科学技术研究院（大唐电信科技产业集团）是国务院国资委管理的大型高科技中央企业，拥有无线移动通信、集成电路设计与制造、特种通信、战略性新兴产业和产业金融五大产业板块。通过成功推动自主创新的 TD 产业化，大唐电信集团探索了一条"技术专利化、专利标准化、标准产业化、产业市场化、市场国际化"的自主创新发展之路,实践了全新的"中国创造"发展模式。近年来,为适应新的市场形势,大唐电信进一步明确了"以国内领先的集成电路设计、软件开发应用、终端设计为核心竞争力,积极拓展移动互联网等新兴产业业务,使公司成为细分行业综合领先的解决方案和服务提供商"的发展定位,建立了面向移动互联网、物联网等新兴产业的业务体系,以及面向市场以客户为核心的运营模式。面向政府、行业、企业及个人,大唐电信在公共服务智能信息化、行业信息化、个人移动生活等领域,为客户提供稳定、安全、高效的整体解决方案。

作为国内信息通信领域的领军企业,大唐电信主要从事微电子、软件、终端接入、通信应用与服务等领域的产品开发与销售。从 2006 年开始,顺应产业融合的发展趋势,大唐电信提出了从技术、设备提供商向服务、方案提供商转型,从核心网向用户端领域靠近的战略转型思路。为使公司早日驶上"快车道",大唐电信不断推进产业战略调整:2009 年,提出了"产业聚焦、产业协同"的发展策略。2010 年,及时部署"围绕物联网、移动互联网和'三网'融合,着力构建'大终端加大服务'产业群,面向个人客户、行业客户、政企客户延伸与拓展应用和服务,加速实施从核心网向用户端转移战略,提升整体产业链能力,从而提升盈利能力、竞争能力和持续发展能力"的发展战略;并明确了"从提供单一产品向提供整体解决方案转型",成为"领先的专业信息产品和服务提供商"的企业愿景。经过这一系列的战略调整,大唐电信 2012 年已成功实现从核心网向用户端转移战略,从提供单一通信设备向提供整体解决方案转移,公司产业从核心网产业扩展到集成电路设计、软件与行业应用、终端设计和增值业务产业,公司客户从移动通信运营商向包括通信运营商在内的政府、行业和企事业单位转移。大唐电信公司经营规模从 2005 年的 15 亿元增长到 2012 年的 61.83 亿元,经营业绩从 2005 年的巨亏变为 2012 年的盈利 2.22 亿元,公司资产总额一直保持 30%左右的增长,销售收入保持 15%左右的增长,资产负债率持续改善。

如今,随着信息产业整合不断深入,传统以语音业务为代表的通信行业正在向以移动互联网、物联网、"三网"融合为代表的大通信范畴演进。面对信息通信行业的变化，大唐电信结合自身优势，确立了由提供单一产品向提供整体解决方案转型的目标。从公司产业发展来看，在物联网和行业信息化发展战略上，大唐电信既做关键产品，如 RFID、M2M 模块与终端、业务控制平台等，又关注整体解决方案的交付；既做行业与智慧城市的应用，又与运营商拓展合作，为实现面向未来的、泛在化服务应用打好基础。在物联网和行业信息化解决方案领域，大唐电信已经成功打造出感知矿山、智能水利、智慧农业、智慧环保、感知核电、智慧油田、智能交通、智慧城市、智慧医疗等完整的且具有实际应用价值的行业解决方案，并成功中标多省市智慧城市试点项目和行业信息化项目。

在移动互联网领域，大唐电信将移动互联网领域应用与服务的延伸作为重要发展方向，并确立了以需求为导向、以运营为目标、以平台为核心、以服务为手段的市场策略，对各种应用进行汇聚，形成了包括芯片、终端、网络支撑、行业应用、增值服务及服务运营在内的移动互联网体系架构，以最终打造"应用服务＋平台架构＋网络支撑+终端系统"的完整移动互联网产业布局。其中新华瑞德围绕移动互联网文化产业交易平台，探索打造核心竞争力——瑞德微吧一站式数字内容云服务虚拟化运营能力，并已在教育、农业等产业领域取得了良好进展。通过产业链资源整合，大唐电信推出了老人机、家庭信息机等产品，并形成规模销售，将终端与移动互联网服务相结合，推动了由单一产品向整体解决方案的转型。

此外，在金融与安全领域，作为国内为数不多的自主研发智能卡芯片的企业，大唐电信陆续推出了一系列支持 SSF33、SM1 等多种国密算法的接触式和非接触式高安全产品，为我国身份识别、社会保障、银行卡、信息安全、特种安全、电子商务等行业提供了相关芯片及配套的安全模块。2012 年，大唐电信成功实现了重组并购，并入联芯科技、优思电子，为大唐电信在集成电路设计产业、终端设计产业注入了新鲜血液。同时，大唐电信还通过合作、并购等方式开拓了高速公路、车联网、医疗信息化等业务市场，为大唐电信完成"整体

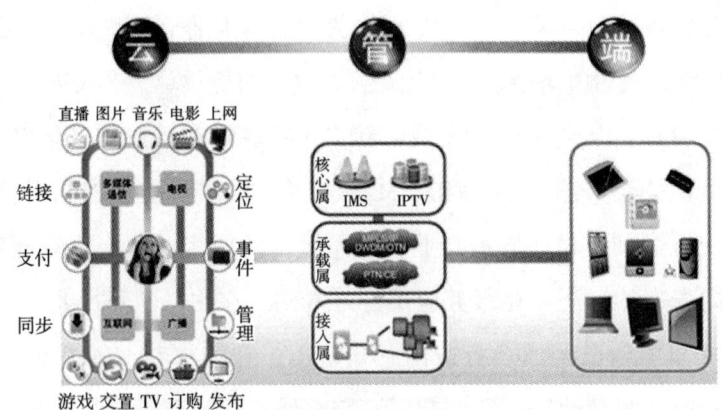

图 2-5 基于"三网"融合的大唐移动物联网布局

解决方案提供商"转型打下基础。

综上所述,大唐电信应时而变,对市场顺势而为,围绕物联网、移动互联网和"三网"融合,加快转型步伐,建立了以整体解决方案带动产品创新的商业模式,积极推动从单一创新到系统创新的转变,提升了公司的核心竞争力。为推进战略延伸和商业模式转型,在产业规划上,大唐电信将着重强化对移动互联网长期竞争力的培养,实现"应用整合能力+大规模应用部署支撑能力+智能终端系统能力+平台架构技术能力"的综合发展;在物联网方面,将建立常规化的物联网整体解决方案交付组织架构,实现"市场—产品解决方案—研发"的良性联动;在"三网"融合领域,将继续关注以视频为核心的融合业务和多屏互动的业务架构,力争在细分市场领先,并形成针对当前广电网络建设的完整的"三网"融合解决方案。

二、盈利模式

行业选择和战略定位确定后,企业就可以找到顾客群,并开始寻找为他们提供"独特的价值"的方式,构建良好的业务系统,设计良好的利益分配机制,聚合关键的资源。但是作为一个企业,如何从中获得利润呢?盈利模式就是要解决企业自身如何获得利润的问题。盈利模式是指企业如何获得收入、分配成本、赚取利润。盈利模式是在给定业务系统中各价值链所有权和价值链结构已经确定的前提下,企业利益相关者之间在利益分配格局中利益的表现。良好的盈利模式不仅能够为企业带来收益,而且能够为企业编制一张稳定共赢的价值网。

当物联网企业选择了可行的战略并明确了自身的定位后,物联网企业就需要依靠一个有效的盈利模式来获取利润。盈利模式对于物联网企业的发展起着至关重要的作用,成功的盈利模式是企业竞争力的表现。因而物联网企业必须依据自身的特征来选择合适的盈利模式。虽然每个企业的盈利模式并不相同,但是物联网企业的盈利必须要基于合作,因为物联网产业链相对来说比较宽泛,没有所谓的龙头企业或垄断企业,所以企业之间必须要基于一种合作关系。

在物联网盈利模式方面,西奥科技(中国香港)基于对物联网 RFID 行业多年的认知,改变了传统商业模式,变价格竞争为价值竞争,提出了"软硬融合·金葵花联盟"的盈利合作模式,开创了物联网"行业新盈利模式"。

西奥科技(中国香港)控股有限公司(以下简称西奥科技),是由西奥亚洲基金与澳大利亚 AVS 科技共同发起成立的,是"国家级"高新科技企业,是行业领先的 RFID 综合方案提供商。西奥科技以自身强大的"智能云技术"为依托,首创性地推出"物联网手机一卡通"、"中间件技术",实现了"设备间无缝链接";首家研发出拥有自主知识产权的静脉识别智能化企业信息控制系统,开创了企业信息实时控制新时代,推进了中小型企业信息化建设。西奥科技以"整合中国智能产业资源,用智能技术武装中国企业"为使命,现已推出采用"e 芯"技术的四核手机一卡通(身份识别、门禁、考勤、消费、水电控制等)智能应用产品,金融管理、人力资源管理等智能化企业信息控制平台及人脸识别、智能警卫信息安全控制系统,服务广大的中国用户。

传统的物联网(RFID)行业经营模式包括"一卡通/手机一卡通行业"经营模式,通过"A 供应商硬件设备+B 供应商硬件设备+C 供应商软件"这种"A+B+C 普通方案"来做项目投标,从中分取一杯羹。这种方式在初期阶段以其灵活的配置、诱人的价格占有市场,但这种方式的市场准入门槛较低。随着物联网产业的迅猛发展,越来越多的商家进入一卡通领域,一个项目往往面对着几十个竞争对手厮杀，因而通过传统形式PK取胜，在今后一段时间会变得更加艰难。由于上游合作是"化零为整"拼凑竞标，部分产品技术含量不高，使得众多并不具备技术和产品升级能力的企业充斥市场，产品和技术的跟风、抄袭、仿冒现象普遍，产品在外观、质量、性能等方面都差别不大，从而造成了严重的产品同质化现象。在这种同质化现象的背景下，某些商家为了追求短期经济效益而发动价格战，通过迅速降价来获取营业额的短期增长。由于价格战带来的利润空间愈加萎缩，最终导致商家的经营压力越来越大，市场经营模式正酝酿着变革。

针对当前市场的困境，西奥科技推出"软硬融合·金葵花联盟"的盈利合作模式。以"合作、互信、共享、共赢"为基础的金葵花联盟，旨在打破厂家与合作伙伴之间传统的商业合作模式，通过合理、合适的互信平台，进行有效的整合，使企业之间在市场、品牌、渠道、技术、服务等信息资源方面充分共享，实现合作伙伴、用户、厂家等多方共赢。金葵花联盟以"物联网设备与信息化管理"的"软硬件深度融合、两条腿走路"为战略导向，通过"软硬融合·金葵花联盟"的盈利合作模式，结成利益共同体达到"1 + 1 = N"组合聚变，通过此举调整经营结构，抢占市场最高点，实现市场差异化竞争，实现合作双方共赢共展。

加入"金葵花联盟"的商业伙伴，不仅可以享受"个性化定制"服务，还可以共享西奥CRM信息资源，获取庞大的市场信息，共享"西奥学院"面对面培训平台，培养技术精英，共享获得"中国文化创新奖"的"TIB企业文化"模式等。西奥"金葵花联盟"还设立了西奥"合作伙伴金葵花发展基金"。该基金是一个全面的渠道合作伙伴激励方案，旨在为合作伙伴提供利润奖励、人才支持和市场支持。

围绕着新的行业经营盈利模式，西奥科技推出了"物联网设备与信息化管理深度融合"的新理念、新思路、新举措，以"软硬融合·金葵花联盟"主动适应市场转型升级的大趋势。可以说，西奥科技的"软硬件深度融合、两条腿走路"摒弃了传统模式的硬伤，开始向品牌整合的方向大踏步发展。此举打破了"单一产品"、拼凑竞标的传统商业模式，实现了软硬件融合，搭建了同一个平台，从而可以规避同质化竞争，实现差异化战略，塑造品牌，抢占高端市场。

物联网设备与信息化管理深度融合是行业发展的大趋势，西奥科技是"国家级高新技术企业"，是行业领先的 RFID 综合方案提供商，长期致力于"软硬融合"的研发与应用，致力于有共同价值观的物联网（RFID）同道通过协作实现彼此企业的快速发展。为此，西奥科技（中国香港）控股有限公司中国区总经理林星女士在业内率先倡议："寻找志同道合、有共同价值观的企业伙伴，通过彼此真诚的协作，实现企业的快速发展、企业家们的人生梦想，共同推动中国物联网（RFID）产业的蓬勃发展。"

三、资源整合

企业进行的经营活动需要掌握和使用一整套复杂的有形和无形资产、技术和能力，但更重要的是如何将企业所掌握的资源进行整合，使这些有限的资源为企业创造最大的价值。资源整合能力是实现企业战略的手段，也是企业组织能力的表现。整合就是要实现资源的优化配置，就是要在有限的资源中实现企业的最大价值。对于物联网企业来说，资源整合能力和战略定位是紧密相连的。物联网企业在制定战略的过程中必须考虑到自身的资源整合能力，因为战略的制定需要了解企业拥有哪些资源，是否有能力使资源得到最佳的发挥，选择何种资源能够使企业的竞争力增强，而哪些资源会让企业事半功倍……所以，资源整合能力为物联网企业的行业选择和战略定位提供了参考。

同时，由于资源整合是企业对不同来源、不同层次、不同结构和不同内容的资源进行识别与选择、汲取与配置、激活与有机融合使资源具有较强的柔性、条理性、系统性和价值性，并创造出新的资源的一个复杂动态过程。因而物联网企业的资源整合能力在一定程度上决定着物联网企业在市场中的地位。物联网企业各自所掌握的资源是不尽相同的，不同于传统企业，它应用于互联网这个瞬息万变的环境，因而即便没有掌握更多的资源，但是能更有效地利用自身资源才是最重要的。企业的资源可以分为企业内部资源即自有资源和企业外部资源。企业内部资源包括企业的研发资源、生产资源、人力资源、资本资源等各类资源,如何将这些资源进行有效的协调,从而使得这些资源更好地为企业所利用是资源整合能力最重要的方面。企业外部资源包括政府、同行其他企业等方面的资源,如何将这些不属于企业自身的资源为企业所用,同时增强企业自身竞争力是外部资源整合能力重要的一方面。

中瑞思创就是整合行业内的一切可利用资源,发力于国内市场,并积极开拓国际市场的典范。杭州中瑞思创科技股份有限公司成立于2003年11月,是一家致力于零售商品电子防盗系统(EAS)(见图2-6)和无线射频识别系统(RFID),集研发、生产、服务于一体的高科技企业。2010年4月30日,中瑞思创在深圳交易所创业板正式挂牌上市,股票代码为300078。中瑞思创现拥有总资产近12亿元,下辖多个子公司,员工1500余人。中瑞思创是国内EAS行业唯一一家上市企业,在电子防盗、源标签行业处于世界领先地位,在RFID应用领域亦处于国内领先水平,拥有一流的EAS、RFID生产设备和检测设备。

中瑞思创主营EAS、RFID产品及行业应用方案的开发和服务。公司主要产品包括商品防盗硬标签、软标签及其配套附件和服务,各型RFID标签及配套产品和服务等。产品出口世界各地,在全球拥有超过300多个代理商,遍布欧洲、美洲、中东及东南亚等60多个国家和地区,是零售支持领域新理念的开拓者和引领者。

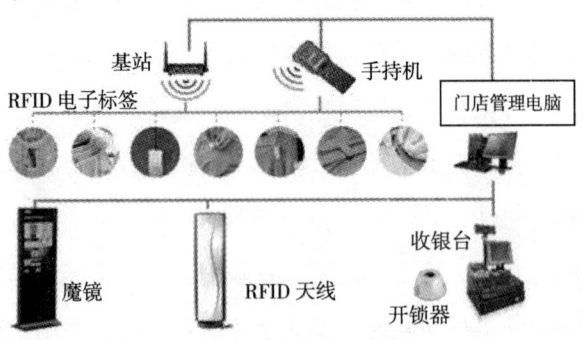

图2-6 中瑞思创的防盗系统

中瑞思创基于成为零售行业科技引领者的战略定位，为迅速提高 EAS 系统（天线）的技术研发水平和产品性能，大力增强声磁原理 EAS 系统方案解决和集成能力，中瑞思创与世纪超讯原股东于 2013 年 12 月 19 日在杭州签订了《股权收购意向书》。公司拟通过两次收购完成对北京世纪超讯科技发展有限公司的股权收购，第一次收购 51%的股权，第二次收购 49%的股权。根据《国际安防》的调查，EAS 声磁产品近几年发展较快，2014 年在全球的市场容量将达到 15 亿美元，其中在国内将达到 7 亿元人民币。收购世纪超讯能够迅速提高公司在 EAS 声磁系统方面的技术水平和产品竞争力，有效增强声磁 EAS 系统方案解决和集成能力，加快实现向系统方案提供商和运营服务商转型的战略。

不仅如此，2012 年，中瑞思创分别设立杭州思创汇联科技有限公司和上扬无线射频科技扬州有限公司进军 RFID 市场，公司合计拟投资 5.6 亿元进行 RFID 标签及其配套产品的研发、设计、制造和销售，在系统继承应用方面，公司形成了服装管理、智慧仓库等领域的 RFID 解决方案，公司专注于在零售业、物流及供应链管理等领域提供 RFID 行业应用。2012 年，中瑞思创成功签约了 GXG 公司供应链项目、杭州市丝绸协会标签和魔镜项目、杭州卓尚服饰防伪防窜货项目和裕德时装物联网项目。

无论是在传统的 EAS 领域，还是在刚进入的 RFID 领域，中瑞思创的发展始终离不开其对内外部资源的整合。中瑞思创的内部资源主要体现在研发和人才两大方面：第一，研发资源。中瑞思创是行业内产品研发技术尤其是高端电子标签的研发引领者和技术创新者，拥有行业内规模最大的技术研发中心。其 EAS 研发中心是行业中唯一的省级企业技术研发中心。近 10 年来，研发中心在技术人员队伍建设和技术研发成果上均取得了可喜的发展。如今，研发中心拥有 81 名科技人员，专注于 EAS 和 RFID 两大体系，形成了多学科、多层次、知识结构合理的人员梯队，截至 2012 年底，公司已累计获得专利 110 项，其中发明专利 4 项。第二，人才资源。公司自成立以来，十分重视高科技研发人才、营销人才和管理人才的培养、引进和积累，尤其注重研发团队的建设和培养。公司现有技术人员 160 人，约占公司总人数的 16%。

除了拥有强大的研发团队和技术专利，中瑞思创还拥有丰富的外部资源，包括客户资源和兼并投资的公司。第一，在客户资源方面，经过多年的精心运营，凭借强大的品牌影响力、优质创新的产品及服务和良好的企业信誉，公司已经在全球建立起庞大而稳定的客户资源网络，遍布全球66个国家和地区。随着EAS和RFID业务的拓展以及新兴市场的开拓，更多的客户加入了公司客户资源体系。公司丰富而优质的客户群几乎包括了国际上本行业内所有知名系统集成商和服务商。国内方面，中瑞思创在国内已建立8个直营点和20多个代理商；2012年，中瑞思创与苏宁电器、华润万家、苏果超市等国内大型零售商达成合作。国际方面，公司注重开拓海外新兴市场，例如2012年，公司新培育亚太市场品牌独家代理商3家，新增俄罗斯品牌代理商1家，并积极寻求与南美市场的合作。第二，在兼并收购方面，包括EAS领域对世纪超讯的并购，RFID领域投资成立思创汇联和上扬无线。其中，2013年底完成对世纪超讯的股权收购。世纪超讯作为一家EAS系统和图书馆自动化流通管理系统研发、生产、销售的国家级高新技术企业，公司产品主要应用于零售业和图书馆。其研发的产品尤其是EAS声磁系统，已经成为跻身国际一流水平的拳头产品，被国内众多知名零售商广泛采用，并远销全球60多个国家和地区；其研发生产的图书馆自动化流通管理系统，已成功应用于国内一大批重点大学图书馆。2012年，中瑞思创投资设立全资子公司——杭州思创汇联科技有限公司。思创汇联于2012年5月29日完成工商登记，注册资本10000万元，计划总投资35805万元，主营业务为RFID标签及其配套产品的设计、开发、制造和销售。上扬无线于2012年12月26日完成工商登记，注册资本10000万元，计划总投资20000万元，主营业务为RFID标签的研发、设计、制造和销售。思创汇联和上扬无线两个RFID项目正式投产后，将大大提升RFID标签及相关设备产能，提高产品设计和制造能力。

四、资本运作

资本运作又称资本经营，是在资本市场，利用以小变大、以无生有的诀窍和手段，通过买卖企业和资产而赚钱的经营活动。通过发行股票、发行债券、配股、增发新股、转让股权、派送红股、转增股本、股权收购，企业的合并、托管、收购、兼并、分立的行为，可以实现资本结构或债务结构的改善，从而为实现资本运营的根本目标奠定基础。

物联网企业的生存和发展离不开有效的资本运作，因为物联网技术本身是需要耗费资本的。一旦物联网企业在市场中立足，就需要考虑企业资产与营运之间的合理配置问题，也必然需要将资本运作与战略结合起来。物联网企业在初期发展可以试图获取风险投资的青睐。在市场信息不对称的情况下，风险投资常常选择具有发展潜力的技术产业或是拥有坚定信念的经营者进行投资，因而物联网企业的发展正好可以借助风险投资来获得支撑从而站稳站牢。当然能够支撑中小型物联网企业发展的不仅仅只有风险投资，政府政策支持资金、产业资助政策等政府资金项目，对于物联网企业的发展来说也是不小的帮助。

对于已经有所发展并拥有雄厚资金的物联网企业来说，依靠上市、股票增发、企业间项目合作和企业兼并、收购等方式，能够为企业提供一个比较稳定和大量的资金基础。资本运作是物联网企业前行的保障，因此选择一种适合自身企业的运作方式，能够使物联网企业在物联网产业中获得更好更快的前进。

恒宝股份有限公司成立于1996年，是致力于提供高端智能产品及解决方案的国家级高新技术企业。历经10余年发展，恒宝股份已经成为集服务、研发、生产、销售于一体的企业集团。恒宝股份是国内通信、金融、重控票证卡类产品种类最多、产能最大、设备最先进、资质最全的研发、生产企业，是通信智能卡、金融智能卡、电子标签、读写机具、USB-KEY、物联网终端及应用解决方案的供应商和系统集成服务提供商。

恒宝股份的发展与其有效的资本运作密不可分。主要来说包括两大方面，一方面是通过上市来融资，另一方面是引入战略投资人。具体来说如下：

（1）上市融资。江苏恒宝股份有限公司于2007年1月10日在深圳中小企业板挂牌上市，股票代码为002104。股票发行价为8.43元/股，对应市盈率为24.79倍，发行总量为2880万股。2007年1月10日首次上市交易共2304万股，首日开盘价为14.8元，比发行价8.43元上涨75.56%。据恒宝股份招股资料显示，本次上市发行的2880万股所募集的资金主要投向四个项目，即智能IC卡操作系统开发及产业化，IC卡模块封装生产线，PKI卡、USB-KEY安全产品研发生产和电子标签生产线项目。公司执行副总裁胡海涛表示，四个项目中有两个是针对高端智能卡的产业化和产业链延伸，另外两个是针对信息安全和电子标签技术的突破，其中，智能卡操作系统产业化和PKI卡、USB-KEY安全产品研发项目是国家发改委批准的项目。

据了解，银行卡发展的趋势是由磁条卡向IC卡发展，即EMV迁移。中国的银行EMV迁移从2007年开始逐步启动，我国超过10亿张银行卡中有98%是磁条卡。据国外EMV迁移成本显示，银行磁条卡的成本为1元/张左右，而IC卡在10~40元/张，我国要全部完成EMV迁移，换卡量在9亿张以上，相应成本超过100亿元。由于恒宝股份同时具有磁条卡和IC卡两项优势，所以在EMV迁移中将是最大的受益者之一。

（2）引入战略投资人。恒宝股份的公告披露，控股股东钱云宝拟自2013年12月27日起在未来6个月内，减持公司股份数量规模不超过3300万股，占公司总股本的7.49%。其中5.11%拟协议转让给引入的战略投资者，剩余不超过2.38%的股份拟通过协议转让、大宗交易或者集合竞价方式出售。

根据控股股东钱云宝与上海盛宇股权投资基金管理有限公司签订的战略合作协议，盛宇投资指定盛宇钧晟协议受让钱云宝拟出售的5.11%的股份，即22500000股，协议转让价格为停牌前20个交易日均价的90%，即13.08元，价款合计2.943亿元。如果钱云宝继续出售剩余不超过2.38%的股份（10500000股），盛宇投资有权进一步以自身名义或指定其他主体受让其出售的全部股份。盛宇投资承诺，如果自最后一笔股份完成受让之日起6个月内发生减持，所得收益归恒宝股份所有。

恒宝股份董事长钱云宝表示，此次减持主要是为公司引入战略投资机构，希望通过引进具有产业基金内涵的投资机构作为公司重要股东，以股权为纽带，整合双方资源，积极推动恒宝股份战略扩张，通过兼并收购加速产业布局，在互联网金融、移动支付和信息数据安全领域积极拓展，延伸产业链，增强发展后劲，提升公司价值；另外，控股股东的关联企业江苏恒神纤维材料有限公司进入发展关键期，需进一步的资金投入。战略投资机构目前已经锁定为上海盛宇股权投资基金管理有限公司。盛宇投资目前名列士兰微、丹化科技、丰原药业等多家上市公司的股东名单中。在华天科技和丹化科技的成功上市过程中，盛宇投资均扮演了重要角色。在这两家上市公司的后期融资和产业并购中，也不乏盛宇投资的鼎力推动。资料显示，盛宇投资是一家具备产业基金内涵的股权投资基金管理公司，目前业务涵盖 VC、PE、PIPE、产业并购等，基金总规模超过 20 亿元人民币。

五、组织革新

对于企业来说，组织能力是指开展组织工作的能力，是公司在与竞争对手投入相同的情况下，具有以更高的生产效率或更高的质量，将各种要素投入转化为产品或是服务的能力。组织能力包括企业所拥有的一组反映效率和效果的能力，这些能力可以体现在公司从产品研发、生产、营销到售后服务的一系列活动中。精心培养的组织能力可以成为竞争优势的一个来源。组织能力具体表现为企业家能力、团队能力、企业组织架构、企业文化、企业自身的管理亮点和具有特色的管理模式等方面。

从组织内部来看，企业高效运作离不开企业良好的组织能力。正是如此，越来越多的企业关注企业内部组织结构的精简化和企业文化对员工的凝聚力，以及与组织能力有关方面的作用。物联网企业的生存和发展需要良好的组织能力的支持，只有拥有良好的组织能力才能为企业的持续发展提供动力。

企业的特色是通过企业的组织能力表现出来的，拥有正确的战略方向可以使企业的目标明确，拥有良好的盈利模式可以给企业带来利润，但是如果企业不具有良好的组织能力，那么企业就无法有效地实现目标，甚至其盈利模式也不能给物联网企业带来利润。对于物联网企业来说，良好的组织能力可以使员工间沟通更有效，使企业凝聚力增强，从而更加高效率和有效果地实现企业的战略目标，同时也可以区别于竞争对手获得最佳的市场机会。因此，物联网企业应该持续不断地完善组织结构、构建良好的企业文化、形成拥有企业自身特色的管理模式或是管理亮点，不断提高企业自身的组织能力，这样才可以使企业自身的竞争力得到提升，使企业在物联网这块巨大的市场中站稳脚跟。

中山达华智能科技股份有限公司（以下简称达华智能）为中国领先的 RFID 产品和解决方案供应商，在深圳证券交易所上市（股票代码：002512）。达华智能自 1993 年成立以来，不断致力于 RFID 技术和产品研发，至今已是国内智能卡行业的领军企业之一，是电子标签、非接触式智能卡、读卡设备等产品（见图2-7）的专业制造商以及智能卡应用系统的整体方案提供商。达华智能与 NXP、EM、TI、INSIDE、LEGIC、ST、ATMEL、华虹、复旦微电子等厂商建立了重要的合作伙伴关系。目前公司已累计为国内外用户提供了数亿枚 RFID 产品，产品广泛应用在安防、交通、旅游、防伪、金融等各个领域，并参与了众多国内及国际重大项目的筹备和建设工作，在大型地下铁道（轻轨）、城市一卡通、HP（美国惠普公司）资产管理、图书馆领域均有成功应用案例，为 RFID 产业在金卡工程事业的发展中发挥了积极作用。

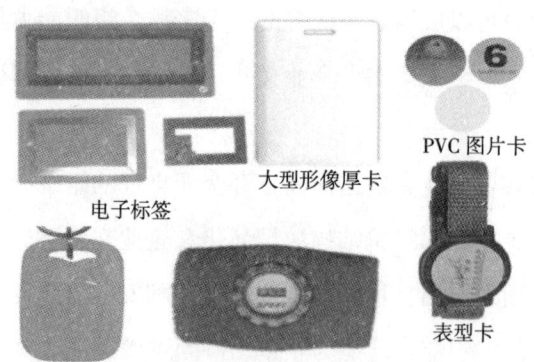

图 2-7　达华智能的电子标签、智能卡

达华智能面向各行业推出的物联网 RFID 系统应用解决方案，已经广泛覆盖了生产制造、资产管理、仓储物流、港口海关、电力能源、石化冶金、市政交通等众多领域，先后承担和实施了国内外多项重大物联网及 RFID 项目，得到了客户的高度评价和认可，同时在物联网方案设计、软件研发、现场经验上，其也拥有雄厚的核心竞争力。截至 2012 年，公司总资产近 14 亿元。2011~2013 年，公司在由国际物联网贸易与应用促进会主办，由 RFID 行业权威媒体"RFID 世界网"与"物联网世界"联合承办的"RFID 世界最有影响力评选活动"中，连续三年被评为"RFID 行业年度最有影响力企业"。

2011 年至今，达华智能全面调整和优化管理结构，全力推进 ERP 系统建设，建立高效规范的信息化管理体系；加大技术改造力度，增强新产品开发能力和系统集成水平，提高产品技术含量和附加值；协同合作伙伴共同参与项目竞争，通过整合产业链优势，形成从产品、系统、方案到整体运营的一体化服务体系。

在资源集中、专业化经营过程中，达华智能不断对物联网的产业链进行战略规划，形成适度多元化的业务组合与专业化并重的经营模式，业务范围囊括各类 RFID 产品、系统集成、软件设计与开发、信息安全、个性化（银行）IC 卡、核心元器件、溯源整体解决方案、智慧（数字化）城市、智能交通等物联网各个领域。

在发展战略上，达华智能积极实行外延式扩张战略，推动公司快速发展，提升公司综合实力，积极探索研发、科技成果产业化的可持续发展之路，把高新技术、客户服务作为公司可持续发展的根本。一方面，公司依托国内各大高校、科研院所的科研优势，实施"教授、博士集聚战略"，积极寻求科技成果产业化的发展道路；另一方面，公司充分利用并购重组等多种方式，不断进行产业整合、结构调整，实现核心业务升级。

目前，达华智能依托自身核心业务的特点和优势，积极执行集团化战略模式，不断整合国内优质的上下游资源，在产业内形成"总部+骨干子公司+生产基地"的结构模式，不断通过信息化、集约化管理，提升各组织的协同效应；在地域上，公司已成功布局上海、北京、武汉、青岛、成都、广州、深圳、南昌、苏州等具有重要战略意义的城市，完成对国内主要市场的战略布局。目前，达华智能已成为拥有一家全资子公司、九家控股子公司的大型集团公司，产品涵盖整体解决方案、行业解决方案、电子标签、非接触式与接触式智能卡、读卡设备、软硬件开发等。

不仅如此，在组织销售方面，达华智能采取的是直销和经销并行的销售模式。目前在国内已拥有600多家稳定的终端客户，分布在27个省市和地区；而海外客户则达到280多个，遍及全世界36个国家和地区。在业界看来，海内外的收入比例协调同步发展，营销模式效果优良。同时，公司近几年还发展了另外两种营销模式：一是通过与国内外软件/中间件或系统集成商密切合作，开拓市场；二是充分了解行业用户的标准需求，直接为用户提供"标签+读写器+系统集成"的一站式全面解决方案。

此外，达华智能拥有大批高效和高素质的专业人才、专业的营销队伍、完善的售后服务体系、覆盖全球及全国各重要中型城市的营销网络。公司下设8家指定销售服务点，每个服务点都配有高素质的营销、技术人员，能够保证高效快捷地为用户提供技术咨询、商务洽谈等服务，并稳步拓展海外市场，全方位地服务于行业市场和客户需求。

六、价值创造

企业充分运用自身的内部资源和外部资源的目的，归根到底是为了价值创造。商业模式中的行业选择与战略定位、盈利模式、资本运作、资源整合和组织革新这五个方面都是为了能够创造价值。创造价值表现为企业整体价值的提升、企业能力的提高和客户价值创造等方面。

物联网企业是以行业选择与战略定位为起点，通过盈利模式、组织革新、资源整合和资本运作来使企业得到发展，最终的目的是为了实现价值创造。这里所说的价值不仅仅是企业本身的价值，还有客户价值以及社会价值。物联网企业需要应用物联网来满足客户的需求，因而价值创造推动了商业模式的循环往复，从而使得物联网企业商业模式持续运作，为企业带来源源不断的价值。

中国移动通信集团公司（简称中国移动）于2000年4月20日成立，是一家基于GSM、TD-SCDMA和TD-LTE制式网络的移动通信运营商。中国移动通信集团公司是根据国家关于电信体制改革的部署和要求，在原中国电信移动通信资产总体剥离的基础上组建的国有骨干企业，并于2000年5月16日正式挂牌。

中国移动通信集团公司全资拥有中国移动（香港）集团有限公司，由其控股的中国移动有限公司在国内31个省（自治区、直辖市）和香港特别行政区设有全资子公司，并在香港和纽约上市。除原有"动感地带"、"神州行"、"全球通"、"动力100"、"G3"外，中国移动在2013年12月18日还公布了与正邦合作设计的4G品牌"And! 和"，标志着中国移动4G业务的正式启动。

中国移动是最早推出物联网应用服务的。2010年7月，中国移动在重庆正式成立物联网基地，并落户"国家物联网产业示范区"——重庆市南岸区茶园新区。物联网基地肩负着中国移动物联网和农村信息化两大领域牵头发展的重任。截至2012年6月，物联网基地已累计投入12亿元，搭建了服务全国的物联网和农村信息化物联网平台（见图2-8），建设了拥有500个座席规模的12582呼叫中心，投入专业团队1200多人，并通过开放合作的理念，汇聚了30余家在芯片、模组、终端、传感器、数据处理、信息加工、应用集成等领域的产业链合作伙伴，将孵化出大量的新技术、新产品、新应用、新模式。

图2-8 中国移动物联网基地和农村信息网运营中心

在移动物联网方面，中国移动已在智能家居、市政、交通、物流、安防、环保等领域开发了包括物联通、宜居通、车务通、电梯卫士、二维码、车联网在内的九大类37项物联网产品。建成了宜居通全网业务平台，支持江苏、黑龙江、北京等省市的业务发展；建成了手机二维码中央平台，开发了手机二维码客户端，面向全国提供制码解码等基础能力；正在建设车联网产品平台，并与吉利汽车厂合作推出智慧汽车产品。2012年，物联网基地将完成物联网专网、专号、运营管理平台的建设工作，1亿码号资源的物联网专号将投入使用，将极大地提高物联网的网络质量和管理能力；同时将集中力量研发物联网专用芯片、模组和终端，打造物联网核心产品。

在农村信息化方面，经过五年多坚持不懈的努力，已建立了以"6个应用产品，4条服务主线，2个全网平台，1个中央信息库"为主的产品体系，在农生、农商、农政等领域开发了12582热线、百事易、商贸易、政务易、务工易、农情气象六大产品，以生产生活、城乡对接、求职招工、社会管理为服务主线，通过语音、短信、互联网等服务方式为广大农户提供找工作、找销路、农业科技、生活百科等十余项惠农信息服务。截至2011年底，12582农信通服务用户超过5000万，整合涉农信息3100万条，12582热线每月呼叫量超过100万次，12582农信通已成为国内最大的"三农"信息服务中心。

可以说，中国移动的价值创造主要体现在为客户创造价值方面，包括价值主张、价值实现。中国移动客户价值主张是为目标客户提供方便、快捷、丰富、个性化的产品或服务，为合作伙伴提供融合化、公平化、开放式的商业机会和价值收入。目前中国移动的目标客户可以分为个人、家庭、行业三大类，其中行业客户是中国移动M2M业务发展的重点目标，主要包括电力行业、交通行业、金融行业、物流行业、电梯行业、石油行业和家居行业等，并基于多个行业对物联网应用进行推广。截至2012年底，中国移动物联网用户超过2100万户。把握共性需求是开展M2M业务的基础，中国移动掌握了与客户的直接接触点，可以及时捕捉客户需求。目前中国移动探索的客户需求主要包括生产监控、车辆调度、企业安防、物品识别、信息发布、物品定位等，其中部分客户需求已经得到了满足。另外，中国移动十分重视客户反馈意见的获取，甚至邀请了部分客户参与物联网应用的研发活动，强调通过独特的客户体验赢得物联网市场的先发优势。分析表明，中国移动物联网的发展，应该以客户价值为导向，在精确划分目标市场、深刻理解客户需求的基础上，提出一个独特而具有销售力的客户价值主张。

中国移动不仅提出客户价值主张，还确保了客户价值的实现。中国移动在精细划分客户市场的基础上，通过向不同的客户提供不同的物联网产品来实现客户价值。目前，中国移动提供的物联网产品主要包括宜居通、物联通、亲情通、车务通、电梯卫士、危险源监控系统、企业安防监控管理系统和地质灾害防治系统等。同时，为了保证企业在实现客户价值的同时，能够最大程度地持续盈利，中国移动在推广 M2M 产品的过程中，注重创新收入模式和成本结构，如中国移动与合作者开展基于利润分成的后项收费模式，同时根据业务种类的不同采取包月流量等方式向前端目标客户收费，以保证企业的持续盈利能力。据中国移动通信研究院副院长杨志强表示，2010 年底，中国移动 M2M 终端已经超过 500 万户，年增长率超过 60%，收入增长很快。

第四节　小结

本章主要是对物联网商业模式进行研究，并从产业布局、盈利模式、资源整合、组织革新、资本运作和价值创造等构成要素出发，构建了物联网企业商业模式创新"5+1"模型。首先，对物联网商业模式进行了概念界定，即物联网商业模式是指物联网企业在物联网产业链中为整合各方面的资源，并就企业"做什么，如何做，怎么赚钱"而展开的一种系统思考和具体考量。其次，分析了物联网商业模式的核心、依托和应用。最后，提出了物联网企业商业模式创新"5+1"模型，并分别从产业布局、盈利模式、资源整合、组织革新、资本运作和价值创造等展开具体分析，进而去探求一条适合物联网企业发展的成功之路。

第三章 远望谷：RFID 行业应用领军者

远望谷：中国物联网和 RPID 领先企业

远望谷秉持"助推物联，享受生活"的使命，以建设"基业长青的公众型公司"为战略目标，将自身定位为"物联网技术、RFID 产品和解决方案供应商"。在未来十年内，远望谷将致力于成为世界一流的物联网、RFID 产品与解决方案供应商，实现信息采集、识别技术全面领先。

在全球物联网产业蓬勃兴起的大环境下，国家和各级政府都将物联网产业列为重点培育和发展的新型产业，并在国家"十二五"规划中，将其列为重点战略性新兴产业之一。国内各地政府纷纷出台各项相关产业政策，全面"抢滩"物联网产业，以抢占物联网产业的制高点，做大做强物联网产业。作为国内RFID行业的领跑者，远望谷紧紧抓住这一市场机遇，利用自身技术优势，以"力争建设一个基业长青的公众型公司"为战略目标，围绕"创新引领进步"的核心主题，发扬"团结、务实、创新、高效"的远望谷精神，深入挖掘市场潜力，积极应对市场变化，抓住产业发展机遇，继续保持稳健的发展态势，并在物联网战争中获得一席之地。

第一节　公司概况

深圳市远望谷信息技术有限公司（以下简称远望谷）成立于1999年12月，是一家专业从事微波射频识别技术产品研究开发的高新技术企业。公司自成立后，受到了深圳市政府及有关领导的高度重视。2000年6月，公司的主导产品——微波射频识别系统被深圳市科技局认定为高新技术项目。2001年6月，公司被认定为民营科技企业，同年9月，被深圳市认定为高新技术企业。2002年6月，深圳市政府批准依托远望谷公司建设"深圳市射频识别工程技术研究开发中心"。2003年，公司以注册资本4180万元成功进行股份制改造，于12月被深圳市政府批准为股份有限公司。2004年，公司进入上市辅导期，并于2007年8月21日在深圳证券交易所上市（股票代码：002161）。2012年3月，远望谷荣获中国物联网领先企业奖。2013年3月，远望谷又荣获"2012年中国RFID行业年度最有影响力电子标签企业"、"2012年中国RFID行业年度最有影响力读写设备企业"和"2012年中国RFID行业年度最有影响力系统集成企业"三项大奖。到目前为止，远望谷已成为我国物联网产业的代表企业，是全球领先的

RFID 产品和解决方案供应商。远望谷 RFID 产品如图 3-1 所示。

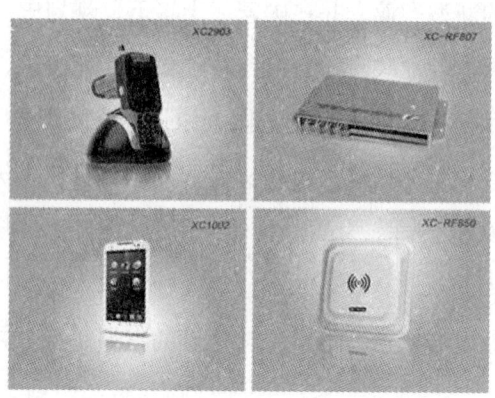

图 3-1　远望谷 RFID 产品

射频识别技术（RFID 技术）近几年一直是人们关注的热门话题，从国际巨头、政府组织到许多中小企业都对这项技术的应用前景普遍看好，国内外也有越来越多的企业进入这个朝气蓬勃的行业。早在 20 世纪 80~90 年代，RFID 技术就开始大规模走向民用领域；现在 RFID 技术的应用逐步成熟，并已具规模，还取得了一定的应用成效。RFID 最具特色的应用是在物联网中的应用，而物联网是一个新兴产业，融合了信息采集、IT 和网络等领域里的大部分重要技术，如传感器技术、纳米技术、智能嵌入技术、云计算技术等。RFID 技术在我国的铁路车号自动识别系统中的应用已达十年，在二代身份证中的规模化应用也有六年，可以说 RFID 的应用已经具有一定的普及性。目前，RFID 产品已经应用在铁路、烟草、图书馆、畜牧业、食品安全、车辆、资产管理、物流和供应链、服装、防伪、医疗等众多领域。

一、公司基本情况

远望谷创业团队自 1993 年起就致力于 RFID 技术和产品研发，借助中国铁路车号自动识别系统，开创了国内 RFID 技术和产品规模化应用的先河。到 2013 年，整整 20 年时间，远望谷不仅拥有了 200 多项 RFID 专利技术、6 大系列 100 多种具有自主知识产权的 RFID 产品，包括读写器、电子标签、天线及其衍生产品，而且在铁路、烟草、军事行业具有技术领先和市场先入优势，并为图书及档案管理、酒类防伪、畜牧养殖及肉品溯源、资产追踪、物流及供应链、机动车辆、服装等多个领域提供了高性能的 RFID 产品方案。远望谷还在国内率先建设了世界一流的物流电子标签海量生产线，具有年产电子标签 4 亿只以上的生产能力。

目前，远望谷以深圳公司为核心，拥有 13 家控股子公司，包括兰州远望信息技术有限公司、北京远望谷电子科技有限公司、宁波远望谷信息技术有限公司、广州远望谷信息技术有限公司、深圳射频智能科技有限公司、深圳远望谷软件有限公司、深圳远望谷文化科技有限公司、昆山远望谷信息技术有限公司、昆山远望谷物联网产业园有限公司、宁波远望谷智慧文化科技有限公司、成都远望谷信息技术有限公司、北京导航者智能科技有限公司、鲲鹏通讯（昆山）有限公司。不仅如此，远望谷还聚集了中国 RFID 行业的顶尖人才，其中研发人员占 50% 以上。经国家人事部批准，远望谷设立了企业博士后流动工作站，并设有"深圳市射频识别工程技术研究开发中心"。

20 年来，远望谷不断加强各项基础管理工作，基本建立起了科学的管理体系，特别是进行股份制改造之后，进一步完善了公司的治理结构，具备了较为完整的组织结构和内部运营体系。目前公司的基本组织结构如图 3-2 所示。

远望谷成立初期的组织结构基本属于直线职能制，按照经营管理体系分块搭建，现行组织结构基本符合公司现状，能够针对铁路业务进行有效运作。但是可以看到，近年来，远望谷公司发展的内外部环境发生了很大变化，公司不再单一地依靠铁路业务求发展，因此，适时改变公司组织结构也成为必然。上市后，公司在董事会领导下，以公司长期发展战略为依托，以市场为导向，围绕业务发展调整组织结构，使分工更加明确，并成立了完全独立的公司负责物流监控、机动车管理市场业务，与公司的铁路业务彻底分离。

对于现代高科技企业，人力资源是所有资源中最重要的资源，是"万源之本"。在这一方面，远望谷公司人力资源优势明显，公司目前拥有一支整体素质高、结构基本合理的员工队伍：拥有一支以博士、硕士和高级工程师为核心的研

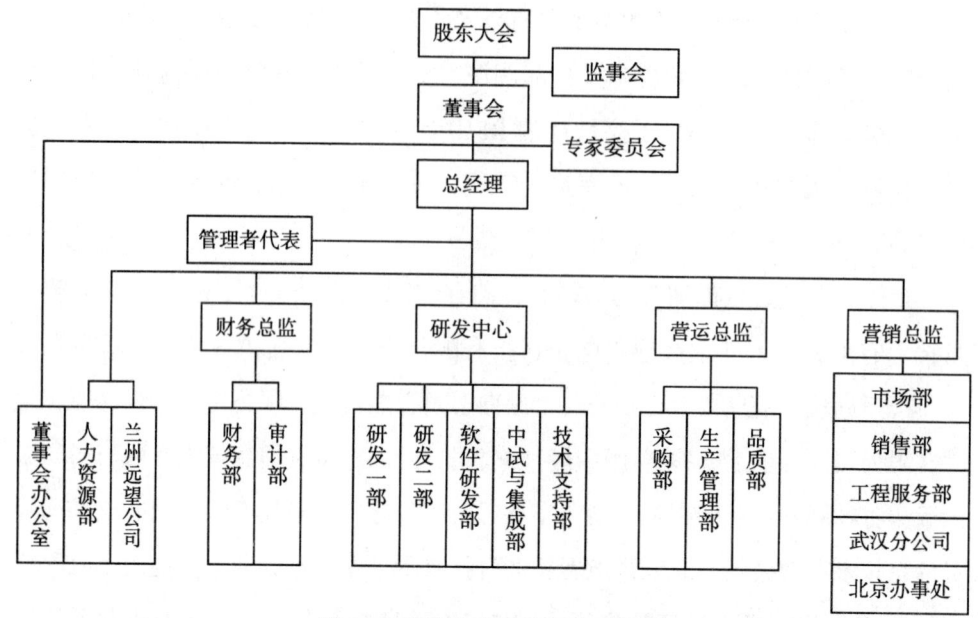

图 3-2 深圳远望谷公司组织结构

发队伍,处于世界微波射频技术的前沿;同时还聘请了国内航天测控、雷达工程、微波技术等专业的知名教授、专家,成立了专家委员会,作为公司技术研究与发展的最高权威机构,指导微波射频识别技术的研究和发展,推动射频识别技术在各个领域的应用,促进公司与国内著名高校的产学研联合,保持公司在行业的技术领先地位。

能否拥有一支高素质、高技能的研发队伍是高科技企业能否在激烈的市场竞争中立足的关键因素,因此,吸引优秀人才便是企业的立足之本。在远望谷公司中,高学历、高素质员工比例大(突出表现在研发部门),公司核心成员团结一致,拥有很高的技术能力、管理能力和丰富的行业经验,其中研发队伍的素质和能力在国内同行业企业中一直处于领先地位。远望谷公司作为业内第一梯队的物联网上市企业,建立了有吸引力的员工内部晋升体系和优秀的企业目标化管理制度,形成了"招得到人,用得好人,留得住人"的良性循环。

不仅如此,作为高科技企业,高水平的研发能力是公司核心竞争力的源头。远望谷持续优化研发组织架构,完善技术预研体系、平台产品开发体系和市场定制开发体系的组织功能,不断提升研发管理和创新能力,营造良好的研发软环境,并根据市场发展需要不断提升研发集成能力。远望谷研制的"远创502E固定式读写器"(见图3-3)入选"2008年中国RFID行业年度十大最有影响力创新产品",并在汕头路桥项目中成功应用。至此,远望谷公司产品在该领域的领先地位得到确立。

图3-3 远望谷远创502E固定式读写器

无独有偶,XC1001物联网手机(见图3-4)获得"2012年中国RFID行业十大最有影响力创新产品"奖项。至本书截稿前,该物联网手机研发工作已经完成,技术瓶颈已被突破,目前已形成一定的销售规模,但营业额还比较小,将来会根据市场状况加以推广。该款物联网手机现在主要应用在细分行业和专业领域,要形成大规模的销售,目前来看条件尚不成熟,且这款手机也不是面向普通消费者的。其目标应用领域包括酒类防伪、药品/保健品防伪、化妆品防伪、服装防伪、食品溯源、资产巡检等。

图3-4 远望谷物联网手机XC1001

根据统计，截至 2012 年，远望谷公司申请专利总量为 316 件，获得授权总量为 240 件，其中 2012 年新增申请量就高达 84 件。远望谷公司申请的专利和软件著作权具体情况如表 3-1 所示。

表 3-1 远望谷申请的专利和软件著作权情况

专利类别	申请总量	授权总量	2012 年新增申请量
发明专利	54	14	11
实用新型专利	147	118	36
外观专利	35	28	8
软件著作权	80	80	29
合计	316	240	84

研发能力是科技公司的命脉。作为高新技术企业及国内领先的射频识别企业，远望谷充分认识到研发是高科技企业的生命所在，是公司长期发展的关键。一直以来，公司坚持"自主开发创新产业化为主、引进消化吸收为辅"的开发原则，致力于各项技术研究，研发经费投入在公司年度经营预算中一直占据主要的地位。

二、经营状况

2012 年，远望谷秉持"助推物联，享受生活"的企业使命，以建设"基业长青的公众型公司"为战略目标，在董事会和管理层的领导下，发扬"团结、务实、创新、高效"的远望谷精神，继续加大产品研发和市场开拓力度，深挖现有市场潜力，努力开拓新市场，积极应对宏观经济和市场环境的变化，采取内生式和外延式相结合的发展模式，使得综合竞争力不断提升，主营业务迅速拓展，公司经营业绩保持稳定增长；国际业务成为公司未来业绩增长的重要驱动力；投资参股的公司经营状况良好，对外投资项目产生的收益较 2011 年同期相比大幅增长。根据最新数据显示，2013 年远望谷公司总资产累计达到 16.1 亿元，实现营收 5.4 亿元，增长达到 20% 以上。

近年来，远望谷公司营业收入和净利润都取得了不同程度的增长，可谓发展势头强劲，如图 3-5 所示。自 2007 年以来，远望谷公司的营业收入可谓步步为营，一年上一个台阶，从 2007 年的 1.52 亿元上升到 2012 年的 4.59 亿元，六年时间翻了两倍多，可以说成绩非常喜人。与此同时，净利润也有所增长，从 2007 年的 0.55 亿元增加到 2012 年的 1.22 亿元，翻了一倍多。

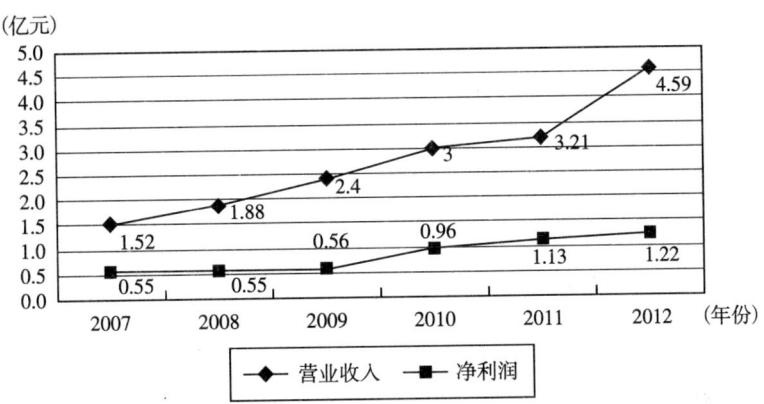

图 3-5　远望谷 2007~2012 年营业收入与净利润变动

由于受到金融危机的影响，远望谷 2008~2009 年营业收入增长有点缓慢，净利润几乎没有变化。值得庆幸的是，远望谷 2011 年就已经完全走出经济危机的阴霾，取得了非常好的发展态势，营业额和市场方面都取得了不菲的成绩。尤其是在几个重点出击的应用领域。例如，图书管理市场取得了 52% 的增长率，占据了 34% 的全国市场份额；在铁路市场中，远望谷也抓住了发展机遇，成功进入该市场；在烟草领域，国家提出了烟草物联网的蓝图，远望谷和政府合作，积极投入该蓝图的实施中，或许这个项目不是马上就能见到成效，但相信在未来几年一定会看到大的突破；其他的一些物联网应用领域，如物流等也都为公司提供了发展机会。

2012 年，远望谷坚持内生式与外延式相结合的发展路线，持续提升研发水平，改进生产工艺和产品质量，积极挖掘细分市场和开拓新兴市场，扩大销售规模，并充分发挥自身资本实力，整合产业资源，使公司综合实力和业绩水平更上一层楼。铁路市场在不利的大环境下基本保持稳定，公司烟酒、图书、农牧、国内、国际五大非铁路业务，已进入全面开拓和将要快速成长的收获期，尤其是国际业务的快速拓展，2011 年其销售额实现了跨越式增长。在保持传统铁路业务优势的同时，围绕图书、烟草、酒防伪、农牧和国际物流等六大行业市场，远望谷积极开展市场营销活动，开拓新兴市场，深挖市场潜力，探索新型商业模式，提升市场占有率。与此同时，2012年国际市场业务实现突破，销售收入同比大幅增长，成为国际零售物流行业客户的主要供应商。2012年，公司在美国的全资子公司正式成立，将为更多国外客户提供更好的服务。随着一系列针对性产品的研发和发布，远望谷产品在国际市场上的综合竞争力极大地提升。在国内业务市场，在继续耕耘车辆管理、电表管理、资产管理、仓储物流管理等行业应用的基础上，远望谷重点开拓国内新型应用行业市场，并成功开拓了海事船员、环卫垃圾处理、炸药厂、煤矿、酒店等RFID行业新型应用模式，在继续保持利用产品优势、技术优势占领市场的同时，进一步提升了工程能力、集成能力，加快了向系统集成商转型的速度。

目前，远望谷公司的主营业务范围为：电子通信设备，自动识别产品，射频识别系统及产品，计算机软件，硬件系统及其应用网络产品，移动手持终端产品，仪器仪表，自动化设备及系统，机箱机柜，微波通信塔的研发、生产、销售及相关业务咨询；投资兴办实业；经营进出口业务（按深贸管准证字第2001-212号文执行）。

作为RFID行业领先企业，远望谷不断拓展RFID技术在新领域的应用：2012年，公司搭建的RFID粮食仓储管理系统获得国家粮食局首肯；在2012年中国国际物联网博览会上，公司发布了首款物联网手机，得到广泛关注和较高评价。凭借着成功的应用，远望谷在物联网中成绩斐然，以2012年为例，远望谷在自动识别设备行业实现年营业收入45503.83万元。其中，读写装置为16017.99万元，占营业收入的比重为35.20%；电子标签为7579.94万元，占营业收入的比重为16.66%；软件为3940.54万元，占营业收入的比重为8.66%；备品备件及其他为17965.37万元，占营业收入的比重为39.48%。

第二节　远望谷：基于 RFID 行业应用的商业模式

在物联网时代以前，远望谷的主要业务集中在我国铁路市场，其商业模式也较多的是 B2B 模式（Business to Business），因为业务主要集中在行业之间，尤其是企业和政府之间。在这一商业模式下，公司的产业链表现为传统的生产—销售模式，且由于销售主要集中在铁路领域，远望谷在长期发展中与政府保持了良好的合作，所以公司在销售方面发展不足，服务也未能跟上。在信息时代的背景下，越来越多的竞争者将会陆续出现，仅仅将公司注意力集中在生产领域是不够的，因此公司迫切需要改变商业模式，特别是在物联网发展的大背景下，抓住机遇转变发展模式更显得尤为重要。

目前中国能够提供 RFID 产品和解决方案的供应商屈指可数，远望谷便是其中发展较为成熟的企业。远望谷在 RFID 技术的研究和开发上拥有近 20 年的历史，拥有国内首屈一指的研发团队和多项具备自主知识产权的 RFID 产品、专利技术，产品应用已遍及国内外主要的 RFID 市场领域，如铁路运输、畜牧业溯源系统、图书管理、烟草物流、物流供应链、资产追踪、车辆管理、医疗管理及防伪应用等。此外，远望谷是国内唯一专业从事 RFID 业务的上市公司，同时为国内较具规模的 RFID 企业，长期在铁路 RFID 市场处于寡头垄断地位，业绩保持快速增长。远望谷在国内 RFID 领域内的最大市场——铁路领域拥有超过 60% 的份额，垄断地位明显，业务涵盖了整个铁路 RFID 产业链。在食品安全与动物溯源方面，除了粮食、酒类、烟草、畜牧等常规应用外，远望谷更是开发了很多非常有意思的运用，如宠物管理系统、马匹管理系统、蜜蜂管理系统。

> **资料 3-1**
>
> ### 远望谷蜜蜂管理系统
>
> 远望谷蜜蜂管理系统的核心内容是通过电子标签统计蜜蜂的行为，为进一步的蜜蜂研究提供数据。将特制的具有唯一编码的电子标签粘在蜜蜂背上，蜜蜂就成为了一个个可被识别的个体。蜂房的通道中安装有多路专用天线，蜜蜂通过这个通道时电子标签就被激活，向读取设备发出标签数据。终端电脑对这些数据进行统计可得到蜜蜂进出各蜂房的次数、回巢的次数等数据，从而达到统计蜜蜂行为习惯的目的，改变传统使用颜料标识，速度慢、精度差、数据不可靠的状况。
>
> 蜜蜂管理系统使每只蜜蜂拥有唯一的身份编码，便于研究人员通过系统手段获得每只蜜蜂的信息。同时，系统全电子化的数据采集和管理节省了大量的人力、物力，便于对异常情况快速反应和全方位及时了解蜜蜂动态情况，提高研究效率。

远望谷目前以铁路 RFID 的应用为基本的市场支撑点，单是这个市场的销售额就占到公司总收入的 80%以上，但公司也明确了自己未来的战略：未来发展的主战场是非铁路市场。2010 年 11 月 11 日，远望谷发布公告，拟非公开发行不超过 3400 万股（含 3400 万股），计划募集资金将不超过 7.92 亿元，募集资金将投向铁路车号智能跟踪装置、基于 RFID 的铁路车辆零部件管理系统、基于物联网应用的芯片设计及产业化、RFID 手持机产品开发与应用、自助图书馆研发及产业化五个项目，意在通过物联网芯片研发和产业化项目抢占物联网核心技术制高点，全力迎接 RFID 产业的发展机遇。2011 年 6 月，公司定向增发实施成功，募集资金总额 6.9 亿元，五个募投项目成为公司未来两年快速成长的引擎。随着物联网的迅速扩张，其所覆盖的领域也不断延伸，非铁路领域涵盖的范围极为广泛，有着十分巨大的市场发展潜力，远望谷凭借在 RFID 技术上的领先地位及对市场的敏锐触觉,已经逐渐将目光更多地投向非铁路市场,而其在烟草和图书管理系统方面取得的显著成果也证实了这一转变的正确性。

从 2010 年开始,远望谷在非铁路市场全面布局;2012 年非铁路市场收入已经远超铁路市场;2013 年通过外延式收购海恒智能,RFID 图书馆业务成为第一大收入来源,集装箱物流管理、零售 RFID 标签和数字粮库培育成熟后也开始收获,公司将进入加速上升期。在 RFID 图书馆行业应用发展中,远望谷 2013 年收购海恒智能,其图书馆系统垄断之势已成:远望谷、海恒智能和上海阿法迪为国内图书馆 RFID 市场的主要厂商,三家公司在高频 RFID 与超高频 RFID 领域都有布局,远望谷优势偏重于超高频 RFID,而海恒智能偏重于高频 RFID。2011 年远望谷市场占有率为 20%,海恒智能市场占有率为 60%,两家公司合并后将占有 80% 的图书馆 RFID 市场,形成行业垄断。

远望谷还联手深圳市粮食集团深化"数字粮库"应用。2013 年 7 月 18 日,远望谷发布公告称,公司将与深圳市粮食集团共同投资 1000 万元(远望谷出资 490 万元),成立深圳市远粮信息技术有限公司,主要开展 FRID 在粮食行业、农产品溯源以及大数据交易平台等方面的应用。此次合作将促进公司和深粮集团在其余四个大型粮库全面信息化改造中的合作,增强粮食可视物流系统的功能,创建更完善的网络监控体系,完成好国家的示范工程建设。此次远望谷与深粮集团设立合资公司,是在粮食储运物联网应用领域的重大进展,双方进一步实现了技术与市场资源的强强联合。可以说,这一系列收购和合作项目,标志着公司已经从产品领域走向解决方案和后期运营领域,将开拓更广阔的市场空间和提高业绩稳定性,成为国内物流 RFID 领域的领导者。不仅如此,2012 年,远望谷参与发起物联网产业基金,把握行业发展机遇,拓展公司物联网行业布局,分享产业发展带来的收益;收购鲲鹏通讯(昆山)有限公司 60% 的股权,整合优质资源,开发更具竞争力的物联网手机产品,提升公司在该市场的综合实力。

> **资料 3-2**
>
> ## 远望谷图书馆管理系统
>
> **图书自动分拣线**：可按照图书馆设置的类别将图书自动分类并运送到指定位置。大幅度降低馆员的工作强度，缩短图书上架时间，加快图书流通速度，提高图书馆现代化水平。
>
> **通用书车**：24小时自助还书机和自助借还书机的选配书车，设计独特，性能优异，有效防止图书跌落损伤。
>
> **自升降书车**：采用弹力平衡设计，书车内承板可根据放置书籍重量的增减而相应升降，降低使用人员的劳动强度及疲劳性。

在物联网不断扩张的背景下，远望谷原有的B2B商业模式将会得到更大范围的延伸，公司的业务经营范围将不仅仅局限在政府领域，作为承接者的业务将突破铁路领域，延伸到更广阔的业务领域，如图书馆、交通运输、连锁超市、制造业公司等，其中图书管理系统应用更是具有优秀的表现（见资料3-2）。此外，随着物联网的发展以及与居民生活的联系不断加强，物联网在未来将会影响到居民的日常生活，这时便不仅是B2B，还会发展到B2C，并直接将公司的RFID技术与居民日常生活连接起来。这样，不仅在原有基础上延长了公司的业务链条，而且分支出了一条支流，使得远望谷的经营范围不断拓宽。目前，远望谷在烟草、图书、畜牧养殖、商品防伪等重要RFID应用领域都处于领先地位。可以说，是远望谷的RFID技术催生了中国物联网的雏形，而现代物联网的发展也给远望谷带来了无可比拟的发展契机，目前远望谷的发展以中国不断兴起壮大的物联网为依托，而中国物联网也在远望谷不断更新的RFID技术的扶持下走向成熟。

第三节 远望谷商业模式创新路径分析

远望谷以"助推物联，享受生活"作为公司使命，积极把握发展机遇，争当物联网发展大潮中的弄潮儿。远望谷是国内唯一一家以 RFID 业务为主业的上市公司，业务涵盖铁路 RFID 产业链、图书、烟酒、农牧、物流、军事应用、国际业务及其他新兴行业市场，并积极探索各种 RFID 行业应用的商业模式。远望谷之所以能够准确把握市场发展态势，快速制定发展战略，很大程度上依赖于远望谷历史发展的积淀和公司管理层的英明决策。机遇总是留给有准备的人，能不能抓住机遇、迎接挑战、赢得发展，靠的不仅是运气，更需要高瞻远瞩和能力积累。远望谷商业模式创新的路径分析如下。

一、布局物流网 RFID 产业，确定增长型战略定位

2012 年，在复杂多变、全球经济复苏缓慢的严峻形势下，物联网作为国家战略性新兴产业继续得到政府的大力支持，物联网"十二五"发展规划正式发布，相关专项基金及各项配套政策逐步落实，这些都为中国物联网创造了良好的发展环境，也为中国 RFID 产业带来了发展的新机遇。

1. RFID 行业分析

RFID 技术在国外已经被成功地运用在车辆管理和生产自动化领域、物流领域，甚至已经从制造环节开始，贯穿产品运营的整个过程，像沃尔玛和 Target 这样的零售连锁公司已经展开了超高频 RFID 产品在供应链中的应用。在国内，RFID 作为新兴行业，近几年发展十分迅猛，中国铁路成功运用 RFID 产品对所有铁路车辆进行监控已经有近十年，现在，更多的 RFID 技术企业已经将目光逐渐投向更为广阔的非铁路市场，如畜牧业溯源系统、图书管理、烟草物流、物流供应链、资产追踪、车辆管理、医疗管理及防伪应用领域等。因此，无论从国内还

是国际来看，RFID技术行业潜力巨大，正处于一个高速发展乃至爆炸性发展的时期。

近几年，由于网络化、信息化、数字化进程的加快和普及，对信息采集、识别的需求日益强烈，进而促进了技术的进步，带动了RFID行业快速成长，例如包括菲利普、日立等在内的跨国公司不断进入，以系统集成为主要运营手段的各种中小企业也如雨后春笋般出现。总体来看，行业的集中度不断下降，但是在产业链的不同环节，集中度也有所不同。在系统集成环节，集中度较低，竞争极为激烈；在研究开发环节，集中度逐年下降，但仍主要是一些大型企业和专业的RFID公司进入，集中度仍比较低。行业集中度的降低，也预示着远望谷未来面临的竞争环境将会越来越激烈。

2. 市场分析

目前微波射频识别系统产品主要集中在铁路应用市场、物流监控应用市场、机动车管理应用市场、生产管理应用市场、产品防伪应用市场和人员管理应用市场。RFID产品在中国的应用，除铁路市场外都处于一种极具动态变化的阶段，市场透明化程度不高。铁路市场是RFID产品应用最为广泛和成熟的市场，目前由于中国铁路特别是高铁的持续提速和新建铁路带来的市场增长，RFID产品铁路市场总量每年在2亿~2.5亿元，市场总量稳中有增。

从RFID产品市场的构成部分来看，铁路业务已经进入成熟期，机动车管理市场也已进入成长期，目前畜牧业溯源系统、图书管理、烟草物流、物流供应链、资产追踪、车辆管理、医疗管理及防伪应用领域等业务范围正进入导入期，这些广阔的非铁路市场将成为未来增长的重点。

3. 竞争分析

目前国内RFID产品市场中的竞争状况十分复杂，在国内铁路市场，依然保持着双寡头垄断竞争格局，即由远望谷和哈尔滨威客公司（见资料3-3）所瓜分。随着远望谷的不断壮大，市场份额的不断提高，竞争态势对远望谷越来越有利，铁路市场的竞争威胁已经不是同行业的竞争对手，而是潜在的进入者。铁路业务目前仍是远望谷公司占比最大的业务，其营业额占远望谷营业收入的60%以上，因此就铁路市场的行业竞争来看，远望谷和哈尔滨威客公司垄断了国内铁路市场，均能获得一定的垄断利润，一定时间内，两家公司都没有打垮或者吞并对方的可能性，铁道部的总方针也是两者都扶持。但随着远望谷的不断发展壮大，哈尔滨威客公司的市场份额不断减少，已经从市场绝对领导者变为相对领导者，远望谷将有望超过哈尔滨威客公司成为铁路市场的领航人。

> **资料 3-3**
>
> ## 哈尔滨威客公司
>
> 哈尔滨威客公司成立于 2004 年，主要从事国内外轨道交通领域的列车清洗及非标检修检测设备的研制开发、生产、销售及服务，从事节能环保设备的研发、生产、销售及服务，是轨道交通领域系列科研技术成果的中试基地和产业转化基地。

国铁市场始终是主体市场，影响着其他细分市场，而且该行业具有较高的市场进入壁垒，其他企业很难进入。远望谷和哈尔滨威客公司近年来已经多次发生以价格为主的竞争，虽然总体来看，远望谷是赢家，但长远来看，价格竞争只会将价格越压越低，进入恶性循环，所以达成以价格为核心的同盟，将是公司效益最大化的要求。

深圳先科智慧公司、南京瑞福公司、北京京天威公司是远望谷目前最主要的三个同行业竞争对手。深圳先科智慧公司与远望谷的公司定位、市场定位、产品定位基本一致，加之 SCS 系列有较低的价格，与远望谷 XC-600 系列产品类似，激烈的冲突不可避免；南京瑞福公司代理美国 AMTECH 及其他国外供应商的产品，从事 UHF 产品的二次研发、生产、销售，其方向与远望谷完全相同，系统集成能力强；北京京天威公司是哈尔滨威克公司在北京成立的独立公司，以非铁路市场业务为主，主要代理美国 Trnascore 产品，与远望谷在机动车管理市场的竞争较为激烈，且双方由于铁路市场的关系，很难进行合作。就国外来说，Trnascore、Intermec、Matrics、Aline 是远望谷主要的国外竞争对手，远望谷与这些供应商有一定的合作关系，比较而言，其与 Aline 关系密切，与 Trnascore 的关系则相对紧张。

因此，就国内而言，竞争对手的技术、资金实力相对较弱，远望谷应该充分发挥其技术优势开拓市场，这时便需要学会取舍，集中精力开拓重点市场。而国外竞争对手拥有核心技术，资金实力较强，但它们对国内市场不了解，且不具备二次研发能力，产品往往难以满足客户的个性化需求，因此远望谷应积极取得和外国供应商的合作，发挥市场能力和针对客户需求的二次研发能力，化威胁为助力。笔者将远望谷的各种竞争因素进行汇总分析，得出远望谷的综合竞争形势，如表 3-2 所示。

表 3-2 远望谷的综合竞争形势

项目	铁路市场		物流及机动车市场	
	竞争者	竞争描述	竞争者	竞争描述
行业内竞争	有一个	双寡头垄断，暂无协议	国内先进企业及国外大企业	国内企业竞争激烈，国外企业有合作可能
潜在进入者	暂无	未来有新进入者	以系统集成商为主	现阶段以集成商为主，未来合资加剧竞争
替代品竞争	暂无	铁道部只能使用 915MHz 产品	替代品主要是较低频率的产品	较低频率的产品价格优势明显
供应商能力	设备及元器件生产企业	不具备讨价还价能力及前向一体化能力	国外芯片供应商	讨价还价能力变弱
客户价值	铁道部	讨价还价能力强	各种企业、机构等大客户	讨价还价能力强

物联网作为远望谷发展的大背景，对远望谷的战略发展和定位也有着至关重要的影响。2010 年，国内物联网产业规模达到 1933 亿元（不含应用层）。国内物联网产业已初步形成环渤海、长三角、珠三角以及中西部地区四大区域集聚发展的总体产业空间格局。其中，长三角地区产业规模列四大区域的首位。从远望谷目前的发展来看，增长型战略是公司目前较好的选择，如图 3-6 所示。

2011 年是"十二五"开局之年，也是中国物联网发展从概念走向现实、加快推进"产业发展与应用引领"之年。据不完全统计，全国已有 28 个省市将物联网作为产业发展重点，众多城市将物联网列为主导产业，几乎所有一、

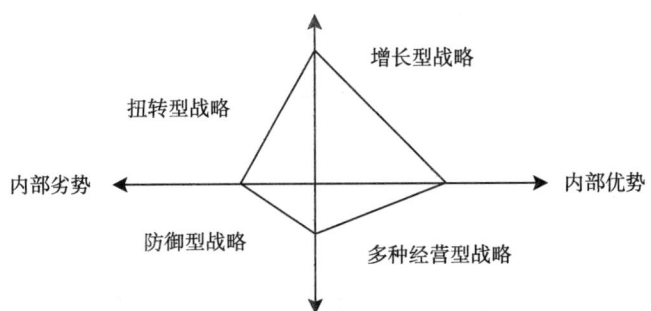

图 3-6 远望谷的战略选择：增长型战略

二线城市都在建设或筹建物联网产业园，其中以江苏、浙江、广东、上海等地实绩最为突出。近两年，全球物联网市场规模增长迅速，年均增长率接近25%，预计2015年将接近3500亿美元。中国的物联网产业是全球物联网产业的重要组成部分，发展空间尤为广阔。据保守预计，到2015年，中国物联网相关产业规模将达到5000亿元，而形成万亿规模的时间节点预计在"十三五"后期。

根据以上对远望谷及行业的分析和对物联网发展趋势及前景的展望，远望谷可以选择集中—低成本—差异化竞争战略。这一战略分为三大部分，即集中、低成本和差异化。

（1）"集中"。首先，是技术和产品研发的集中。微波频段是公司集中的方向，公司技术与产品研发应主要集中在G51MHz频率、无源产品上。具体来说则是集中在标签芯片、微带天线及标签封装、天线及读写器、客户端软件的研发上。其次，是市场业务的集中。铁路业务是公司最早开展的业务，自公司成立起，该业务就给公司持续带来丰厚的利润，铁路应用业务是公司赖以生存的基础，是公司长期的、稳定的战略业务单元。此外，物流监控应用业务和机动车管理应用业务也是公司必须关注的重点业务，在这三种业务集中的基础上进行发散扩张，将保证公司在稳步发展的同时不断拓宽领域，在稳中求发展。

（2）"低成本"。低成本并不意味着低利润，RFID行业的平均利润远高于IT业的整体水平，与其他行业相比，RFID行业的产品成本在总成本中所占的比例偏低，因此降低公司整体运营成本和管理成本，可以使公司维持一种在可能水平上的较高利润率。这样才能保证远望谷在与南京瑞福公司、深圳先科智慧公司、北京京天威公司等国内竞争者竞争时获得优势地位。

（3）"差异化"。差异化的最终目标是使客户承认公司产品的与众不同，感到由于差异化而产生的"超值"感。由于 RFID 是一种高科技产品，很多客户可能对 RFID 技术本身一窍不通，所以差异化不仅仅是建立在设备专家立场上技术的差异化，也应该是建立在客户立场上思维、视角、感觉的差异化。公司应将更多目光投向客户，站在客户立场上全面感触差异化，才能真正做好差异化工作。

二、围绕 RFID 基本价值链的盈利模式

从公司盈利模式路径来看，远望谷的日常活动流程包括两个环节：支持活动和基本活动。支持活动包括：行政管理、人力资源管理、财务与资产管理、技术支持与信息系统建设管理、外部关系管理五大部分。尽管支持活动不能直接增加产品或服务的价值，但可以通过对公司价值增值活动的管理、控制，提升改善公司的管理经营，从而既提升效益、降低成本，又促进公司核心竞争能力的形成。总体来看，目前远望谷的支持活动对公司的基本价值创造活动提供了较为有效的支持，公司整体信息系统运行良好，沟通机制较为健全，有利于总体价值的实现。远望谷的主要盈利活动也就是基本价值链如图 3-7 所示。

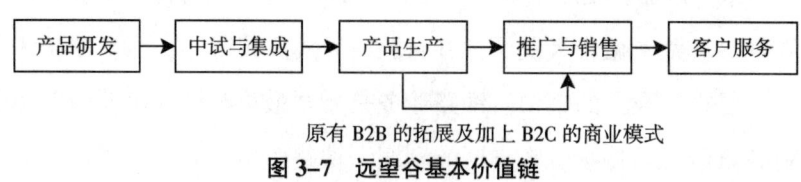

原有 B2B 的拓展及加上 B2C 的商业模式
图 3-7 远望谷基本价值链

（1）产品研发。产品研发是远望谷基本活动的基础，从价值生成的角度看，作为国内少数几个拥有核心技术自主知识产权和产业化能力的企业，技术与产品的研发和持续改进是目前公司最为关键的价值活动，也是赖以形成竞争优势的基础。远望谷拥有国内首屈一指的 RFID 研发技术，其主要产品性能不断得到完善，产品更新换代不仅列入公司规划而且开始执行。这是远望谷十余年在 RFID

领域进行技术研究、产品开发的沉淀,是其他公司在短期内难以形成的,这无疑构成了远望谷最重要的核心能力,保证了公司在国内同行业的领先地位。

(2)中试与集成。中试与集成是研发出来的产品实现产业化的必由之路,与研发相比,公司目前中试与集成的资源投入相对较少,经常出现研发人员放下手中新项目去处理本应由中试环节处理的问题的现象,因此,在未来的发展中,公司应该增加在该部分的投入。由于铁路市场具有垄断效益,因此公司对工艺实现、元器件选型进行的研究较少,近年来,在新企业和外资企业的冲击下,远望谷需要加大中试与集成环节的投入,尤其是在物流监控市场及其他对价格相对敏感的市场,指导生产厂家尽可能降低生产成本,以便获得领先优势。

(3)产品生产。由于远望谷目前的产品生产以委托加工为主,所以公司关注的重点在于工厂生产活动中的品质管理和订单管理,使产品质量得到保证,同时尽可能改进工艺、降低成本。但其中需要注意的是跟单环节与核心技术的保密问题,公司可以通过一个系统产品委托多家生产或自己完成产品的最后组装来解决保密问题。

(4)推广与销售。与其他行业相比,RFID 行业企业的总体营销水平相对较低,市场推广的水平相对较低。随着 RFID 行业的不断发展和竞争环境的日益激烈,推广与销售将会越来越重要,远望谷现在也越来越注重提升市场推广水平,如建立市场调研体系和成立市场推广团队,负责各种推广活动的策划与实施。

(5)客户服务。服务水平直接影响客户满意度,进而影响公司利润。随着公司物流监控等市场业务的不断增加,对服务的要求也越来越高,公司将更多地加大对资源的投入,提升服务水平。

从收入创造方面来说,远望谷原有生产活动及创收活动主要集中在铁路业务方面,借助在国内铁路市场的垄断地位和领先优势,远望谷一直处于平稳发展中,铁路业务收入占公司收入的六成以上。2009 年开始,物联网爆发性发展,突破原有的铁路系统,逐渐渗透到各个领域中,远望谷也开始重新定位自己,在保持原有业务稳步发展的基础上,突破原有固定的盈利模式,开始寻找更多的增收渠道，将触角深入到畜牧业溯源系统、图书管理、烟草物流、物流供应链、资产追踪、车辆管理、医疗管理及防伪应用等非铁路领域。

在物联网的大环境下，2010年远望谷取得了超乎预期的发展，之后2011年和2012年都稳步增长。总体来说，规模在扩大，净利润在稳步提升。从利润贡献上来说，远望谷仍然是铁路体系内的物联网公司。远望谷在铁路市场的产品——"车号识别系统"是铁路的标配产品，铁路建设的恢复性增长将使公司铁路业务规模继续上升。而铁路市场具有较高的技术、市场壁垒，公司在铁路车号细分市场的地位将会得到长期维持。此外，未来新建项目的开工将有望给公司带来新的铁路市场，是铁路业务值得期待的一大亮点。所以，2012年铁路投资的下滑一度给远望谷业绩带来了较大的负面影响。

如果观察铁路系统以外的业务，无论在RFID封闭的行业应用还是开放的商超应用中，远望谷增长都非常迅猛。近年来，远望谷在图书馆、酒防伪、烟草管理和国际零售等业务上均取得了快速增长，其中国际业务的突破性增长是最大亮点。在图书馆业务方面，远望谷已成为传统图书馆RFID市场排名第二位的供应商，自助图书馆业务在2012年实现突破，特别是中标深圳24小时自助图书馆第二期建设项目，具有标杆性意义。预计RFID图书市场将有近50亿元的规模，2013年更是收购海恒智能，两家公司合并后将占有80%的图书馆RFID市场，形成行业垄断。在酒防伪业务方面，远望谷与五粮液在酒防伪系统上的合作推向深入，即将向中档酒类发展；公司还积极与其他一线酒厂商谈合作。在烟草管理业务方面，远望谷着力推进烟叶收购管理、片烟仓储及出入库管理和成品烟出入库管理，占据了大部分市场份额。2012年公司推出国内第一款物联网手机，并收购鲲鹏通讯（昆山）有限公司，进军手持式移动物联网终端市场。根据公司规划，公司将建设面向个人用户的防伪平台，应用于酒类、食品、药品防伪领域。远望谷在2012年还进入了粮库管理市场，公司以"基于物联网技术的国家粮食智能溯源管理系统"作为物联网技术应用于粮食溯源管理的探索，获得国家工信部2012年物联网发展专项资金项目500万元的支持。未来全国4万多个粮库将产生巨大的市场需求。2013年7月18日，远望谷发布公告称，公司将与深圳市粮食集团共同投资 1000 万元（远望谷出资 490 万元），成立深圳市远粮信息技术有限公司，主要开展 FRID 在粮食行业、农产品溯源以及大数据交易平台等方面的应用。可以说，自 2012 年以来，远望谷非铁业务表现惊人，成为支撑公司营收增长的关键。

此外，远望谷 2012 年在国际市场业务方面实现突破，销售收入同比大幅增长，成为国际零售物流行业客户的主要供应商，标签产品先后进入 Walmart、JC Penny、Macy's 等国际一线零售物流行业客户供应链，2012 年相关业务收入在 4000 万元左右。远望谷国际零售市场的终端客户是 Walmart、JC Penny 等北美大型连锁零售商，远望谷产品已经通过相关认证并得到客户的一致认可。2012 年，远望谷在提升产品的品质和响应速度后，充分发挥技术和产品优势，在北美市场掀起一阵风浪，签署了两个合计将近 7300 万元的大单。尽管如此，目前公司的国际市场业务尚处于初期发展阶段。远望谷通过设立美国子公司，以进一步巩固并提升在北美的市场份额和地位。

三、初期引入风险投资，之后上市融资对外并购

远望谷资本运作主要可以分为两大阶段，即成长期和成熟期。

（1）成长期，主要指公司成立之初到 2007 年。1997 年东南亚金融危机爆发后，虽然对中国的影响不如东南亚各国那样巨大，但对投资心理的影响是十分巨大的。在当时很多中国学者的眼中，创业投资是中小企业尤其是高新技术企业发展的孵化器和催化剂，是新经济的主要推动力。在借鉴外国先进经验的基础上，众多中小企业进行了多种形式的投融资尝试。就是在这样的大背景下，远望谷开始了自己的融资之路。2002 年 5 月，远望谷开始跟国内的风险投资接触，深圳创新投资集团是当时全国最大的高新技术类的投资公司，也是远望谷引进的第一家风险投资公司。在进行了一年的谈判工作之后，2003 年 4 月，通过增资方式，远望谷引入新股东创新投资集团有限公司，投资 500 余万元，占公司股本的 12.12%。2006 年 9 月，通过老股转让的方式，远望谷引入上海仕博投资管理有限公司，占公司股本的 2%。2006 年 11 月，又一次通过老股转让方式，引入上

海联创永宣创业投资公司，占公司股本的 4%。

（2）成熟期，即从 2007 年上市至今。其实从 2003 年进行第一轮融资时，远望谷就开始对上市做好了心理准备，在完成第一轮融资后，远望谷于 2007 年 8 月 21 日在深圳证券交易所上市，股票代码为 002161，首发 1610 万股，共筹集资金 21413 万元，开始了上市融资历程。上市之后，公司开始布局整个产业链，所募集的资金主要投在了电子标签、读写器和铁路 RFID 产品的升级换代方面。2008 年以来，公司为了扩大规模，拓展业务，促进发展，加快了国内市场的收购兼并和对外投资进程（见表 3-3）。为了打造国内物联网的领军企业，在成立昆山远望谷信息技术有限公司后，公司又于 2012 年 6 月出资 1 亿元人民币设立全资子公司——昆山远望谷物联网产业园有限公司。该公司主要承担昆山物联网产业园项目的建设和管理等工作，其注册资本 1 亿元，所需资金全部来源于公司自有资金，公司持有其 100%的股权。昆山物联网产业园建设将有利于公司进一步深入参与昆山市及长三角地区物联网产业的发展，提升公司行业影响力及综合竞争力。

表 3-3 2008~2013 年远望谷公司并购和对外投资情况

时间	事件
2008-04-02	公司全资子公司深圳市射频智能科技有限公司拟与广东德生科技有限公司签订《股权转让及增资扩股协议书》，射频智能拟出资人民币 2500 万元受让德生科技持有的广州德鸿电子科技有限公司 36%的股权（占增资后总股本的 28%）
2008-12-05	公司全资子公司深圳市射频智能科技有限公司拟出资 50 万元受让张自兵持有的天津远望谷电子科技有限公司 10%的股权
2009-06-02	公司用自有资金对深圳市远望谷创业投资有限公司增资 2000 万元
2009-06-02	同意成立张家界市远望谷信息技术有限公司，注册资本人民币 2000 万元，其中本公司出资 1800 万元，占 90%的股权，本公司全资子公司深圳市射频智能科技有限公司出资 200 万元，占 10%的股权
2010-12-10	公司以自有资金向全资子公司兰州远望增资人民币 400 万元，增资完成后，兰州远望注册资本增至人民币 1000 万元，本公司持有其 100%的股权
2010-12-10	远望谷全资子公司深圳市射频智能科技有限公司出资人民币 6 万元受让唐武先生持有的北京远望谷 40%的股权，股权转让后，射频智能持有北京远望谷 100%的股权
2010-12-31	公司以自有资金人民币 920 万元受让自然人庞先玉先生、谷雨茂先生、王雪梅女士合计持有的成都普什信息自动化有限公司 10%的股权，股权转让后，公司持有成都普什 10%的股权

续表

时间	事件
2011-02-19	公司与昆山中科高科技发展有限公司共同出资设立昆山远望谷信息技术有限公司,注册资本 500 万元,本公司出资人民币 300 万元,持股 60%,昆山中科出资人民币 200 万元,持股 40%
2011-06-04	公司以自有资金 1259.42 万元收购张凯如、余红梅持有的北京导航者智能科技有限公司共计 80%的股权
2011-06-22	公司将以全资子公司深圳市射频智能科技有限公司持有的广州德鸿电子科技有限公司 51%的股份作价 4500 万元,对广东德生科技有限公司进行增资,其中 812.5 万元计入注册资本,3687.5 万元计入资本公积,增资后,射频智能持有德生科技 20%的股份
2011-06-22	公司将以自有资金对上海真灼电子技术有限公司增资 1000 万元,其中 104.08 万元计入注册资本,895.92 万元计入资本公积,增资后,公司持有真灼电子 51%的股份,后者成为公司的控股子公司
2011-07-01	公司将以自有资金 11198.6 万元受让河南思维自动化设备有限公司股东李欣、王卫平持有的思维自动化共计 20%的股权,股权转让后,公司将持有思维自动化 20%的股权
2011-07-13	公司以自有资金 2017.6 万元收购王雪梅、庞先玉、古雨茂、北京铂金财富投资管理有限公司合计持有的成都普什信息自动化 20%的股权,收购结束后,公司持有成都普什 30%的股权
2012-01-05	远望谷公司以自有资金 3000 万元收购浙江创联信息技术股份有限公司股东浙江创联软件有限公司、周建民所持有的共计 30%的股权
2012-06-08	公司以自有资金 200 万元收购昆山中科高科技发展有限公司持有的昆山远望谷信息技术有限公司 40%的股权
2012-08-06	公司以自有资金 4800 万元收购王阳持有的鲲鹏通讯(昆山)有限公司 60%的股权
2013-06-05	上海歌石股权投资基金合伙企业(有限合伙)成功竞拍深圳市海恒智能技术有限公司 40.35%的股权,成交价格为 9950 万元。歌石投资基金为远望谷与合作方共同出资设立

　　远望谷当前的发展不应该固步自封,在原有业务基础上不断拓展创新,延伸产业链才是立于不败之地的秘诀。特别是在全球化不断深入的今天,越来越多的新进入者正在逐步改变着国内射频识别领域的技术格局。这些新进入者中不乏实力雄厚的外资企业、中外合资合作企业以及极具技术创新精神的国内民营高科技企业,这些企业凭借海外技术背景或敏锐的市场嗅觉,针对国内市场的研发一开始就建立在一个较高的起点之上,特别是在某些新的细分应用领域,已经走在了远望谷的前面。

　　因此,仅仅立足于国内市场是不够的,在新的竞争形势下寻求合作,实现共赢才是长久之策。远望谷和国外企业的合作目前较少,可以说几乎没有,因此这也可以作为企业长远发展的战略目标之一。国外企业虽有资金技术优势,但由于国内 RFID 目标市场的进入门槛较高,尤其是铁路领域政策严格,进入国内市场并不是十分容易，因此在这个基础上，合作便存在了可能性。远望谷应积极寻求和国外 RFID 先进技术企业的合作，发挥其在中国市场的二次研发能力，针对客户需求研发出有针对性的、个性化的产品，这样才能化外部威胁为自身发展的助推力，从而实现物联网环境下的腾飞，例如，远望谷和 Aline 的合作便是对这一理念的践行。

四、远望谷基于客户服务的价值创造

价值创造是指企业生产、供应满足目标客户需要的产品或服务的一系列业务活动及其成本结构。企业在经营过程中通过价值创造活动提升自身价值、提升客户价值，最终实现价值创新。

1. 提升自身价值

近几年，即使是全球性的金融危机也没有使远望谷停止增长的步伐，远望谷在源源不断的价值创造中，提升了自身经济价值。远望谷的营业收入近年来逐年上升，2007 年营业收入才 1.52 亿元，2010 年营业收入增至 3 亿元，2012 年营业收入又升至 4.59 亿元。可以说，三年翻一番，六年翻两番。远望谷在获得大量经济收益的同时，还积极履行社会责任、将可持续发展的理念融入发展战略，重视社会责任担当和践行。远望谷上市后历年均发布了《社会责任报告》，曾在2009 年举办的"A 股上市公司社会责任报告高峰论坛"上获得"最具潜力社会责任报告奖"。2013 年 1 月 12 日，在由中国上市公司协会指导、由《南方都市报》主办的"2012 年上市企业 TOP10 评选活动"颁奖典礼上，远望谷荣获"最具社会责任上市企业十强"称号。

远望谷拓展了 RFID 的应用领域，并在物联网发展方面先行一步，奠定了技术与理论基础，并通过全员努力，获得多项荣誉，如"射频识别系统"被认定为广东省名牌产品，公司被批准进入广东省百强创新型企业培育工程，被认定为深圳市第一批总部企业，获得系统集成商资质，"远望谷"商标被认定为广东省著名商标。在 2012 年 3 月举办的"中国物联网 RFID2011 年度评选"中，公司荣获中国物联网领先企业奖。在 2013 年 3 月举办的"2012 年中国 RFID 世界最有

影响力评选"中,公司荣获"2012年中国RFID行业年度最有影响力电子标签企业"、"2012年中国RFID行业年度最有影响力读写设备企业"和"2012年中国RFID行业年度最有影响力系统集成企业"三项大奖,同时,XC1001物联网手机获得"2012年中国RFID行业十大最有影响力创新产品"奖项。

远望谷还通过多种方式实施"强化RFID行业第一品牌,树立物联网领导性品牌,树立高端产品形象,建立重点行业领导品牌"目标,参与十余个RFID行业及图书馆、烟草、酒防伪、智能交通等应用行业的展会和会议,成功发布国内首款物联网手机新品,陆续推出高端读写器和手持机产品,同时借助物联网RFID应用展示中心、远望谷微博与博客,全面展现远望谷领导品牌形象,有效地提升了远望谷的行业影响力,并进一步推动了中国物联网产业的发展。可以说,以上所有这些有形和无形的收获都使得远望谷的自我价值得到了极大提升,使得远望谷成为国内RFID行业响当当的领军企业,造就了其在政府和百姓心目中的良好形象。

2. 提升客户价值

远望谷发展历程中已经积累了丰富的客户资源,也为客户价值的提升贡献了诸多力量。公司一方面在铁路、烟草、军事行业具有技术领先和市场先入优势,另一方面并为图书及档案管理、资产追踪、物流及供应链、机动车辆、服装、畜牧业等多个领域提供了高性能的RFID产品方案,尤其是在铁路、烟草、图书馆等成熟市场。

目前,远望谷拥有200多项RFID专利技术、6大系列100多种具有自主知识产权的RFID产品,包括阅读器、电子标签、天线及其衍生产品,可为铁路、烟草、图书馆及档案管理等多个领域提供高性能产品方案。近年来,远望谷铁路业务占公司经营业务比重不断下降,其他非铁路市场的应用所占比重不断上升。

在铁路领域,远望谷的"XC型自动设备识别系统"先后通过了由国防科工委、铁道部组织的科技成果鉴定,该系统现已成功应用于中国铁路车号自动识别系统,产品遍及全国18个铁路局、7万公里铁路线。作为全天候运行的铁路运输管理设备,其在铁路货车使用费用清算(仅此一项每年就为原铁道部增收3亿多元人民币)、铁路车辆实时追踪管理、提高客车正点率等方面都发挥了巨大的作用,产生了巨大的社会效益和经济效益。它的使用,使我国铁路现车管理一跃跨入世界先进水平。

在图书馆应用领域,和很多公司不同,远望谷给图书馆提供具有完全自主知识产权的全套方案,包括标签、读写器、图书分拣线、图书盘点设备等,方案主要包括图书馆 RFID 应用方案,它包括八个子系统。"为我们从事的领域奉献技术与创新"是远望谷的核心理念之一。针对我国高校图书馆发展水平,远望谷率先推行超高频 RFID 技术进行图书管理,并先后在汕头大学、北京石油化工学院、湖北宜昌、广州番禺等大学和地区的图书馆采用 RFID 技术,对图书馆行业的管理水平提高和信息化建设起到了巨大的推动作用。

在零售业方面,远望谷 2011 年和沃尔玛全面签订 RFID 标签大单合同,至此,世界著名零售巨头沃尔玛成为物流与供应链行业 RFID 发展的强有力的推动者。到 2010 年,沃尔玛已有超过 600 家商店、山姆会员店和 5 个配送中心采用了 RFID,每周收到的货物上贴的标签达到 300 万个,每年会超过 1.5 亿个。Forrester Research 零售业分析师认为,若全面采用 RFID,沃尔玛每年可以节省 83.5 亿美元,其中大部分是扫描条码的人力成本,同时每年还可以显著降低约 20 亿美元的盗窃成本。目前,远望谷已经达成年产 2 亿电子标签的生产能力,沃尔玛项目成为远望谷在国际市场上的重点业务。远望谷的产品已经通过沃尔玛方面的认证,并进入其供应商的电子标签采购体系,针对沃尔玛的电子标签项目,远望谷 2011 年已有小批量产品,年底已实现规模化生产。随着零售业的连锁式发展,国内零售业 RFID 市场虽然起步不久,但发展潜力巨大。自 2004 年以来,国内加大了 RFID 技术在零售业、制造业、供应链管理、食品安全管理等领域的应用研究,现已将 RFID 技术与产品成功应用于工厂、食品加工厂、部队等领域。这样一来,RFID 技术的广泛应用将大大降低零售业的物流成本及管理成本,促进零售企业自身竞争能力的提升。

3. 实现价值创新

除了铁路领域外,远望谷目前进入的非铁市场主要包括烟草、军事、图书馆、零售物流、智能称重、畜牧业、海关自动识别管理、大型厂矿企业物流管理等领域。随着RFID非铁路超高频市场日趋成熟，产品成本逐渐降低，产量逐渐上升，远望谷在未来会继续把RFID非铁路超高频市场作为重点发展领域。

在未来，远望谷将在"射频识别、精益求精、客户至上、优质争赢"的方针指导下，立足于社会、股东、企业和全体员工利益的共同发展，充分利用自身的技术优势、市场优势和政策支持，致力于RFID及自动识别技术的研究，着力于不断的技术创新，提高产品规模效应，降低成本，从而保证利润来源的连续性、稳定性和不断增长性，力争成为全球闻名的RFID产品和服务专业供应商，将远望谷建设成为一个基业长青的公众型公司。

第四节　远望谷的启示

自物联网概念提出以来，物联网的发展迎来了一次又一次的市场浪潮。从"感知中国"的建立到"十二五"规划将物联网发展列入其中，我们可以看出国家对物联网发展的决心。因此，对于善于抓住机遇的企业来说，物联网的发展无疑是一次千载难逢的发展良机，远望谷则很好地抓住了这次机遇，利用自身十几年发展积淀的RFID技术及稳固的市场占有率，在物联网不断扩张的环境下得到了极大的飞跃。从远望谷的飞跃发展中我们可以看到，这既是对传统商业的继承，也是对创新文化的探索。因此，远望谷在物联网时代快速扩张的情况下，跟上潮流，抓住机遇求得发展，并进一步带动这个潮流的前进，也能为很多正在发展中的企业带来一些启示：

1. 技术创新

强大的核心技术基础是成功占领市场的首要条件。RFID行业是技术密集型行业，技术门槛和市场门槛都相对较高，因此要想在激烈的竞争中脱颖而出，除了依靠敏锐的市场触觉外，强大的技术支撑也是必不可少的。物联网的发展催生了对 RFID 技术的需求，也为企业提供了一个新的发展方向。远望谷早在 1993 年就开始研究 RFID 技术及相关产品，正是这具有前瞻性的战略选择为远望谷在如今的国内市场上打下了半壁江山。作为高科技企业，创新是发展的源泉和不竭动力，生产服务化、服务高科技化也已经成为不可逆转的趋势，而这一切都是以强大的技术基础为依托的。因此，无论是抓住市场机会还是选择战略定位，专业技术沉淀依旧是首要考虑的因素。

2. 人才战略

高素质的人才队伍和完善的人才机制是企业发展的智力保障。现阶段产品和服务同质化趋势不断加强，要想实现企业的成功转型，在众多同质企业中脱颖而出，高效率的人才队伍是必不可少的条件。远望谷之所以能够在物联网高速发展的时期快速抢占国内市场，是因为其拥有国内首屈一指的 RFID 技术及相关产品，而其中，高素质的研发队伍和科研人才以及"学习型组织"等人才培养、组织制度起了决定性的作用。因此，要想实现产品服务市场领先的目标，就要充分发挥人才的作用，将个人智慧融入群体智慧，在良好的人才制度保障下实现员工的自身价值，进而推动团队整体的效率。

3. 从销售到服务

随着经济的发展和人们消费理念的转变，传统商业模式逐渐被服务性社会需要所冲击。任何一个产业，客户作为最终消费者，永远是第一位的，因为其不仅是企业实现经营目标的依靠条件，更是企业能否长期立足市场的关键因素。对于 RFID 行业来说，其目标客户已经逐渐从政府和个别垄断行业向各行各业甚至个人延伸，并且同行业竞争者不断涌现，这些都要求企业必须在保证产品质量的同时提升服务水平。除铁路市场外，在未来物联网的发展过程中，畜牧业溯源系统、图书管理、烟草物流、物流供应链、资产追踪、车辆管理、医疗管理及防伪应用也将得到极大的发展，因此，深入了解不同目标客户的不同需求，提供有针对性的、个性化的技术服务才是赢得市场的关键。远望谷针对不同客户群提出了不同的服务理念，并对销售产品提供"一站式"售后服务，从单一的卖产品过渡到提供"产品＋服务"，正是这一服务客户的理念为其争取了市场，使其在激烈的竞争中脱颖而出。

4. 战略定位

作为企业家，必须有对市场敏锐的触觉，能够准确预测出市场走向，为企业发展争取先机。俗话说，"早起的鸟儿有虫吃"。放眼当今物联网领域，最早觉察出这一市场机会的便是远望谷这只早起的鸟儿。早在1993年，远望谷就开始着力进行RFID技术的研发，到目前，已经进入成熟期，因此在物联网快速兴起时期，它便能敏锐地觉察这一市场潜力，快速投入该领域，抢占市场，成为行业领先者。机遇往往留给有准备的人，只有时刻以敏锐的眼光和前瞻性的思维关注市场瞬息万变的趋势，才能抓住机遇、创造价值。

此外，在抓住机遇的同时，远望谷还针对行业内外及企业自身的状况做出了适合自身发展的战略选择。良好的战略指导和贯彻落实的决心是企业稳步前进的实际保证，这就要求企业要有适合现阶段发展的各项组织制度，包括人才培养制度、组织架构、财务制度、激励措施及企业文化等。

5. 合作联盟

在经济全球化的大背景下，一个企业的发展单独依靠自身是远远不够的，在国际范围内寻求合作共赢才是不可阻挡的趋势。全球化使企业开始放远目光，在全球范围内寻求最佳资源配置，这不仅包括企业运作所需的资源配置，还包括企业之间的合作与联盟。长远来看，寻求多形式的战略联盟是发展的不竭动力，强强联合有助于互补互助，共同发展。就物联网领域而言，其在国内属于新兴领域，技术还不成熟，资金投入相对较少，而国外发展历史较长，拥有较成熟的RFID行业发展经验，在技术资金方面都有优势，却碍于政策进入壁垒和个性化需求壁垒难以进入国内市场，这便给国内企业与国外企业合作提供了可能性。因此，在自身发展的同时，引进外国先进技术和资金，发挥自身二次研发能力，创新出有针对性的、个性化的产品和服务，既可以节省成本又可以获得效益，成为国内RFID技术企业在短期内提升自身竞争力、占领国内市场的必然选择。

第四章　新大陆：掌握二维码芯片核心技术的企业

新大陆：物联网龙头企业

> 新大陆是国内唯一掌握二维码自主核心技术的企业，其条码识读技术达到了国际先进水平，并推出了全球首颗二维码解码芯片。新大陆是国内领先的行业信息化整体解决方案提供商，目前主要业务包括物联网信息识别技术、产品及应用，电子支付，移动通信，高速公路等多个领域。新大陆以物联网为核心发展战略，不断完善物联网产业链，巩固物联网龙头企业地位。

二维码不仅带来了巨大的产业机会，也深刻改变了人们的生活。2012年6月9日"欧洲杯"开战，球迷发现除了可分享欧洲杯精彩赛事，还可以通过新大陆上海翼码提供的"爱拍"实现快速扫码下载欧洲杯欧洲之星精彩影像。据了解，爱拍因其独有的长距离变焦功能，特别适合拍摄电视、海报等处的二维码，能让二维码在手机屏幕上清晰呈现。据了解，新大陆是国内唯一掌握二维码芯片核心技术的企业。

新大陆科技集团是一个横跨物联网、数字电视通信和环保科技三大领域的综合性高科技产业集团，多年来致力于前沿领域自主核心技术、产品的发展以及行业应用与商业模式的创新。2010年11月，新大陆发布了全球首颗二维码解码芯片，2012年6月又正式发布了第二代二维码芯片。专家称，第二代二维码的"中国芯"在关键技术指标上实现了质的飞跃，全面支持市场主流的二维码与国际通用的一维条码，覆盖了99%以上的市场应用范围。可以说，新大陆作为国内物联网的先行者和探索者，近年来正在构建一个集核心技术与产品、行业应用与商业模式、人才培育和资本投资于一体的"全价值链"物联网产业发展布局。

第一节　公司介绍

新大陆科技集团1994年由18位知识分子在福建省福州市创办，业务涉及电子信息、生物制药、环保三大产业。新大陆产业横跨物联网信息、"三网"融合通信和绿色环保科技三大领域，是国内领先的集物联网核心技术、核心产品、行业应用和商业模式创新于一体的综合性物联网企业，也是"三网"融合数字电视综合业务供应商和无线通信设备供应商，以及中国唯一掌握"紫外C消毒技术"与"大功率臭氧发生技术"的环境保护设备及综合服务提供商。公司成立20年来，始终坚持自主创新，以科技创新引领实业发展，已经发展成为一个综合型高科技产业集团，走出了一条具有中国特色的价值成长之路。1994年2月，新大陆发展有限公司（集团）注册成立，同年4月，新大陆电脑有限公司成立。1997年7月，新大陆涉足二维码技术领域，现已成为国内唯一拥有自主知识产权的厂家，技术居国际领先水平。2000年8月，新大陆电脑股份有限公司在深圳证券交易所上市，股票代码为000997。2001年4月，新大陆科技集团成立，将公司原名称中的"发展"改为"科技"，更鲜明地体现了集团的"高科技"性质。作为一家极富创新性的价值成长型企业，自创办伊始，新大陆始终坚持"科技创新，实业报国"的办业理念，目前已成为国内领先的行业信息化整体解决方案提供商，主要业务包括物联网信息识别技术、产品及应用，电子支付，移动通信，高速公路等多个领域。

一、公司基本情况

福建新大陆电脑股份有限公司成立于1994年，主要致力于计算机外部设备的研究发展、行业应用软件开发与系统集成服务，经过近20年的高速发展，现已发展成为一家净资产逾7亿元、员工过千人的民营高科技企业。目前，公司业务横跨移动通信、数字高速公路、电子政务、金融、保险、税务等多个领域，成为国内领先的行业信息化整体解决方案提供商。2003年10月，电脑公司研制出具有自主知识产权的金融终端专用芯片（TSOC），成为国内唯一掌握终端核心芯片技术的厂家。2005年12月，新大陆电脑成为福建省第一家完成全流通改革的A股上市公司，标志着公司进入了一个稳健、高速发展的新阶段。2009年9月，新大陆电脑18个交易日股价涨幅高达103.66%。新大陆电脑公司被中国资本市场认定为物联网龙头企业。

2010年11月，新大陆在北京发布全球首颗二维码解码芯片（见图4-1），新大陆的条码解码核心技术能力跻身国际一流行列。2012年6月，新大陆在"2012年海峡科技专家论坛"上发布全球首颗第二代二维码解码芯片。2013年12月，新大陆电脑公司获得两项二维码解码芯片技术的美国发明专利证书，分别为"MATRIX TYPE TWO-DIMENSIONAL BARCODE DECODING CHIP AND

DECODING METHOD THEREOF"（专利编号：US 8,550,351 B2）和"QR BARCODE DECODING CHIP AND DECODING METHOD THEREOF"（专利编号：US 8,550,352 B2）。

图 4-1 新大陆发布全球首颗二维码解码芯片

新大陆拥有国际领先的、具备完全自主知识产权的物联网二维码核心技术、行业芯片设计技术、环保紫外 C 消毒技术和大型臭氧发生器技术。在物联网领域，2010 年正式发布的全球首颗物联网应用二维码芯片（见图 4-2），拥有国际领先的二维码识读技术；在数字电视领域，新大陆聚焦数字电视、无线电视、无线广电（CMMB），具备"数字电视运营商整体转换"端到端整体解决方案能力，是国内领先的数字电视综合业务供应商和无线通信设备供应商；在环保领域，"大功率臭氧发生器"实现突破并出口海外市场，新大陆已成为我国紫外环保设备与服务龙头企业，其臭氧技术与设备国内领先。

不仅如此，新大陆自成立以来，不断完善、丰富了自己在各领域的业务发展，并建立起一整套行之有效的组织架构。与此同时，新大陆根据自己的定位，不断地完善和发展公司的组织架构，使得组织的发展更适合企业未来长远的成长。如今新大陆已经拥有了通信公司、生物技术公司、地产公司、自动识别技术公司等十几家分公司和子公司。

作为一家极富有创新性的价值成长型企业，新大陆凭借市场导向的"科技成果快速商品化"能力和依托中国台湾产业资源优势的产业化能力，通过长期积

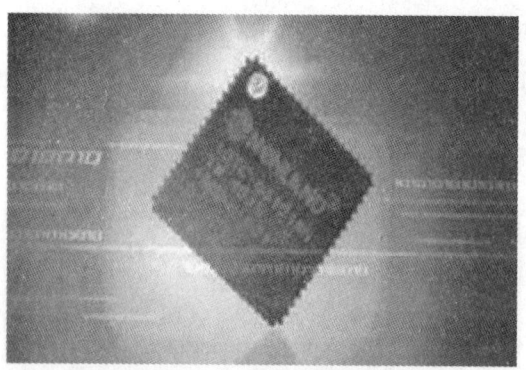

图 4-2 新大陆二维码芯片

累,构建了企业的竞争优势和核心竞争力。创办至今,新大陆科技集团开发并拥有自主知识产权的产品和技术达 500 多项(其中软件产品 80 余项),科研成果的转化率超过 80%,并且先后有 100 多项创新项目获得国家及省各类科技专项的立项。集团现有 700 多项国家专利和 10 多项美国及欧洲专利。同时,新大陆依靠先进的技术和行业应用创新,作为战略伙伴参与国民经济相关行业的产业升级与技术发展,通过与客户的共同研发,为客户创造价值并实现共赢,由此服务于国民经济,造福于百姓,推动中国经济和环境的可持续发展。

二、经营运作

2013 年,新大陆围绕以物联网为核心的发展战略,聚焦智慧生活、智慧监管等重点应用方向,持续提升研发水平,积极挖掘细分市场和开拓新兴市场,充分发挥自身优势,整合产业资源,使公司综合实力稳步增长。截至 2013 年 12 月 31 日,新大陆总资产达到 36.94 亿元,当年实现营业收入 18.59 亿元。新大陆具体经营情况如下:

(1)信息识别技术和产品领域。条码识读芯片和引擎技术得到进一步优化,全码制二维码解码芯片研发成功并开始逐步批量应用于产品。2013 年,公司持续加大在条码识读芯片、引擎技术方面的投入,产品系列得到丰富和完善,知识产权工作取得积极成果,国家级条码识别技术实验室投入使用,公司在该领域的核心技术、市场竞争力得到进一步提升,为迎接国家产业升级奠定了良好的基础。

(2)物联网行业应用和运营服务领域。新大陆密切关注和跟进国家政策和行业发展的新趋势,持续投入,不断创新,进一步巩固了在食品安全等领域的优势地位。在肉菜溯源业务方面,面对激烈的竞争,公司在以往商务部肉菜流通追溯项目和农业部动物标识及疫病追溯体系项目等优势业务上继续深耕细作,积极应对市场激烈竞争,陆续取得了商务部 2012 年全国肉类蔬菜流通追溯项目、浙江省动物疫病可追溯体系建设与维护项目等,使得公司在该领域持续保持领先优势。同时,新大陆还在智能社区、智能物流等其他物联网行业应用和运营服务领域积极探索,为培育新的利润增长点奠定基础。

(3)电子支付领域。2013 年,金融 POS(见图 4-3)销售量实现近 60 万台,同比增长超过 40%。公司多年精心布局的多足鼎立的业务格局开始显现效果,在银联及大银行、中小银行、第三方支付等客户市场均取得较好的拓展,新兴支付产品(如 iPos)的业务开始形成新的增长点。公司成为国内第三方支付细分市场内最大的 POS 供应商,与国内第三方支付知名企业形成了紧密的合作关系。2012 年,公司电子支付业务的海外拓展迈出实质性步伐,与 Spire 公司形成了战略合作。2013 年,公司与 Spire 公司形成的战略合作进入批量供货阶段。

图 4-3 金融 POS

(4)物联网信息智能处理领域。公司持续聚焦移动通信信息化和交通公路信息化两大重点领域，不断提升项目管理水平，巩固优势区域的市场地位。在移动通信业务支撑服务方面，公司 2013 年在云计算、大数据的投入方面取得突破性成果，同移动运营商达成数个大数据项目中心合作项目和大数据应用专题项目，为公司进一步掌握云计算、大数据、移动互联网技术并发展产业互联网业务奠定了良好的基础。同时，公司利用在移动通信业务支撑服务方面的技术优势，还在虚拟运营商、广电相关业务进行了积极开拓和尝试。在高速公路信息化方面，2012 年公司的业务规模得到较大幅度的提升，提前实现了"核心业务的营业规模进入全国前三甲"的目标。另外，在高速公路的机电工程以及信息化建设方面，公司的技术和服务日渐成熟，获得了业主的广泛认可，同时亦为同行业企业所认同和尊重。在巩固高速公路机电工程领域优势地位的基础上，为成为"综合交通智能化解决方案提供商"，公司在车联网、城市智能交通管理、轨道交通机电系统等新业务的拓展上，积极投入，取得了一定成效。

经过十多年的发展，新大陆 2013 年实现营业收入 18.59 亿元，比 2012 年同期增长 38.21%，净利润为 2.2 亿元，比 2012 年同期增长 174.61%。近年来，由于受外在环境的影响，新大陆的营业收入也出现过大起大落的波动态势。2007~2009 年，营业收入由 8.6 亿元上升到 11.33 亿元，可 2010 年就直接跌入谷底，达到创纪录的 8.17 亿元，跌幅为 27.88%，后来又开始反弹，至 2012 年回升到 13.46 亿元，增幅为 38.04%。虽然营业收入变动较大，但净利润却保持相对稳定的状态。具体如图 4-4 所示。

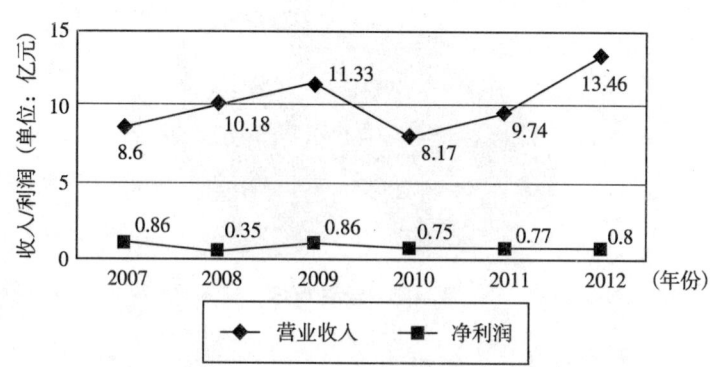

图 4-4　新大陆 2007~2012 年营业收入与净利润变动

2008年，全球性的金融危机尽管对经济发展造成了很大的威胁，但是新大陆凭借着自身的资源优势，还是很快地实现了经济的快速稳定增长。2010年，物联网产业作为新兴的具有巨大发展潜力的行业被纳入国家发展规划，"十二五"规划明确提出，要发展宽带、融合、安全的下一代国家基础设施，推进物联网的应用。新大陆公司紧抓这一历史机遇，继续加强在二维码技术方面的研究，重新在全国物联网行业中定位自己，寻求发展。2010年虽有经济发展的低潮出现，但是截至2012年，新大陆经济迅速回潮，继续保持良好发展态势。截至2013年12月31日，新大陆总资产达到36.94亿元，比2012年同期增长23.81%；营业收入达到18.59亿元，比2012年同期增长38.21%；净利润为2.2亿元，比2012年同期增长174.61%。可见，新大陆实现了稳定增长，且净利润出现爆发增长。

第二节　新大陆：全面布局物联网应用

互联网、移动通信、感知识别技术的飞速发展为物联网产业创新赢得了重要契机。新大陆是中国物联网产业的探索者与先行者，自1999年起致力于条码技术研究，经过十几年的持续创新，成为国内唯一的二维码引擎产品提供商。新大陆推出了电子凭证商业模式和动物疫病追溯、食品安全溯源等典型物联网应用，业已形成包括人才教育、核心技术与产品、行业应用与商业模式创新、产业基金在内，多位一体的物联网"全价值链"发展模式，是业界与资本市场公认的物联网龙头企业。

在物联网成为企业核心发展产业之前，新大陆的经营同时涉及多个领域，显得杂乱无序，业绩此起彼伏。直到2009年，核心技术主导的业务终于走上盈利之路，开始出现业绩拐点。进入2010年，新大陆进行业务缩编，砍掉旁支业务，集中精力于主流的物联网业务。新大陆抓住物联网发展带来的机遇，进行缜密的布局，业务主线越来越清晰，主要体现在如下几大领域：

（1）二维码自动识别技术。从以RFID技术为辅助的物联网产业入口端的设备供应商，到方案应用与解决的供应商以及后续相关的服务商，这是一个很长的设备供应与服务链，在这项业务中，设备供应是一次盈利点，方案应用与解决和后续相关的服务是二次乃至三次盈利点。这一业务具有技术垄断性质，主要是以即将诞生的二维码芯片为核心产品，这个芯片相比国外同类产品，具有识读速度快20倍但成本反而大大降低的特性，属于世界首创，并且是和中国台湾大型电子企业联手，具有特别的意义，国内没有竞争对手，安全壁垒非常高，而同时应用产业的范围又极广，因此这个产品的推出，对新大陆而言，算是一次蝶变。二维码编码的生成是很容易的，个人借助电脑都可以实现，难的是识读，而高兼容性的、高破损率的、高速度的识读是这个行业的王道，新大陆把这个技术实现芯片化，走在世界前列，也远远走在国内企业的前面。

（2）溯源系统。本质上，这是二维码和RFID技术的实际商业化应用。几年前和农业部合作形成的生猪溯源体系，几乎就是新大陆首创的一个新的商业模式，现在已经过了探索期进入了盈利阶段，并成为其核心业务的重要组成。2012年，公司募集资金的大部分也是投向这个体系，溯源也已经从大型牲畜，向冷链、物流配送、牲畜屠宰到超市等全产业链延伸，最近又涉及食品蔬菜溯源（见图4-5），未来还可能扩展到药品管理溯源。在这个业务体系里，生产、运输到销售的全部环节都给予了智能化的管理，是一个发展空间巨大而又在实践中占尽先机的业务。在这个业务中，新大陆的盈利来源即相关设备销售和具体智能化管理的软件服务，更重要的是，这个体系将会派生一个庞大的数据库，成为整个智能化管理和未来信息查询的重要核心，这又是一个多次盈利的商业模式，而且这个构架具有很强的排他性，占据多项重要资源，竞争对手很难突破，是一条很深的护城河，并且越深入，越有垄断优势。

溯源项目是新大陆自主创新的物联网商业模式，目前猪牛羊等大牲畜溯源体系已经建立，其中以二维码技术为主，RFID技术为辅，两者都有一定的应用；溯源项目的市场占有率稳获70%，并且已经开始盈利，保持了50%左右的较高毛利率。溯源体系对中国乃至世界都是一个很新的商业体系，发展空间巨大，有很强烈的现实需求，而且国外开展的也不够成熟，因此一旦此业务运作进入到成熟

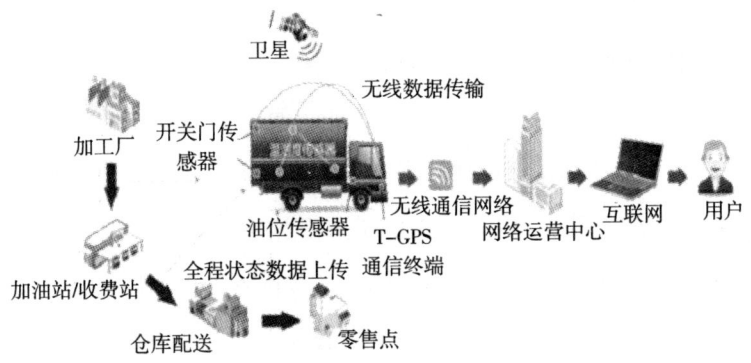

图 4-5 新大陆的食品溯源系统

期,其推广空间不会仅局限于中国,完全有能力和实力走向世界。在过去的几年间,新大陆已经把企业的触角伸向世界各地,在美洲、欧洲和中国台湾都分别建立了分公司,并且也拿到了来自不同国家的订单。可以说,在走出国门、立足世界方面,新大陆是领先国内多家同行企业的。

(3) 电子回执系统(见图 4-6)。电子回执系统是手机支付的重要分支。可以这样说,未来谁搭上了智能手机,谁就搭上了火箭。随着手机普及率的持续提升和无线通信技术的跳跃式发展,一个更为庞大的移动终端时代拉开了序幕。现如今,以智能手机为代表的移动终端的社会拥有量达 100 亿台,当然这个数字还包括 MP3/平板电脑/GPS/KINDLE 等,足见我们面对的未来时代是一个何等规模的移动网络平台。

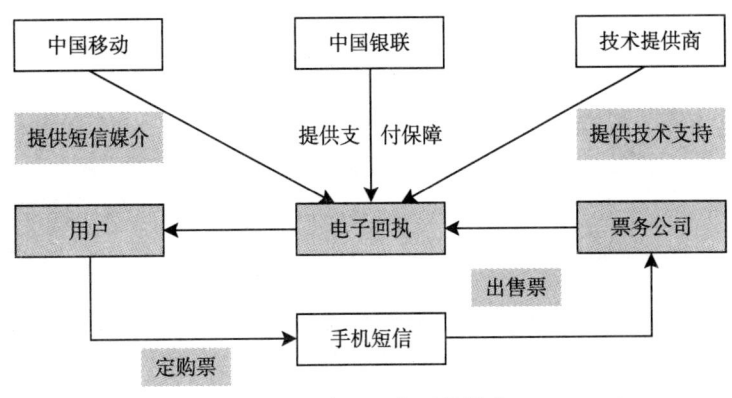

图 4-6 电子回执系统模式

在这个巨大的平台上,二维码有着其特别的优势,尤其是新大陆的电子回执系统,在各种电子支付方案中是唯一具备安全闭环交易功能的一个系统,使得电子交易也能够和实体交易一样具有交易凭证,便于交易双方的查证、留底和记录,保证各方利益。特别是在替代票证类支付体系的环节上,其功能的全息性几乎是唯一的,如火车票,一张二维码电子票发到手机上即可替代传统的纸质车票,这个凭证在上车前用手机刷识读机即可,购票者再也不需要受排队之苦,也没有了票贩子的活路,同时,每年节约下来的纸张大大减轻了环保的压力。可以说,所有的票证类支付,电子回执都是最好的电子化解决方案,因为其完整性和安全性是非常突出的。

电子回执应用范围非常广,如电信行业、金融行业、文化演出行业、餐饮行业、百货行业、石化行业、旅游行业、航空行业等。例如,与新大陆合作的南方航空,旅客无须托运行李时,可以提前在网上订好航班并选好座位,马上就会收到一条二维码短信。旅客到达机场时,无须提前排队换登机牌,可直接用手机在登机口的识读机上刷一下就可登机。如今,国外很多人都是用手机识读后登机,现在我国部分航空公司也在试用,将来在所有航空公司都会普及。还有银行及手机的积分换购、电影票、旅游景点的门票、麦当劳的用餐券都可以在网上提前订购,用二维码短信代替纸质票据使用。电子回执已经在改变着人们的生活方式和消费模式(见图4-7)。

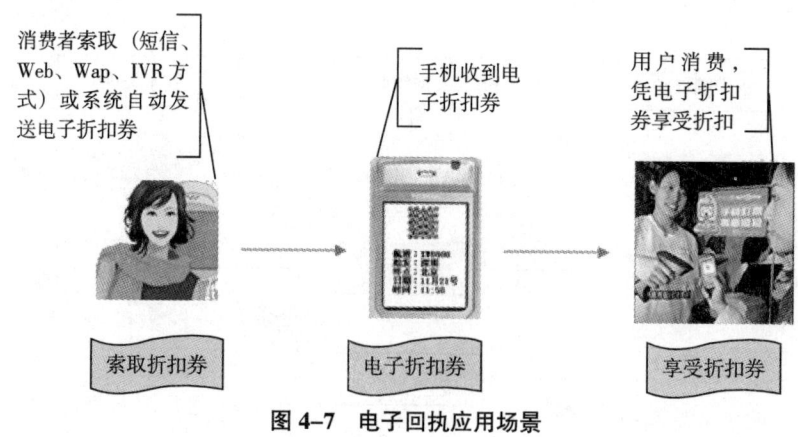

图4-7 电子回执应用场景

在这个业务环节上,新大陆的盈利模式是,完成一次回执交易需要移动信息传输商、货币支付服务商和电子回执交易体系服务商三方合作才能完成,所以当一个二维码电子票完成交易后,新大陆既可以与移动分成,又可以与商家分成,还可以与银联分成,这又是一个多层次获益的商业模式,这种互联的合作关系使得多方之间合作粘性很强。目前,银联正很有野心地在海外布点,似乎要和VISA 与 MASTER 一决高下,所以若银联业务规模扩张,那么其与新大陆合作的电子优惠券也会随之扩张,这个构架让新大陆跳出了设备制造商的角色,不再是一次性的销售,而是参与客户在物联概念中的每一次运作,且每次运作,新大陆都能获利。

(4)智能交通应用。新大陆在全国率先实现省域高速公路一卡通统一联网收费系统。新大陆智能交通解决方案覆盖高速公路、城市轨道交通与城市交通系统机电信息化,自主开发的智能交通统一收费软件系统、监控与通信系统、OA系统、统一数据中心和综合业务应用平台等产品在国内高速公路等交通领域得到广泛应用,并在福建省高速公路系统参与了全国首次机电工程标准示范项目。

当然,新大陆的智能交通方面还少不了"车联网"这一概念。在 2012 年 6 月举行的"第九届中国·海峡项目成果交易会"上,新大陆车联网项目既是新大陆展位上最大的亮点,也是整个展会上的一大热点,激起了官员、专家、媒体、百姓等社会各界人士的极大兴趣。车联网是由新大陆通信公司大力推出的新兴业务,是物联网应用的一个组成部分,也是物联网时代智能交通、智能城市的重要内容。"车联天下,网联交通",新大陆展现了"车联网"应用的整体解决方案:独特的公交车造型表达"智能公交系统"应用,通过新大陆 2G GPS 行驶记录仪车载终端、3G 视频车载终端,生动展示"智能公交系统"实时视频数据回传、车辆行驶状态、客流数据、智能调度系统,通过手机查询车辆信息、车内视频;通过触动报站器体验电子导乘系统;通过 3G 视频实时展示等(见图 4-8)。

新大陆的车联网可给公交公司提供 GPS 公交智能调度系统,可给公务用车提供"科技、管理、服务"三位一体的管理模式,通过智能系统灵活调度,配上实时监控画面,管理中心的调度人员就能实时知晓每部公交车的运行时间、运行位

图 4-8　车联网应用场景

置。如果公交车堵在路上，调度员可根据路况调整发车间隔，减少乘车市民的等候时间。对公交运营单位来说，车联网实现了从单纯人工调度到智能化动态监控、实时调度的飞跃。而对于普通大众而言，车联网将带给大家极大的乘车便利，真正达到"人车合一"的境界——通过公交站台上的电子显示屏，你要坐哪路车、现在距离你还有几站、何时到站等都一清二楚，甚至可以足不出户，通过电脑网络查知某部车几点几分到站，从容选定出门时间。车联网使在城市生活的老百姓能掌握公交行驶的实时情况，对提高现有城市公共交通的服务质量、缓解城市交通拥堵、减轻交通管理、道路建设压力能起到积极的推动作用。

　　通过对上述新大陆业务的分析，可以看到，这是一个很有准备的、很有积累的企业，其以物联网技术为核心，拓展自主商业模式，搭建了一个较完美的商业架构，布局很深，市场应用的广度和深度巨大，更重要的是其每一项主营业务的盈利面都是多层次的，是一个 24 小时都能赚钱的商业架构。

第三节　新大陆物联网商业模式创新路径分析

一、致力于二维码技术研发与行业应用

物联网于 2009 年 11 月被列入战略性新兴产业，于 2010 年 3 月被写入政府

工作报告。2010年10月国务院发布的《关于加快培育和发展战略性新兴产业的决定》明确指出要促进物联网的研发和示范应用。在物联网日趋发展炙热的背景下，新大陆积极顺应潮流，在物联网这个大海里直挂云帆，准确定位并进行战略选择。

物联网主要是通过装置在各类物体上的射频技术、传感器、二维码等，经过接口与无线网络相连，从而给物体赋予"智能"，可实现人与物体的沟通和对话，也可实现物体与物体之间的沟通与对话。物联网中非常重要的是自动识别技术，而自动识别技术中有一种很重要的条码识别技术——二维条码。而由新大陆集团控股设立的福建新大陆中安电子技术有限公司，是一家专门致力于二维码技术应用研究和设备开发的企业，在国内同行中处于领先地位，现在已开发出了具有自主知识产权的二维码编码软件和二维码识读设备系列，包括二维码掌上多功能识读器、台式识读器、手持式识读器。同时开发出适应各行业的二维码应用系统集成，包括暂住证管理系统、银行应用系统、车辆管理系统、海关税务申报系统、医药管理系统、物流管理系统、商品防伪系统，为用户提供了实际应用的良好选择。

同时新大陆公司二维码编码组码核心技术研制开发成功，极大地增强了公司二维码编识读方面的实力。该项技术使得公司能够根据用户需求定义具有高度防伪的二维码制，处于国际领先水平。新大陆拥有具备自主知识产权的二维码编码软件和二维码识读设备，能够大幅度降低生产成本。并且新大陆二维码多年在相关行业中的广泛应用也成为公司巨大的财富。

根据新大陆公司以往在相关行业的经验，在某些行业使用特殊定制的二维码制，可以具有极高的防伪效果。这是由于二维码是采用数学形式来存储信息的一种有效防伪技术，其特有的图形表达方式，以及安全可靠的加密技术，可以对相关信息进行编码，并根据需要进行加密印制在票据的特定位置，从而达到对票据防伪的目的。新大陆相较于其他厂商而言，有难以超越的优势，具体如表4-1所示。

表 4-1 新大陆中安公司与其他条码公司的比较

项目	其他条码公司	新大陆中安公司
专业性	新介入条码行业；非专业从事；多为代理国外产品	长期从事条码技术研发、生产，在高难度的二维码技术上卓有成效
行业经验	不拥有行业经验或仅在一两个行业内应用	已开发在多个行业应用的系统：暂住证管理系统、银行应用系统、车辆管理系统、海关税务申报系统、医药管理系统、物流管理系统、商品防伪系统
知识产权	不拥有，买国外软、硬件	拥有具备自主知识产权的二维码编码软件和识读设备系列，处于国际领先水平
软件核心编码技术	掌握在国外上游厂商手中	拥有自主编码技术，可实现特殊定制的二维码在生成时的内层加密，具有极高的防伪效果
硬件核心	套用国外芯片	拥有核心电路
成本	专利费、代理费使成本居高不下	专业研发生产，成本低廉
产品适应性	主要为一维码，少数有二维码	涵盖各种主要的一维码和二维码，如 EAN-13 码、ISSN 码、PDF417 码、QR Code 码等

二维码应用范围如此广泛，以及新大陆在二维码领域拥有的明显优势，使得新大陆从原有的商业模式向物联网商业模式转变，并且取得了骄人的成绩。

二、物联网资源整合

1. 发起成立物联网基金，支持物联网技术开发

新大陆在发展物联网商业模式的同时，需要获得更多的资金来推动物联网技术的研发，特别是推动二维码技术的广泛快速发展。为了支持和加快物联网产业相关企业的创新和发展，2011年12月，新大陆发起成立全国第一个含国家财政出资的"福建永益物联网产业创业投资有限公司"物联网基金，用于投资国内物联网领域相关新技术、新商业运营模式中具备高速成长潜力、具有持续稳定盈利能力的创新型企业。

福建永益物联网基金是中国第一家由政府出资，由物联网先行企业——新大陆发起成立的物联网基金。该基金首期规模为 2.5 亿元，由国家财政部出资 5000 万元，福建省政府出资 5000 万元，其余以新大陆电脑股份有限公司为主并吸收其他社会资本共同出资。该基金有新大陆的物联网产业基础，又获得国家财政引导资金投入，愿意在公司治理、战略规划、行业整合、财务规范和税务筹划、银

行融资、业务关系拓展、项目申报和企业上市等各方面给所投资企业提供尽可能的帮助和支持。该基金属于物联网产业股权投资基金，将在物联网领域以先进技术企业为投资标的，进行系列产业整合和并购重组，旨在发掘培育中国物联网的未来巨人企业，推进物联网产业化进程。

对此，新大陆董事长胡钢认为，该基金有三个主要特点：第一，"根正苗红"：基金有新大陆的物联网产业基础，又获得国家财政引导资金投入。活水源头，来路清正。第二，"雪中送炭"：除了投资外，基金愿意在公司治理、战略规划、行业整合、财务规范和税务筹划、银行融资、业务关系拓展、项目申报和企业上市等各方面给所投资企业提供尽可能的帮助和支持。第三，"专注执着"：实现三个"60%以上"，即60%以上的投资要落在福建省内的企业，60%以上的投资要落在物联网行业相关的企业，60%以上的投资要落在早中期企业。基金专注于所了解的行业，并愿意做中长期的投资。

2. 行业积累

除了物联网基金的积累之外，新大陆还通过在高速公路信息化方面的竞标活动进行资本积累。2012年3月，公司分别中标以下三个项目：一是宁武高速公路（南平段）机电工程沿线供配电及隧道通风、照明、消防供货与安装ED3标段。中标总价款为人民币55161663元，项目计划工期为395日历天。二是宁武高速公路（南平段）机电工程监控、收费、通信系统E1标段。中标总价款为人民币75196538元，项目计划工期为395日历天。三是南安（金淘）至厦门高速公路泉州段交通机电工程监控、收费、通信系统供货与安装合同（E合同段）。中标总价款为人民币59598166元，项目计划工期为12个月。上述项目合计中标金额为189956367元，约占公司2012年度主营业务收入的23.28%，将对公司高速公路信息化业务的进一步拓展具有积极意义，也将对公司业绩产生积极的影响。

而在肉菜溯源方面，新大陆的经验积累也很丰富。新大陆早在2004年就致力于物联互通、追根溯源，先后承担了北京奥运食品安全项目"进京动物及产品卫生监督网络管理软件系统"、农业部动物标识及疫病可追溯体系建设，建成了多个省市级数据库系统平台。福建、浙江等多个省份实施了"放心肉流通追溯体系建设"项目。新大陆"移动式追溯信息读写器"为福建名牌产品，屠宰加工过程中动物产品追溯方法（ZL200810071664.1）获福建省2011年专利三等奖，这是目前国内同一领域具有里程碑意义的一份溯源专利。

而在竞争激烈的仓储管理这一领域，新大陆也取得了不菲的成绩。例如，在2012年6月，新大陆与武汉中百集团总部签署了战略合作协议。新大陆将向武汉中百集团旗下仓储、便民超市等实体提供手持终端（PDA）、扫描枪等自动识别设备及仓储物流方面先进的解决方案。可实现对仓库的到货检验、入库、出库、调拨、库存盘点等各个作业环节的自动化数据采集，保证数据输入的效率和准确性，确保企业及时准确地掌握库存的真实数据，合理保持和控制库存。

3. 物联网教育资源

2011年11月，全国首家校企合作物联网学院——"福州大学新大陆物联网学院"成立。新大陆物联网教育应用是从对物联网行业的深刻理解出发，结合我国高校人才培养模式，面向物联网产业人才培养，高起点、立体化、多层次的物联网产业人才培养合作平台。学院推出了物联网专业课程开发、师资培养、学生实训、人才就业等一系列完整的人才培养方案，并将积极参与物联网行业教学标准的制订、参与国家教指委物联网教材的编写。

在教育应用这一领域，新大陆还推出了"实训基地建设解决方案"。物联网专业实训基地在物联网的识别、感知、通信传输、组网技术和数据分析上，以及物联网整个产业链上，以专业建设、人才培养规范、物联网核心课程、学生实训为目标，建立了一个完整的、基础的实训架构体系。通过物联网专业所涵盖的基础课程和专业课程的学习和培训，解决了学生培养和定位的问题。新大陆教育公司将新大陆集团多年成功的商业模式及成熟的行业应用，如食品安全溯源、车联网系统、智能家居、智慧农业等转化为典型的业务场景用于支撑物联网行业应用实训，使学生在实训的同时了解、融入真实行业产业应用，解决应用和就业层面的问题。

三、新大陆的价值创造

物联网的快速发展，改变着我们周围的世界。新大陆二维码技术的应用，更是将整个世界都联系在了一起。新大陆通过物联网的商业模式及二维码技术的应用，为公司带来了巨大的价值创造，这些价值创造主要体现在以下方面：

1. 提升自身价值

新大陆从原有商业模式到物联网商业模式的转变，极大地提升了企业的自身价值。二维码技术的广泛运用，使得新大陆的发展领域变得更加宽广。从自动识别技术到溯源系统到电子回执系统，新大陆明确了自己的战略定位，在多年的发展中保持利润不断增长的态势，实现企业价值的不断增长。从新大陆 2012 年度的报告可以看出，在报告期内，公司实现营业收入 13.5 亿元，比 2011 年同期增长 38.04%；实现营业利润 6694 万元，净利润 8023 万元，比 2011 年同期增长 44.98%。不仅企业的经济价值在增长，员工价值也在不断增加。新大陆强调人力资本是企业发展的第一资源，通过对人力资本的大量投入和开发，可以实现人力资本的增值，从而保障企业不断创新，并获得可持续发展。新大陆以公开招聘、全面考核、择优录取为原则，从学识、品德、能力、经验、符合岗位要求等方面进行全面审核，精心选拔各类优秀人才。新大陆强调给予员工平等的事业机会和平台，而不唯学历和资历，努力做到人尽其才。同时不断改善员工的薪酬福利和工作环境，给员工提供丰富的培训、教育机会，并通过人才激励机制和办法，激发员工潜能，以取得更大的进步。

2. 提升客户价值

应用是行业信息化的动力。新大陆通过向客户提供完整解决方案而和客户一起成长。目前，新大陆已经初步构建了以金融、通信、高速公路、电子政府为主的行业 IT 服务体系，在这几大行业中，新大陆具备了提供部分硬件、软件和系统集成的能力，并以此为基础进一步向服务拓展。

在通信方面，新大陆立足于移动通信行业，以 BOSS/NMS/BI 为三大软件平台，为运营商提供移动通信支撑网全套解决方案。新大陆承接了福建、江苏移动通信 BOSS 系统，其中，江苏移动是亚洲最大的 BOSS 系统；在联通 GSM/CDMA 网管方面，公司承接了福建、浙江、新疆、宁夏、内蒙古、深圳等地的系统；公司的移动通信测试系统属国内外领先水平，占有中国移动 24 个省，中国联通 12 个省的市场；其商业智能系统也处于国内领先水平。

在高速公路方面，新大陆提供高速公路机电工程（收费、监控、通信）综合解决方案，特别是全省联网收费，其解决方案属国内领先水平，承接了福建省大多数的高速公路机电工程项目，并且使福建省高速公路的联网收费建设和管理走在全国的前列。其高速公路联网收费系统解决方案，实现了高速公路计重收费系统、高速公路入口无人发卡、多义性路径车辆费额征收结算、高速公路数字硬盘稽查等功能。

在电子政务方面，新大陆提供政府部门和相关企事业单位的政务信息化综合解决方案，承接了众多政府部门的政务信息化项目，包括国家公安部、国家文物局、中国建设银行总行、"数字福建"的众多骨干工程（如福建省政务信息网络工程、福建省级政府公众信息服务平台等）和"数字高速公路工程"。

在金融方面，新大陆为银行开发了各种应用软件，取得了很好的效果。翼码旺财是新大陆在金融行业应用中较为成功的例子，其具有两大特点：便捷组织消费者互动营销活动和快速搭建积分兑换体系。例如，北京银行凝彩卡 9 元看电影活动。消费者刷卡消费满 188 元后，即可登陆客户企业官网参加北京银行信用卡活动，获赠一个条码，该条码可以每周五在指定合作伙伴单位使用。

又如，平安银行的万里通积分应用。客户登录平安积分兑换网，兑换相应产品，兑换成功后，通过接口将数据送往翼码系统，翼码系统下发条码至客户手机，客户凭条码至指定商家验证，领取相应产品（见图 4-9）。

可以说，应用无止境。新大陆扛着"集成与服务"大旗，正在走向下一个辉煌。

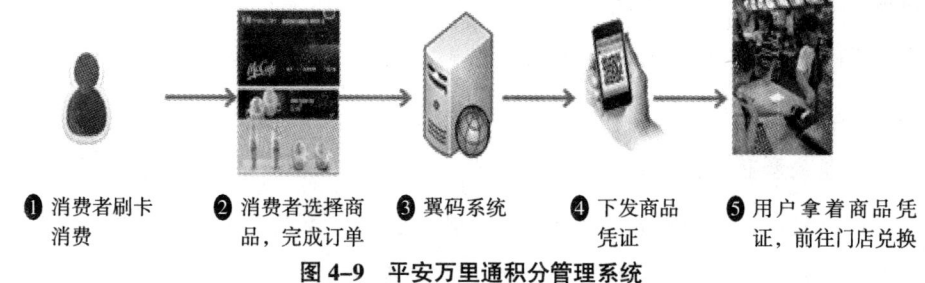

❶ 消费者刷卡消费　❷ 消费者选择商品，完成订单　❸ 翼码系统　❹ 下发商品凭证　❺ 用户拿着商品凭证，前往门店兑换

图 4-9　平安万里通积分管理系统

第四节　新大陆的启示

物联网这一概念自提出以来得到了飞速发展，从"感知中国"概念的提出到"十二五"规划将物联网发展列入其中，我们都可以看出国家对物联网发展的决心。对于能够抓住机遇的企业来说，物联网是一个千载难逢的发展契机。新大陆及时抓住了这一机遇，积极进行物联网商业模式的创新，并根据自身所掌握的二维码技术，在信息技术、生物环保和通信科技三个领域充分发挥了优势。从新大陆的发展中我们可以看到，顺应时代潮流并很好地利用自身掌握的资源优势进行战略定位，对一个企业的成功发展有着不可估量的作用。新大陆的发展也为依旧在发展道路上的企业带来了引人深思的启示。

1. 明确的物联网发展战略

公司以物联网为核心的发展战略日渐清晰，随着公司技术和业务的不断发展，公司作为物联网龙头企业的形象得到了国家、地方政府、资本市场与社会各界的认可。企业做大做强靠的不仅仅是实力，还要有明确的战略定位和长期的发展规划。在发展的过程中首先要制定自己的各种长期和短期目标，在整体向前发展的过程中根据出现的实际情况，进行战略上的调整和改进，注重分析外部环境和内部环境对企业发展产生的影响，并且学会运用各种战略分析方法对企业的发展过程进行详细的分析。从最初只是简单地定位于通信产业到后来的物联网、"三网"融合的信息技术、通信、生物环保,新大陆积极根据时代的发展和企业自身的技术进行明确的战略定位,为企业的发展带来了巨大的成功。

2. 完整的物联网产业链能力

公司依靠自主创新形成了产业核心技术、行业专家与产业竞争优势,在物联网的信息识别、信息传输、信息智能处理等产业链中,均具备突出的技术、产品或服务能力,在物联网应用推进和商业模式创新方面,公司充分发挥技术和行业的交叉优势,先后推出和实施了食品安全、电子凭证等多项新商业模式,具备较强的物联网应用解决方案综合能力。所以,在顺应物联网发展的浪潮中,拥有完整的物联网产业链能力是企业实现高速发展的必要条件。

3. 积极实行人才战略

高素质的人才队伍和完善的人才机制是企业发展的智力保障。现阶段产品和服务同质化趋势不断加强,要想实现企业的成功转型,在众多同质企业中脱颖而出,高效率的人才队伍便是必不可少的条件。物流网发展如此迅速,新技术的出现也要求员工的素质不断提高,掌握跟物联网发展息息相关的先进技术成为了对人才培养的新要求。要想在物联网的发展洪流中站稳脚跟,企业必须增强人才的物联网知识拥有能力和运用能力。

4. 稳定、持续的关键行业客户战略合作关系

新大陆长期坚持面向行业应用,与移动通信、金融、税务、高速公路、政府部门等关键行业客户形成了稳定、长期而持续的战略合作关系,公司的技术和服务能力得到了高度认可,保证了公司业务的未来持续性。新大陆所拥有的技术及产品在各方面都有广泛的应用,并且跟移动通信等的合作为二维码的更好应用带来了机会和条件。二维码在物联网商业模式中占据着举足轻重的位置,选择合适的合作伙伴,将二维码技术运用到更多的领域,为企业在物联网发展的形势下带来了不可估量的发展前途。

第五章　厦门信达:"一体两翼"的产业架构

厦门信达:物联网 RFID 技术提供商

厦门信达主要从事物联网业务,专注于物联网 RFID 领域系列产品的研发、制造,目前已形成以电子信息产业为主体,以外贸、房地产开发为两翼的"一体两翼"的产业架构。厦门信达以利用物联网技术提升人类生活品质为使命,以"诚信、创新、服务"为核心价值观,努力成为中国最优秀的物联网 RFID 技术提供商。

2013年，物联网产业进入快速发展时期。厦门信达紧抓这一机遇，从"十二五"规划的整体布局出发，以公司核心业务——电子标签（RFID）业务为切入点，深入发掘市场发展潜力，在物联网发展的大潮中，屹立于世界先进行列。厦门信达从事物联网业务由来已久，集团于 2005 年成立了厦门信达物联科技有限公司，主要从事物联网业务，专注于物联网 RFID 领域系列产品的研发、制造，拥有丰富的行业应用经验和各类专业人才。

第一节　公司介绍

厦门信达股份有限公司成立于 1984 年。厦门信达股票于 1997 年初在深圳证券交易所上市（股票代码：000701），总股本为 24025 万股，是全国有影响的 IT 产业股。公司自成立以来一直致力于发展信息产业，以信息技术开发、信息服务和光电制造为核心，同时经营国内外贸易、房地产开发。到目前为止，厦门信达已形成了以电子信息产业为主体，以外贸、房地产开发为两翼的"一体两翼"的产业架构，并逐步成长为以信息产业为核心的大型高新技术企业集团。近年来，厦门信达还确立了公司的发展战略，即在做好商贸、房地产业务的同时，着重发展电子信息产业，不断提升电子信息产品的科技含量，扩大产品的市场占有率，加强品牌建设，提高核心竞争力，致力于成为信息产业的优质上市公司。

一、公司基本情况

厦门信达主要有三大主业，即电子信息产业、外贸业务及商业零售、房地产业务，目前已形成了以电子信息产业为主体，以外贸、房地产开发为两翼的"一体两翼"的产业架构。其中，电子信息产业是厦门信达的重要产业，而在电子信息产业中，厦门信达主要有两块业务，一块是光电业务，另一块则是电子标签业务。厦门信达电子信息产业已形成了以超高亮度LED封装、应用研发与生产，电子元器件、电子标签研发与生产，应用软件开发等为主要支柱的产业架构。厦门信达旗下的信达光电科技有限公司，主要从事建立超高亮度LED封装、应用研发与产业化基地。不仅如此，厦门信达还于2005年投资成立信达物联科技有限公司，注册资本5000万元。该公司从国外引进第一条倒贴式电子标签生产线，可生产高频电子标签。另外，厦门信达电子公司与EPCOS（中国）投资有限公司合作，利用EPCOS的品牌和技术优势发展电子元件业务。

信达外贸进出口额居厦门进出口企业"百强"、福建省外贸企业"百强"并多次入选"中国外贸企业500强"。厦门市信达汽车投资有限公司（简称信达汽车集团）成立于2013年4月，是厦门信达股份有限公司全资子公司，注册资金5500万元。信达汽车集团定位于发展成为中高端和豪华车4S店的经销商集团。信达汽车坚持代理中高档品牌汽车的经营定位，如宝马、丰田、本田、福特、克莱斯勒等，将打造成海西地区知名汽车代理商。信达房地产是厦门特区较早进入房地产业务的开发商，信达房地产业务立足厦门，坚持二三线城市的开发定位，建立了较为规范有效的总部管理体制。信达房地产重视上市公司的企业品牌，诚信为本，精心经营，将打造成有影响力的区域性房地产开发商。此外，厦门信达股份公司连续入选"中国服务业企业500强"，获国家工商总局授予的"全国守合同重信用企业"称号，并荣获福建省企业知名字号，公司注册商标成为福建省、厦门市著名商标。

经过十多年的发展，公司的发展战略也几经调整，业务也随之变化。在这些变化中，公司的整体框架基本形成，如图5-1所示。而从现有的人力资源来看，目前，公司在册各类员工总数为2000人左右。按专业构成划分，生产人员占41%，销售人员占21%，技术人员仅占员工总数的15%；按学历构成划分，高中及以下占员工人数的51%，硕士及以上仅为1%。可以说，厦门信达无论在人员专业构成上还是人员学历构成上，技术人才与高学历人才所占比重都偏低，值得今后予以关注。

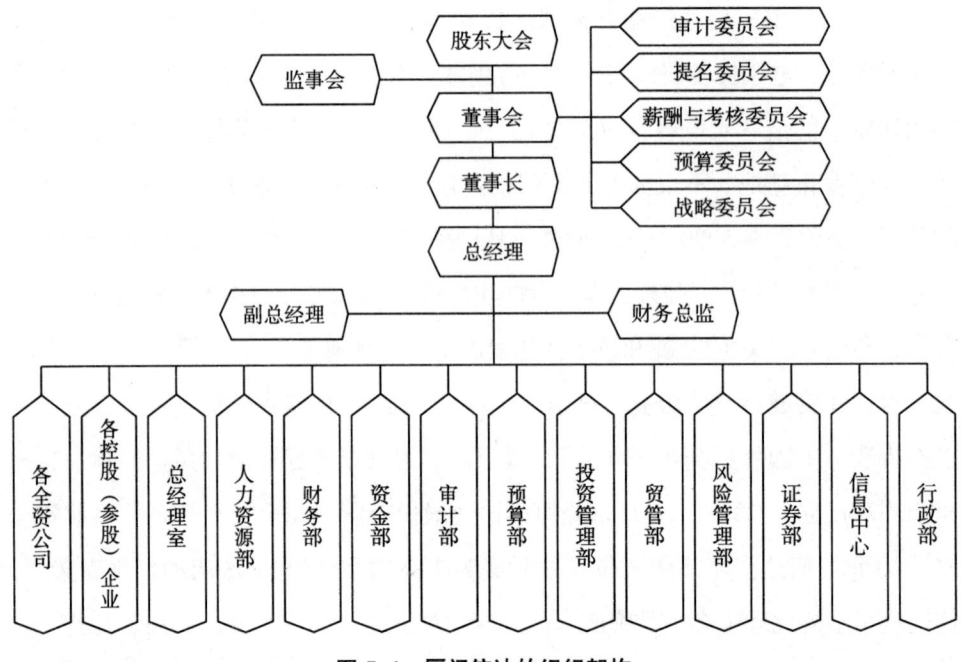

图 5-1 厦门信达的组织架构

二、经营运作

2013年,宏观经济总体趋于稳定,厦门信达明确产业发展方向,调整产业布局,加强内部控制建设,实现平稳发展。截至 2013 年 12 月 31 日,公司总资产达到 84.64 亿元,比 2012 年同期增长 56.33%;营业收入达到 256.49 亿元,比 2012 年同期增长 46.36%;净利润为 2.42 亿元,比 2012 年同期增长 210.07%。近年来,厦门信达经营可谓蒸蒸日上,每年的营业收入和净利润都在稳步上升。厦门信达 2007~2012 年的具体经营情况如图 5-2 所示。

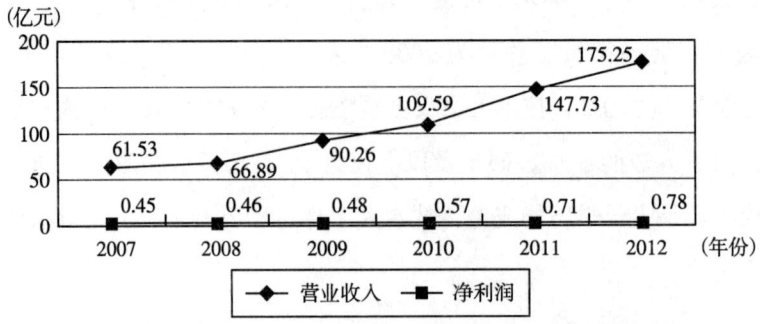

图 5-2 厦门信达 2007~2012 年营业收入与净利润变动

厦门信达的主业形成了以电子信息产业为主体，以信达贸易和房地产为两翼的"一体两翼"式结构，其中，电子信息产业是厦门信达业务的重中之重。

1. 信达贸易业务

信达贸易业务主要分为外贸交易、汽车贸易和免税商场三个板块。

（1）外贸交易板块。信达外贸分公司主要从事企业外贸业务，公司成立于1984年，是信达股份公司传统核心业务的支柱企业，多次评为中国进出口500强和福建省、厦门市进出口100强企业，主要从事的业务包括自营及代理常见产品的进出口。

（2）汽车贸易板块。信达汽车事业部隶属于信达股份有限公司外贸分公司，是信达股份公司汽车投资机构的管理和服务部门，下属多家品牌汽车4S店，集汽车销售、维修、配件和信息服务为一体，已成为福建省内极具影响力的汽车经销商。

（3）免税商场板块。厦门信达免税商场有限公司的前身为厦门经济特区国营外币免税商场，隶属于厦门信达股份有限公司。商场目前经营尊贵时尚、品质上乘的高级服装等两万多个品种、数十个世界名牌，形成了高档、名牌、系列化的经营格局，特别是在高档精品、男士高级服饰方面，免税商场长期以来占据福建省内优势，在闽南地区更是独占鳌头，深受广大喜爱品牌名品的高端消费者的青睐和赞赏。

2. 信达地产业务

信达房地产是厦门特区较早进入房地产业务的开发商，已开发建设了包括厦门信息大楼、信达大厦、信隆城等在内的多个项目。公司近几年逐步进入漳州、淮南、衡阳、丹阳等国内二三线城市进行业务拓展，建立了异地开发的总部管理模式，取得了较好的效益。信达房地产已经成为较有影响力的区域性房地产开发商。

3. 电子信息业务

厦门信达的主产业信息产业已形成了以超高亮度LED封装、应用研发与生产，电子标签研发与生产，电子元件制造等为主要支柱的产业构架。

（1）光电业务。信达光电科技公司主要从事此类业务，公司拥有最先进的半导体发光二极管及其应用产品的全自动生产设备、检测设备；拥有具备一流技术水平的研发团队和高效的经营团队；并设有一个博士后工作站。公司以厦门为基地，设两大产品事业部、一个研发中心，并在北京、天津、上海、深圳、西安等城市设有办事处及7大支持服务中心。

（2）物联网业务。厦门信达物联科技有限公司是由厦门信达股份有限公司于2005年投资成立的国家高新技术企业，注册资本5000万元。公司专注于物联网RFID领域系列产品的研发、制造，拥有丰富的行业应用经验和各类专业人才，自主研发并获得发明及实用新型专利近40项，每年新增专利5~10项；依托公司成立的"厦门市电子标签重点实验室"，在为公司产品研发和生产提供检测保证的同时，也成为海西地区电子标签设计及检测的公共平台。公司产品涵盖各类电子标签、读写器、应用软件等，广泛应用于食品溯源、智能交通、服装产销、危险品管理、票证管理、供应链物流、仓储管理、防伪识别、图书馆管理、人员和资产管理、航空行李管理、工业制造等领域，可为企业提供个性化的物联网应用整体解决方案，一站式解决客户问题。

在2012年中国（北京）国际物联网博览会上，厦门信达物联科技有限公司副经理邱方表示："通过RFID技术提升人们的生活品质是信达永恒的工作。信达的食品溯源标签已经成为行业的经典，得到了极为广泛的应用。同时，最近信达的陶瓷车辆标签（见图5-3）以优异的性能在厦门、兰州等地表现出众。此外，目前信达还在研究各类特殊环境下如何应用RFID技术，特别是针对各类残酷、恶劣环境开发出来的特种标签性能优异、表现出众，包括有抗金属标签、小型的陶瓷标签以及一些防止拆卸的标签等。"

产品名称：车辆专用陶瓷标签

标签型号：CTU08755-P54
尺寸规格：87*55
封装材料：高频陶瓷
　　　　　PVC外壳

图5-3　厦门信达车辆专用陶瓷标签

公司已全面导入了 ISO9001：2008 质量管理体系和 ISO14001：2004 环境管理体系，拥有 MUEHLBAUER、DATACON 等六条世界先进电子标签生产线，可年产各式高频、超高频电子标签 3 亿片以上、读写器 1000 台。公司以利用物联网技术提升人类生活品质为使命，以"诚信、创新、服务"为核心价值观，努力成为中国最优秀的物联网 RFID 技术提供商。

2012 年，公司三大主营业务实现营业收入达 174.7 亿元，占公司全部营业收入的 98%。其中，贸易板块实现营业收入 16567429135 元，居三大主营业务首位；房地产板块实现营业收入 516704710 元，排名第二位；电子信息产业实现营业收入 380198817 元，排名最后，但是增势强劲，比 2011 年同比增长 26%，高于贸易和房地产增长速度，后两者同比增长速度分别为 21% 和 19%，如图 5-4 所示。电子信息产业的高速发展表明了信达公司加大物联网投入、发展物联网业务的政策和决心。

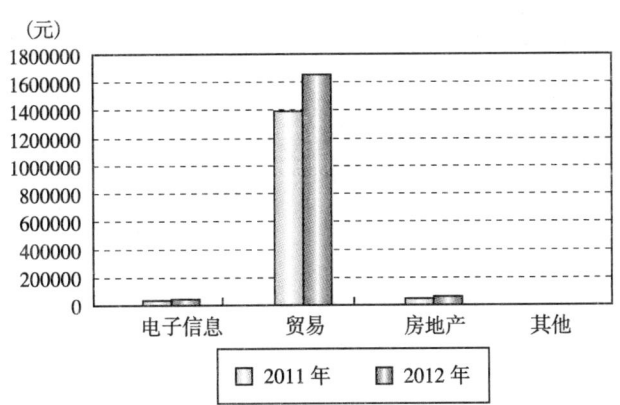

图 5-4　厦门信达 2011~2012 年三大主营收入增长

第二节　物联网商业模式：专注于 RFID 领域系列产品的研发与制造

推进企业发展是硬道理，发展是信达公司永恒的主题。自成立以来，厦门信达始终坚持以发展为第一要务，持续创造新价值。公司原有商业模式可以概括为以贸易为龙头,并以此支持和促进其他产业的发展。公司一再调整企业战略,积极发展进出口贸易和汽车贸易。在大宗商品板块,公司加强专业化经营水平,集中精力和资源做好核心业务;积极拓展供应链管理业务,扩大市场份额,实现从单纯贸易商向综合性流通企业转型。在汽车贸易板块,公司将发展战略定位为三个模块,即规模扩展、品质改善及业务延展,并以现有品牌为主,实现豪华车和中高级车均衡发展。公司强化集团管理,加强KPI经营管控,固化执行流程,构建销售、售后、费用三层控制框架,提高预算控制力和执行力。另外,推进二手车、汽车租赁、类金融业务,做新做优。可以说,公司整合了集团内部资源,创造了新的价值。

厦门信达在做大做强主营业务的同时,也积极投资和研发新的业务增长板块,以寻求更多的盈利途径,如介入汽车4S店业务、房地产、电子信息等。如今,厦门信达的电子信息、国内外贸易、房地产三大业务板块都呈现出强劲的发展势头:电子信息产业形成了以光电、电子元件、电子标签为主的产业格局,公司集中资源重点发展光电产业,并争取实现再融资;国内外贸易形成了以进出口贸易、汽车4S店经营、高档百货(免税商场)为主的业务格局,其中进出口贸易在厦门进出口百强中多年名列前茅,汽车业务目前拥有七家汽车4S店,在行业内初显强势。

厦门信达在连续多年进入中国电子元件行业企业"百强"榜之后,便决心从原有发展模式中走出来,确立以电子标签生产为核心业务的物联网发展模式,确立新的发展目标,争取成为一家以信息产业为核心的大型高新技术企业集团。为此,公司于2005年投资成立厦门信达物联科技有限公司,注册资本5000万元,专注于物联网RFID领域系列产品的研发、制造,其产品涵盖各类电子标签、读写器、应用软件等,广泛应用于食品溯源、智能交通、服装产销、危险品管理、票证管理、供应链物流、仓储管理、防伪识别、图书馆管理、人员和资产管理、航空行李管理、工业制造等领域。

如今,物联网产业已不仅仅是"生产RFID芯片"这么简单,它已经发展成为一条较完整的产业链,并被应用到多领域之中。因此,信达物联网公司把各种资源吸收进来，结合集团母公司的强大优势和其拥有的 MUEHLBAUER、DATA-CON 等多条世界先进电子标签生产线，提出了适合自身发展的物联网商业模式——突出个性化，为企业提供特有的物联网应用整体解决方案，一站式解决客户问题。为此，信达物联公司相继进军服装、智能交通、票证管理、图书馆、危险物品管理等行业，将 RFID 应用到典型行业的关键技术环节，如在服装行业，典型的一站式应用服务包括生产环节的生产监控管理、物流环节的进出仓管理及库存盘点、销售环节的订货会系统、防伪防窜货追溯系统、销售门店的库存盘点、快速收银、CRM 管理（VIP 客户）、快速体验系统等。成功案例有：利郎智能门店管理系统、与狼共舞订货会管理系统、卡诗兰防窜货系统、富贵鸟男装订货会管理系统等。过去几年，随着物联网技术的发展，其在交通系统中的广泛应用也日益成熟。其中，个性化解决方案包括车辆控制系统、交通控制系统、运营车辆调度管理系统及公众信息服务系统等各方面。物联网技术与交通信息系统的融合应用在解决困扰当今国际交通领域的交通安全、交通堵塞及环境污染三大问题上取得了很大的成功，同时在高速公路管理、电子收费系统等方面也取得了初步成果。成功案例包括：厦门路桥车辆信息化管理系统、龙岩运煤车辆监管项目、兰州智能交通管理系统 RFID 车辆电子信息卡等。厦门信达在企业的各个环节为其提供专业的物联网技术服务，提高了企业运行效率，大范围地节省了运行成本，由此也提高了目标企业对信达物联技术的依赖与信任，由此形成良性循环，相互促进，成为信达新的成功的物联网商业模式。

第三节　厦门信达物联网个性化应用

一、服装行业解决方案

本解决方案是将 RFID 技术应用于服装生产企业的管理，以帮助企业实现智能仓库、智能营销、订货会商品/人员管理以及防窜货管理等功能。RFID 技术的引入使服装企业的管理人员能够更及时更清楚地了解企业当前生产、库存、销售等关键业务数据,并将工作人员从大部分繁琐的工作中解放出来,极大地提高了服装企业的现代化管理水平。具体方案是根据服装企业实际需求而制定,实现同企业 ERP 系统中相关设备的集成与数据沟通,从而形成一个一体化的完善的管理系统,使企业更轻松简便地引入 RFID 技术。

在服装行业,厦门信达的成功案例有:利郎智能门店管理系统、与狼共舞订货会管理系统、卡诗兰防窜货系统、富贵鸟男装订货会管理系统等。通过将 RFID 技术引入门店管理,信达在利郎的门店管理中尽显魅力。每件服装或纺织产品均采用 RFID 电子标签。通过零售店安装的智能系统,可以自动识别顾客所选择的商品,并在旁边的显示屏上展示相应的价格、折扣、衣饰搭配等信息,丰富的信息让顾客在试衣间就可以享受专业的购物指导,实现智能试衣(见图 5-5)。

服装上
RFID 超高频标签

智能试衣镜
自动检测产品并显示搭配选择

智能试衣室
配备对讲机的触碰式显示幕,提供搭配选择及产品资讯

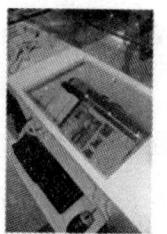
店铺柜台的对讲机及
智能资料库

图 5-5 智能试衣间系统

同时,通过手持式阅读器可以实时对在架商品和门店后台库存商品进行盘点,可按区域、按架位生成报表,根据实际要求生成指定格式数据,通过实时或脱机方式上传到门店的管理系统,实现快速商品盘点。而且,通过固定式或手持式 RFID 收银设备,系统可以快速采集客户所选商品信息,生成销售清单,大大节省了结账时间,销售人员可以利用更多的宝贵时间专注于顾客服务。

通过RFID智能门店系统（见图5-6），利郎不仅可以随时掌握店内货品的实时情况，还可记录到顾客试衣服的信息，从而捕捉并记录客户对服装的品位和偏好等信息，将客户的消费习惯保存在档，为其提供更为符合需求的服装，有利于维系客户的忠诚度。店家能够迅速确定每间店铺中最受客户欢迎的服装款式、颜色等，为设计团队提供可靠的数据参考，并减少库存周转时间。RFID商品管理解决方案更可帮助店家的管理层跟踪商品销售情况和员工在店内的活动。

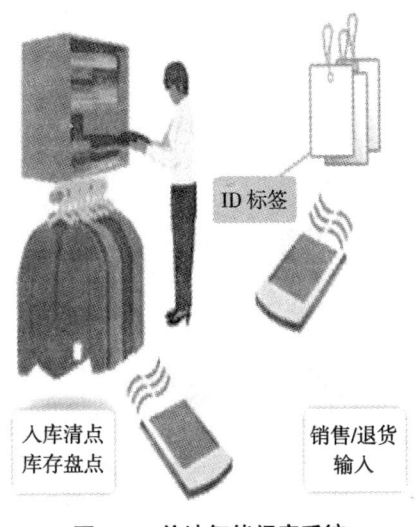

图5-6 信达智能门店系统

二、票证管理系统

该系统采用先进的RFID无线射频识别技术实现会议和演出票证的智能化控制，有效杜绝伪造票证所造成的损失，快速精确地统计和实时查询票务及客流情况，提高了会议和演出的管理水平和工作效率。该系统是集售票、验票、查询统计于一体的综合应用系统，可以使管理人员及时了解当时、当日各个时段的客流情况，为会议和演示的组织者提供及时详尽的管理数据。在这一领域，厦门信达成功运用的案例有：厦门市园林博览苑一卡通管理系统、厦门海西汽车博览会、河南博物院、厦门轮渡票证系统、全国大中专学生购票优惠卡项目、欢乐中国行演出门票项目。票证管理系统在以上项目的应用中取得了较大成功，为客户的管理工作提供了极大的便利和价值。例如，厦门轮渡票证管理系统，一改以往传统的纸张门票管理模式，大大方便了管理及民众的使用。

三、4S店智能透明车间解决方案

基于厦门信达在汽车4S店上的经营经验，为节约成本，优化管理，厦门信达推出了4S店智能透明车间解决方案（见图5-7）。4S店服务最大的特点就是现场性、及时性，客户的最终诉求就是透明、公开、省时。利用物联网技术的智能车间管理系统结合国际先进的流程量化管理，将电子看板、视频监控、智能化语音、触控操作平台等软硬件融入到汽车维修管理的过程中，使客户真正参与到整个车辆维修过程中，并与4S店互动起来。

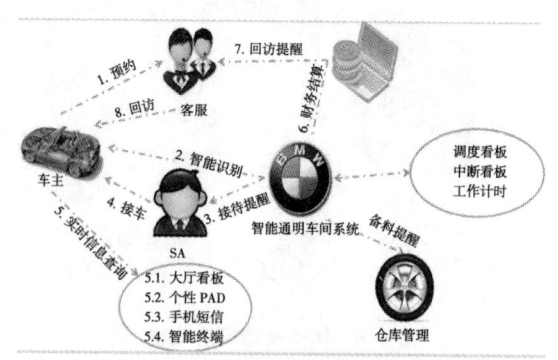

图5-7　4S店智能透明车间解决方案

通过该系统，可以进行车牌识别，主动迎接客户到厂；让客户体验全场透明化展示，了解维修进度，观看维修视频；通过智能手机、智能终端等设备远程查询车辆维修保养记录，观看现场视频。而对于管理者，可以为其呈现一个全方位立体的车间运作状态、立体的数据模型加时间、量化的管理数据及报表，为经营决策提供依据。通过电子看板全析车间各项工作数据，能够更加合理准确地派工，提高车间维修效率。

四、危险品管理

如服装行业应用和票证管理一样，危险品管理也是厦门信达物联网领域的一个特色运用，在该业务中占有较高的市场份额，具有行业应用先发优势。部分成功案例有：厦门市压力容器检验所，厦门制氧厂，厦门水务局，国家电网特种设备监管，四川、重庆、宁夏、青海和河南等地 CNG 项目。

例如，厦门制氧厂危险品管理，在每个气瓶上安装一个电子标签，以此作为气瓶的唯一标识，就像每个人有一个身份证号码一样，通过电子标签可对这个气瓶"身份"做出准确确认。此外，气瓶的检验、充气、配送等动态信息，可在电子标签内进行记录和更新，同时保存在数据中心的计算机内，随时供企业和政府监管部门查询。

第四节　厦门信达物联网商业模式创新路径分析

一、面向 RFID 行业应用

物联网的发展由来已久，早在 1999 年跨世纪之际，在美国召开的移动计算和网络会议便已提出，传感网是 21 世纪人类所面临的又一次巨大的发展性机遇。最近，美国政府也将物联网的发展上升至国家战略，引起世界范围内的广泛关注。在中国，物联网的发展起步较晚，后发优势比较明显。中国科学院先后投资数亿元启动了传感网技术研究。政府也确立了物联网发展的三项战略：一是把传感系统和 3G 中的 TD 技术结合起来；二是在国家重大科技专项中，加快推进传感网发展；三是尽快建立中国的传感信息中心。这表明了中国政府发展物联网技术的决心和毅力，这一战略的指定也使得中国物联网进入实质性的应用阶段。目前中国政府与德国、美国、英国、韩国等国一道指定物联网的国际标准。

目前，我国传感网标准体系已形成初步框架，向国际标准化组织提交的多项标准提案被采纳。根据业内人士的观点，物联网产业链可以细分为标识、感知、处理和信息传送四个环节，每个环节的关键技术分别为 RFID、传感器、智能芯片和电信运营商的无线传输网络。而厦门信达专注于 RFID 业务。

公司战略管理层以《物联网"十二五"发展规划》为指导，进一步调整企业发展方向，明确企业发展战略，专注于从事物联网发展大背景下有针对的电子标签业务发展模式。由此，公司被重新定义为一家专注于射频识别（RFID）电子标签产品研发、设计、生产和推广的高新技术企业。2009 年，公司组建了厦门市电子标签重点实验室，2011 年完成建设，并通过厦门市科技局验收，占地面积近 300 平方米，仪器设备及基础建设累积投资额 400 多万元。除了引进专业进口仪器设备外，公司还建设了无线通信行业标准的专业的微波暗室，这样可以使测试数据更加全面、准确，更好地了解产品的真实性能，为产品设计、优化及质量控制提供必要的支持。无论是仪器设备的配置、实验室专业的测试环境，还是规范化的管理模式，厦门市电子标签重点实验室在国内都处于领先水平。实验室在服务各校企新品研发、技术研究，不断提升企业产品的技术性能和品质水平方面做出了重大突破和贡献，加速了 RFID 科技成果转化，并逐步搭建起面向全国 RFID 行业技术研究、交流与服务的公共平台。目前，公司已拥有多项完全自主的射频识别知识产权专利，涵盖电子标签、RFID 读写设备、RFID 天线以及 RFID 应用系统等。公司生产的电子标签产品已经成功应用在多个领域，其产品主要有图书标签、物流标签、车辆标签、电表标签、光盘标签、NFC 标签、金属标签、车辆标签、票证标签、服装标签等。

二、内外部资源的动态整合

资源整合是企业战略调整的手段，也是企业经营管理的日常工作。整合就是要优化资源配置，就是要有进有退、有取有舍，就是要获得整体的最优。简单来说，资源整合就是企业对不同来源、不同层次、不同结构、不同内容的资源进行甄别和选择、重构和配置、提升和有效整合，使资源配置更加柔韧、有条理和更有价值，资源整合是一个复杂的动态过程。

1. 内部资源

企业的内部资源条件决定了其能否和如何有效利用外部环境提供的机会并消除可能的威胁，从而获取持久的竞争优势。可以说，信达最近几年的快速发展与其内部资源的整合能力密不可分。首先，智力资源。公司建立了二级员工培训体系：一级为公司人力资源部为持续、系统地进行员工、干部队伍建设所做的公共培训工作，如新进员工集中培训机制、公司骨干及后备人员参加工商企业管理研究生班学习机制、年中大型集中公共课程培训机制、内部讲师培训机制等；二级为各投资企业以开发潜能、提升技能为重点的员工从业素质培训机制。公司通过二级培训机制，提高了各岗位员工的管理理念、职业技能与职业素质，提升了员工队伍整体竞争力，为公司经营目标的实现打下了良好的基础，为公司发展提供了强大的智力支持。其次，企业家资源。企业家敢冒风险和勇于开拓创新的精神以及对创新活动的组织管理能力，是企业重要的战略资源。在信达主要控股股东的影响和直接干涉下，公司财务指标良性，资产状况健康，现金流与企业发展相匹配，并且重点推进企业实施深耕核心产业、扩大新兴产业规模的发展战略。最后，无形资源。截至2012年，信达在食品安全运用上已取得七个实用新型专利、一个计算机软件著作权，智能交通读写器也取得了一些进展，扩大了公司在食品安全控制、智能交通领域的竞争力。信达光电也获得了多项实用新型专利，如照明产品已获CCC、CQC、CE、FCC及节能认证，LED路灯获厦门市科技进步三等奖。信达光电多项产品列入2012~2014年度"厦门市推荐节能技术和产品目录"，信达公司也获得了"厦门市成长型企业"称号。这些无形资源能够增加信达的市场价值，也将成为信达物联网产业发展不可或缺的内部资源。

2. 外部资源

外部资源主要是指能够潜在或实际地影响企业价值创造，但是企业又不能或者不易掌控的资源。虽然外部资源不像内部资源一样对企业的发展起决定性作用，但如果企业能够通过创造性的手段，将外部资源利用与内部资源整合结合起来，同样能够提高企业资源的产出效果和效率，从而增强企业的持续竞争优势，特别是当企业遇到自身内部资源"瓶颈"时。首先，经济与政策环境。从2009

年"感知中国"的提出，到 2010 年"两会"政府工作报告上首次提及物联网，再到 2011 年 5 亿元首批物联网专项基金的启动，又到 2012 年工信部发布《"十二五"物联网发展规划》，物联网在我国落地生根。纵观我国现阶段的物联网产业发展情况，可谓稳步发展，前景广阔。从技术上来看，我国物联网技术研发水平处于世界前列；在国际标准的制定方面，我国已成为主要的发起国和主导国；在基础设施方面，通信技术的不断创新和无线网络在日常生活中的普及，为物联网的发展提供了坚实的基础设施支持。经过几年的技术和市场培育，加之我国在物联网领域的自主创新能力的增强，以及政府的大力扶植，可以预见物联网即将进入高速发展期。其次，金融资源。物联网技术是一个高速发展的新兴技术，和互联网的发展一样，它也需要巨大的初始资本投入，如果只以信达从其他业务中赚取的利润来投入研发，只能是九牛一毛，物联网的发展将不会得到根本改善。于是，信达连出举措，如在 2012 年 11 月 11 日公司出售了厦门信达联房地产开发有限公司 74.9%的股权，股权转让总价格为 1.01 亿元，并以这次股权转让产生的 6000 余万元投资收益，为公司发展信息产业提供资金保证。信达通过连续这样的活动，保证了物联产业投资研发业务的连续性。最后，社会关系资源。厦门信达在多年的发展中产生了大量的合作伙伴，并与之保持长年的业务协作关系。例如，信达积极投身和厦门市政府的合作，为厦门市交通局量身定做了厦门路桥车辆信息化管理系统，使得信达公司名声大噪，并以此与政府各个部门建立了良好的关系。总之，这些外在资源的整合都为信达在物联网时代下的扩张与发展提供了不竭动力。

三、运用资本运作方式，优化产业结构

资本运作又称资本经营，包括连锁销售、资本孵化、民间合伙私募和互助式小额理财。资本运作往往通过买卖企业和资产而赚取利润，利用以小搏大、无中生有的策略，来实现资本增值和效益的提高。资本运作的常见形式有：发行股票，发行债券（包括可转换公司债券），配股，增发新股，转让股权，派送红股，转增股本，股权回购（减少注册资本），企业的合并、托管、收购、兼并、分立，

风险投资，资产重组，对企业的资产进行剥离、置换、出售等。这些行为加速了企业资本结构的优化和改善，为实现资本良好运营奠定了基础。

1. 一买一卖，优化产业结构

2008年，厦门信达以550万元受让福建三安集团持有的厦门三安电子有限公司2.16%的股权（550万股）。本次股权转让完成后，厦门信达已持有三安电子10%的股权。厦门三安电子有限责任公司成立于2000年，主营电子产品生产销售，近年来发展状况良好。合并后存续的三安电子的注册资本为2.55亿元，其中厦门信达持2000万股，占7.84%的股份。截至2007年9月30日，合并后的三安电子实现净利润5641.15万元。此次试行战略收购三安电子2.16%的股权，其目的是为了实施公司发展战略，优化产业结构，实行战略转型，与厦门信达物联科技有限公司形成协同合作关系，利用信息共享的便利性，共同研制开发利郎智能门店管理系统、卡诗兰防窜货系统、富贵鸟男装订货会管理系统等，进一步提高公司竞争力。

此外，2007年12月8日，厦门信达控股子公司江西信达电子有限公司与万裕国际集团有限公司、江西联晟投资发展有限公司签订了《资产购买协议》，江西信达电子以2800万元将其全部资产及债权债务出售给万裕国际和联晟公司。而本次资产出售的直接原因是国内铝电解电容器经营形势日益严峻，市场竞争激烈、产品价格下跌及能源紧张等不利因素使江西信达主要产品铝电解电容器的盈利水平持续下滑，间接原因则是信达集中精力研发的成都市生猪溯源管理项目（国家金卡工程）、苏州市猪肉溯源管理项目、燕窝防伪溯源系统项目等物联网关键项目资金乏力，为了支持公司核心产业发展，公司不得不出售江西信达，实行资金的战略转移。

2. 转让股权，剥离地产行业

2012年10月31日晚，厦门信达公告称，公司控股子公司厦门信达房地产开发有限公司（以下简称信达房产）公开挂牌转让衡阳鑫星河房地产开发有限公司（以下简称衡阳鑫星河）42%的股权，挂牌价格不低于6790.04万元。而在2012年6月，厦门信达还曾挂牌出让芜湖鼎邦房地产开发有限公司45%的股权，最终被福建三安集团以 4425 万元的价格购入。对于这几次转让房地产公司股权，厦门信达表示，受房地产宏观调控政策影响，公司战略层决定调整公司发展战略，转让衡阳鑫星河 42%的股权有利于公司回笼资金，提高资金使用效率，集中资源发展物联网产业，提高公司核心竞争力。

3. 股改助力，迎来发展新阶段

2012 年，信达公司出台了适合信达目前股本结构特点、兼顾流通股股东和非流通股股东双方利益的股改方案，送股和定向转增相结合，既采用了流通股股东比较认可的送股方式，又从一定程度上解决了第一大股东的控股权保留问题，为公司未来大力进军物联网业务奠定了基础，同时也保护了广大流通股股东的利益。这一改革在近期股改的公司中属于较高的水平，体现了公司发展战略和盈利模式的重大改变。大股东以现金偿还欠款，解决了历史遗留问题，使公司腾出更多的闲余资金投入物联网关键技术研发，同时，使公司甩掉了历史包袱，轻装上阵。随着公司股改的顺利完成，厦门信达物联网产业发展将迎来一个迅速发展的新阶段。

4. 定增募资加码物联网

值得一提的是，2013 年厦门信达 9 月 11 日晚间发布定增预案，拟定增募资 7 亿元加码物联网 RFID 电子标签及 LED 业务。根据预案，公司大股东厦门信息—信达总公司的控股股东国贸控股（包含国贸控股指定的关联方）将以现金认购不少于公司本次非公开发行股票数量的 30%，所认购的股份自发行结束之日起 36 个月内不得转让。

RFID 产品设计和生产线扩建项目总投资 1.52 亿元，拟投入募集资金 1.49 亿元，将新建 RFID 电子标签绑定生产线八条、复合生产线两条、陶瓷标签生产线两条、读写机具研发生产及检测生产线一条。信达表示，现有的两条纽豹 RFID 标签生产线和一条 Datacon RFID 标签生产线只能适应中小客户订单需求。项目的实施将大幅提高公司 RFID 产品的产能，有助于公司获取国内外市场重量级大客户的订单。达产后（税后）年平均利润总额为 4380 万元。

公司表示，上述项目建设有利于扩大公司物联网电子信息业务板块优势产品的生产规模，提升相关产品的市场占有率和市场竞争力，促进公司物联网电子信息业务的发展，推动公司"高科引领一体两翼"的发展战略，从而优化公司整体盈利能力和可持续发展能力。

四、厦门信达基于客户的价值创造

价值创造是指企业生产、供应满足目标客户需要的产品或服务的一系列业务活动及其成本结构。谈到价值创造，首先无法规避的问题就是如何有效地节约成本。现在国内很多企业把成本管理理解成压缩成本，降低研发费用，这样的成本管理显然是片面的，单纯依靠项目成本高低来评价项目成败显然是不合适的。运作企业，应该讲究投入产出比。因此，厦门信达提出的全面成本管理，正是基于客户满意、绩效提升、组织目标三方面展开的多维成本管理体系。也就是说，把项目的成本管理通过制度搭建，贯穿到客户管理、质量管理、员工激励、员工考核、公司战略等环节，改变企业原有的被动应激成本变化的窘境，促成每个公司成员作为成本管理单元，从而达成公司成本管理目标。与此同时，厦门信达则在企业生产经营活动中努力提高自身价值，提升客户价值，实现价值创新。

1. 提升自身价值

厦门信达4月26日公布的2013年第一季度报告称，公司实现营业收入481102.80万元，同比增长50.64%。其中，物联网业务中电子标签所占比重大幅提升，由2012年的不足1%，迅速提升到1.5%左右，呈现了良好的发展势头。这说明信达公司已经在逐渐成长为一个以电子信息为战略产业的大型高新技术企业集团，也形成了物联网技术开发与增值服务、应用软件开发、网络通信终端产品、电子元器件研发与生产的架构。可以看到，信达公司在提升自身价值、塑造良好社会形象方面还是卓有成效的。

2. 提升客户价值

信达公司是以实现客户价值为不懈追求，专注于物联网射频识别电子标签产品研发、设计、生产和推广的高新技术企业。公司聚集了具有丰富经验的各类人才，拥有多项完全自主的射频识别知识产权专利。公司成立伊始即战略性地从欧洲引进了世界先进的电子标签自动化生产线，并全面导入了ISO9001：国际标准质量体系认证，可年产各式高频、超高频电子标签6000万片。产品广泛应用于图书馆管理、危险品管理、防伪识别、工业制造、交通运输管理、供应链物流仓储管理等领域，其中包括图书标签、金属标签、电子票证及航空行李标签等。同时，公司还可针对不同客户的需求设计电子标签产品，并根据不同行业应用特点制订相应的生产工艺及检测标准，确保每款产品性能充分满足客户需求，以此来不断提高产品的性价比，协助客户超越自我，体现价值。

3. 实现价值创新

信达公司除了从事已有行业的RFID生产和研发外，还积极拓展物联网电子标签应用范围，力求实现价值创新，如将其广泛应用于工业制造、航空航天、进出口管理、防伪识别及军事物保密等新领域。公司也继续加快了RFID技术研究的步伐，电子标签的标准化问题日趋为公司战略管理层所重视，公司生产的射频识别产品种类更加丰富，有源电子标签、无源电子标签及半无源电子标签均得以研究开发。信达公司还不断探索电子标签的绿色生产途径，使得电子标签成本不断降低，进一步优化其防水、防磁、耐高温的特性，并且使RFID使用寿命大大延长。

第五节　厦门信达的启示

根据中国物联网（传感网）大会公布的统计数据，五年后中国物联网产业整体产值将超过1万亿元，到2020年将超过5万亿元。这一数据不但描绘出美好的行业成长前景，也预示着该产业将产生新的增长势头。通过多年的探索和发展，我们可以看到，信达在各个行业对传统应用技术和传统企业商业模式进行了突破和创新，并且在物联网时代下，信达继续抓住机遇、跟上潮流、迅速扩张，不断取得新的成就，这为我国众多科技型企业提供了启示。

1. 战略方面

在物联网发展之初，公司就应该制定物联网业务发展的整体规划，明确发展目标、发展重点、发展路径与支持政策，发挥战略规划在物联网发展中的指导、引领作用。在宏观计划的指导下，融合各种信息技术，突破互联网的限制，将物体接入信息网络，实现无所不在的物联网，在网络泛在的基础上，将信息技术应用到各个领域，从而渗透到社会生活的方方面面。通过信达的物联网发展模式，也可以预见到未来信息产业的发展在由网络向全面感知和智能应用两个方向拓展、延伸和突破。

2. 技术方面

物联网是技术变革的产物，它代表了计算技术和通信技术的未来，它的发展依靠无线射频识别技术、无线传感技术和纳米技术等的革新。NIC 关于物联网的研究报告中指出了物联网技术的演进路线，如图 5-8 所示。

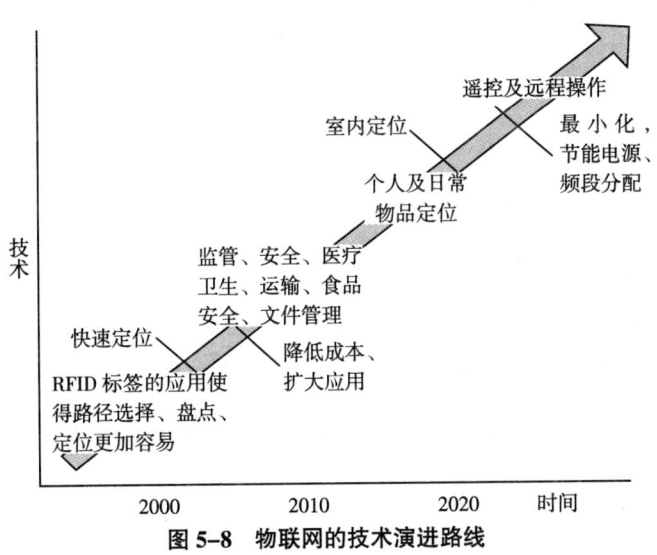

图 5-8　物联网的技术演进路线

没有核心技术就没有物联网产业的优势竞争力。信达物联科技公司在其物联网发展实践中十分重视技术研发，并为此投入了巨额研发经费，目的皆在于通过控制核心关键技术来取得物联网发展的国际领先地位与控制地位。经过十多年的发展，信达在传感网技术研究方面取得了突破性进展，研发水平居国内前列，但是我们也必须承认，我国物联网整体核心技术能力仍然不够强。例如，信达在超高频芯片天线设计与制造、RFID卷标封装技术与装备、读写器关键芯片、测试技术、中间件等方面仍处于劣势，在重大专项的材料采购中，核心芯片的报价都由国外厂商控制。因此，我国物联网产业发展必须高度关注物联网核心关键技术，争取通过加强技术研发，在关键核心技术上取得一系列新的突破。另外也要重视并加强基于物联网产业链的技术开发，提高我国物联网的高端综合集成服务能力。

同时，引领技术标准是物联科技型公司发展的最大机遇，因为现行技术标准化还相当不完整，如何加快技术研发，并且引领物联网技术规范，是决定科技型企业能否抢占先机，获取超额利润，在行业内掌握话语权的重要因素。

3. 商业模式方面

物联网要成为驱动经济发展的引擎，有赖于形成有效的商业模式。我国的物联网产业虽然发展前景广阔，企业参与意愿强，发展速度快，但其技术研发和应用尚处于初级阶段，且经营成本较高，物联网产业还未形成共赢的、规模化的产业链，还未形成成熟有效的商业模式。如果没有完善的商业模式，仅靠政府行政力量的推动，物联网就会缺乏一种长效的发展机制。信达公司一直以来十分重视有效商业模式的构建，通过加强物联网的试点应用，发现问题，总结经验，完善方案，形成了合理的产业链利益合作机制和一套较为成熟的商业模式，并通过差异服务创造利益来源。但是也应该注意到，我国物联网形成有效商业模式的关键在于完善政策环境，打破行业壁垒，实现多方共赢，让产业链内所有参与物联网建设的利益主体都能从中获取相应的商业回报。基于商业模式的重要性，我国在着力开展物联网核心关键技术开发的同时，也应高度重视应用商业模式的开发，在借鉴国际物联网商业模式建设经验的基础上，早谋划、早试验、早完善，使物联网真正成为具有强大带动力的战略性新兴产业。

第六章 东信和平：智能卡领域龙头企业

东信和平：智能卡及信息安全行业应用解决方案提供商和服务商

作为智能卡领域的龙头企业，东信和平将成为国际化智能卡产品及相关系统集成与整体解决方案的提供商和服务商作为物联网时代的发展目标。

伴随着《物联网"十二五"规划》（以下简称《规划》）的正式发布，物联网企业迎来了一个历史性的发展机遇。"十二五"规划中提到，要在传感器、核心芯片、传感节点、操作系统、数据库软件、中间件、应用软件、嵌入式软件、系统集成、传感器网关及信息通信网、信息服务、智能控制等各领域打造一批品牌企业。智能卡技术是物联网的技术核心，而东信和平是国内规模最大的国有控股智能卡供应商，专业从事智能卡及其相关设备研发、生产、销售的高新技术企业，其产品和技术服务涵盖了卡类、增值业务类、解决方案类、终端与工具类，并广泛应用于通信、金融支付与安全、政府公共事业、终端通信等主要智能卡及相关应用领域，是国内规模最大的国有控股智能卡供应商。如今，国内物联网行业正处在发展初期，智能卡是关键环节，也是现阶段的重点。在这样充满机遇与挑战的大背景下，作为智能卡领域龙头企业的东信和平确立了公司发展战略，即成为全球智能卡产品及相关系统集成与整体解决方案的提供商和服务商。

第一节 公司介绍

东信和平科技股份有限公司（以下简称东信和平）是全球知名的智能卡产品及相关系统集成与整体解决方案的提供商和服务商。其前身系珠海市东信和平智能卡有限责任公司，由普天东方通信集团（EASTCOM）和珠海普天和平电信工业公司（ZPT）等股东于1998年出资成立，原始股6580万股，流通股2500万股，注册资本为人民币15345.2万元；2001年增资扩股改制为股份公司，注册资本为人民币4700万元；2004年在深圳证券交易所中小企业板上市，股票代码为002017.SZ。2012年6月，东信和平智能卡股份有限公司更名为东信和平科技股份有限公司。东信和平科技股份有限公司目前拥有两家全资子公司、四家控股子公司，分别为东信和平智能卡（新加坡）有限公司、东信和平智能卡（孟加拉国）有限公司、东信和平（印度）有限公司、杭州东信百丰科技有限公司、东信和平(俄罗斯)有限公司和广州东信和平科技有限公司。

一、公司基本情况

东信和平的母公司中国普天信息产业集团作为特大型央企,在国有企业股权分置改革的浪潮中,整合原有智能卡行业的资源,创立了东信和平科技股份这一子公司,使其在智能卡行业中经营运作时拥有更加独立的环境。东信和平自成立以来,就专注于智能卡各应用领域的产品及相关系统解决方案的研发、生产和市场推广。立足于这一信息产业,公司不仅生产和销售硬件,也注重配套软件的研发,是这一领域内软、硬件结合,横跨多领域应用的综合性企业。东信和平将自己定位于"智能卡及信息安全行业应用解决方案提供商和服务商"。经过多年的努力,公司在其研发技术能力、产业规模、管理水平、市场份额等方面实现长足发展,并在此基础上将市场拓展至国际,立身于全球,将成为国际化智能卡产品及相关系统集成与整体解决方案的提供商和服务商作为物联网时代的发展目标,继续扎根市场需求,提高高端应用创新能力,加速拓展海外市场,推进品牌国际化,加速业务布局和结构调整,延伸产业链,实现对成本的驱动和控制,提高产品附加值,通过自主创新和全球化合作相结合以提升专业化水平和系统解决能力。

经过十多年的发展,东信和平已形成了强大的智能卡芯片封装、模块封装、个性化生产能力和智能卡相关系统解决方案的研发能力。特别是在智能卡行业,公司已是国内最大的移动通信用智能卡产品生产企业,在全球智能卡供应商中也位列第五,其主要在移动通信、银行、身份识别、社保、公交等多个应用领域提供智能卡产品及系统解决方案,并能为客户提供从卡片的版面设计、印刷、封装、个人化到产品包装的一条龙服务。公司拥有九条高速智能卡封装生产线,至今已累计向市场提供了芯片卡16亿张、刮卡40亿张。公司拥有向全球70多个国家和地区提供产品与技术服务及相关解决方案的经验。目前,东信和平是国家火炬计划重点高新技术企业、国家规划布局内重点软件企业,是"广东省工程技术研究开发中心"、"广东省企业技术中心"的依托单位,设有博士后工作站,曾多次获得"国际质量领袖金星奖"、"中国 RFID 领先企业奖"、"亚太区智能卡市场拓展领袖奖"等奖项和荣誉。

二、经营运作

作为智能卡行业的领先企业，成立 15 年来，公司专注于智能卡各大应用领域的产品研发、生产与销售。随着公司产业升级、战略转型目标的确立，近年来，公司将成为国际化智能卡产品及相关系统集成与整体解决方案的提供商和服务商作为发展愿景，不断提升核心竞争力和综合运营能力，力争在研发技术能力、产业规模、管理水平、市场份额等方面成为行业领导者。截至 2013 年末，东信和平公司总资产达到 14.19 亿元，比 2012 年同期增长 7.53%；营业收入为 11.68 亿元，比 2012 年同期增长 12.99%（其中外销收入为 4.076 亿元，占营业总收入的 34.89%）；净利润为 4397 万元，比 2012 年同期增长 13.8%。

成立十多年来，东信和平无论是在总资产还是在营业收入上都取得了快速增长。虽然还存在着一定的波动，但总体趋势明显向上，发展势头尚好。2003~2012 年东信和平的总资产、主营业务收入、净利润趋势如图 6-1、图 6-2 所示。对于净利润，2005 年由于国内移动通信用智能卡市场竞争加剧，公司主营业务产品的销售价格有不同程度的下降，净利润有较大程度的下降；2009 年、2010 年因全球经济危机的影响，公司主导产品的市场需求萎缩，造成行业竞争激烈，产品价格下降，公司整体盈利下降，除此之外，公司其余年份净利润都维持了一定的增长。

东信和平作为国内规模最大的国有控股智能卡供应商，其产品和服务广泛应用于通信、金融支付与安全、政府公共事业、终端通信等主要智能卡及相关应用领域。产品主要包含卡类、读写终端类、应用工具类和系统集成四大类产品系列，其中卡类产品是公司目前的主导产品，包括接触式智能卡、非接触式智能卡、双界面卡、磁条卡以及刮刮卡等，其中 SIM 卡出货量和市场占有率在国内市场持续排名第一位。东信和平主营业务主要以通信、银行、社保三大应用领域的智能卡产品为主，如表 6-1 所示。公司全年实现通信卡类业务收入 6.82 亿元，市场占有率排名国内第一位；金融磁条卡/IC 卡类业务收入 1.04 亿元，占公司总体

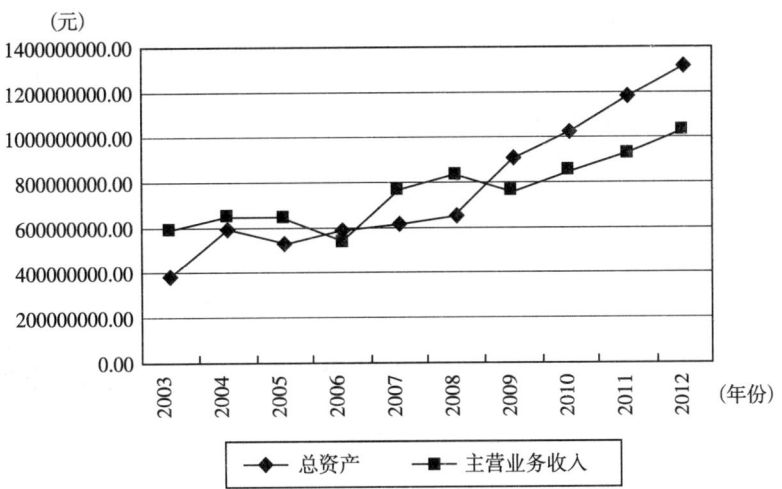

图 6-1　东信和平 2003~2012 年总资产和主营业务收入趋势

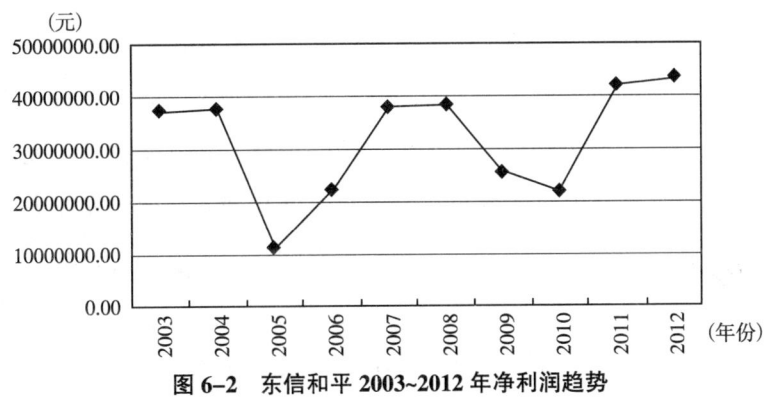

图 6-2　东信和平 2003~2012 年净利润趋势

营收的 10%；社保卡及其他公共事业卡业务收入 2.23 亿元，占公司总体营收的 22%。来自系统集成、增值服务、软件等创新产品的收入继续保持增长，产品整体毛利率为 25.7%。在保持市场份额和出货量继续增长的同时，金融卡产品和其他一卡通类产品的收入占总体收入的比重得以提升。由此可见，东信和平主要营业收入来自其通信智能卡产品，占到 66%；毛利率最高的为公共事业卡产品；营业收入增长最快的为金融卡产品，这与公司目前在立足移动通信智能卡市场的基础上，不断加大对金融、身份识别等跨领域、高附加值产品的技术和市场投入的产品策略吻合。

表 6-1　东信和平 2012 年营业收入分产品情况

分产品	营业收入（亿元）	与 2011 年同期增减（%）
通信智能卡	6.82	-5.43
金融卡	1.04	174.63
公共事业卡	2.23	52.19
其他	0.24	-10.19

第二节　东信和平：从提供智能卡业务向系统集成商转型

东信和平从投产开始就一直专注于智能卡领域，但在物联网时代以前，公司是以产品为导向的 B2B 商业模式，其业务和盈利主要集中在通信智能卡的研发、生产和销售上，面向的客户也主要以政府、电信运营商、各大银行为主。具体来看，在产品研发上，公司成立了专业的研发团队并建立了技术研究中心，为产品的研发及后续的生产提供保证，并通过不断加强新技术研发能力，提升核心竞争力，形成公司产品价值创造的源泉；在产品生产上，公司拥有包含卡的设计和制造、数据的导入、卡的封装和激活等在内的整套的专业生产封装线，便于成本的节约和规模经济的实现，增进公司市场竞争能力；在产品营销上，公司建立了一支强大的营销队伍，着力产品的推广销售，确保公司产品市场份额的稳定增长。此外，为了适应市场经济和满足公司进一步发展的需要，公司实行了股份制改革，进军开放的资本市场，为公司未来进一步发展壮大筹措更多的资金。

多年的经营使得公司在技术储备、生产规模、生产工艺、产品品质等方面都名列行业前茅。但随着科技的进步，智能卡产业技术更新加快，产品周期缩短，应用创新层出不穷，国际智能卡企业开始寻求强强联手及整合，国内市场也涌入大量新进入者，传统通信智能卡行业无论是在全球还是在国内层面都有集成化和低成本竞争的趋势，整个市场竞争日趋激烈。然而在原商业模式下，公司产品结构相对单一，主营业务产品仍为移动通信用智能卡产品，并且面对高度集中的智能卡上游芯片厂商，公司的议价能力也逐渐削弱。这最终造成公司主营业务产品毛利率下降，利润空间逐步萎缩，抵御和化解行业风险的能力逐渐弱化，整体竞争能力降低，原有的商业模式遇到了发展的"瓶颈"。

近年来，国内外物联网的发展为智能卡行业提供了新的发展平台，也为东信和平商业模式的转型提供了新机遇。工信部的《物联网"十二五"规划》也要求到 2015 年，我国要在物联网核心技术研发与产业化、关键标准研究与制定、产业链条建立与完善、重大应用示范与推广等方面取得显著成效，并重点发展与物联网感知功能密切相关的制造业。

为迎接物联网时代的到来和摆脱公司目前的困境，公司立足智能卡领域，依靠十多年的专业经验，明晰发展思路，积极推动战略转型和商业模式变革。一方面，公司在继续扩大移动通信智能卡产品市场份额的基础上，开始逐步加大对金融、社会保障和公共事业、身份识别等物联网发展关键领域的投入，实现新产品（如社保卡、健康卡、市民卡、电子护照）的开发和新市场的开拓，优化产品结构，增加盈利来源，突破原有商业模式产品相对单一的限制，强化公司抵御市场风险的能力；另一方面，公司加大技术研发力度，积极配置更多资源投入到系统集成和综合解决方案领域，积极探索新的服务运营模式。公司依托十余年积累的成熟的智能卡片内操作系统和卡片个人化系统的研发设计经验，以公司自主设计软件系统为核心，结合客户需求，进行应用软件层的二次开发，形成全方位的整体系统解决方案。

公司在 IC 卡片内操作系统的设计、卡片相关测试软件及工具设计的开发、卡片个人化系统及卡片相关各类增值业务系统设计的开发及集成、卡片配套终端设备的开发等方面都取得了不错的成果，如东信和平为中国农业银行、中国建设银行提供的 EMV 迁移整体解决方案——PBOC 2.0 标准银行 IC 卡发卡系统，为中国移动珠海分公司提供的一卡通应用系统，为广东省梅州社保局等单位提供的数据采集系统，为上海银联研究院提供的 IC 卡个人化及管理系统和密钥管理系统等。总之，在行业安全及生产资质、综合生产能力以及多行业应用智能卡系统解决方案经验等方面的突出优势使得东信和平能够在为客户提供好的体验的同时，也能帮助客户拓展业务，实现客户价值的创造。

从物联网产业价值链（见图 6-3）来看，在原有商业模式下，东信和平处于价值链的始端，属于物联网产业的感知层，这种模式在物联网发展的初期是最先受益的，但从长远发展来看，感知层企业成长的空间最小，在物联网发展中后期也无法成为主导力量。因此，公司调整发展战略，从长远利益出发，将业务从价值链的上游逐渐拓展到了中下游，逐渐向系统集成商扩展。物联网产业价值链中下游的企业从应用开发商、设备提供商处购买产品服务，加之自身开发的集成系统，形成一整套解决方案，并从电信运营商处租用网络服务，通过平台将成熟的系统产品和解决方案直接销售给客户，可以看出系统集成商处于整个物联网产业链价值流动的交汇处，是物联网产业最具战略意义的环节，并很可能主导未来物联网产业的发展，也将成为物联网产业未来发展最大的利益获得者和分配者。因此，东信和平这一商业模式的转型，将为公司的后续发展带来巨大的商机。

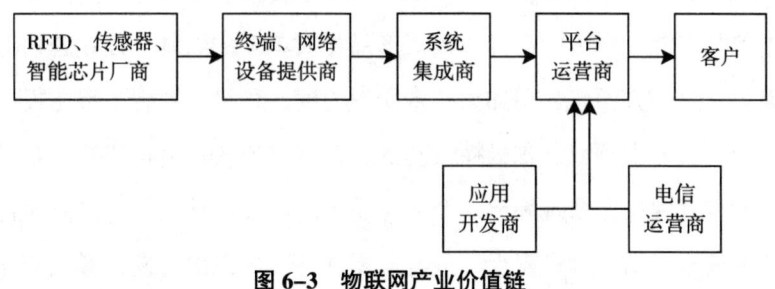

图 6-3　物联网产业价值链

第三节　智能卡的物联网应用

智能卡技术是物联网的技术核心，在整个物联网架构中属于感知延伸层部分。智能卡作为 IT 行业的一个小分支，本身的分量很有限。但是随着通信、金融和政府安全等项目的实施，智能卡独特的技术特性以及不可替代的地位开始显现。传统智能卡市场的竞争已经让企业的生存空间急剧缩小，近年来物联网的兴起给智能卡重新振作带来了一个非常好的机会。智能卡作为一种感知物理世界、存储信息、传送数据的载体，随着物联网产业的发展，其应用与发展越来越快，在金融、物流、家居、食品溯源等方面都得到了广泛的应用。

无论是物联网还是传感网，都是进行数据信息的采集和传输，这一点和普通的数据通信网络并无任何差异。区别仅在于对于物联网和传感网而言，信源端前移了，任何可以提供有用信息的"物"均可以收发信息，而且信源的种类更加纷繁复杂。如何正确识别信源的身份、保证数据传输过程中的保密性和完整性以及信源对于传送数据的不可抵赖性，这都是智能卡可以解决的问题。但是这里的智能卡不再是传统意义上的狭义智能卡，而是指能够提供身份识别、数据保密、数据完整性和不可抵赖性的安全产品，这种安全产品可能以智能卡的形式存在，也可能以其他的形式存在，是一种广义的智能卡，可能需要单独的安全芯片，也可能被其他的核心芯片整合。作为物联网核心的智能卡片，随着物联网产业的兴起，智能卡将广泛应用于物联网的丰富场景中，尤其是仓储物流、近场支付以及一卡通等场景。下面将对电信运营商关注的典型物联网应用进行需求分析，结合几种智能卡各自的技术特点和应用范围，给出具体的应用方案。

1. 仓储物流

以前的仓储管理系统通常使用条码标签或是人工仓储管理单据等方式，这些管理方式有着工作繁琐、数据量大、易出错漏、盘点周期长、货物缺失或被偷盗不能及时发现等明显的缺点。通过将 RFID 电子标签贴在每个货物的包装上或托盘上，在标签中写入货物的具体资料、存放位置等信息来进行标签管理，有利于出入库和盘库时批量读取和提高仓储管理的准确率（见图 6-4）。

利用智能卡和物联网技术，将使得企业的仓库管理变得透明并提高工作效率。随着市场竞争日益激烈，提高生产效率、降低运营成本对于企业来说至关重要。将仓储物流管理广泛应用于各个行业，设计及建立整套的仓储管理流程，可以提高仓储周转率，减少运营资金的占用，减少由于仓储淘汰所造成的成本，提

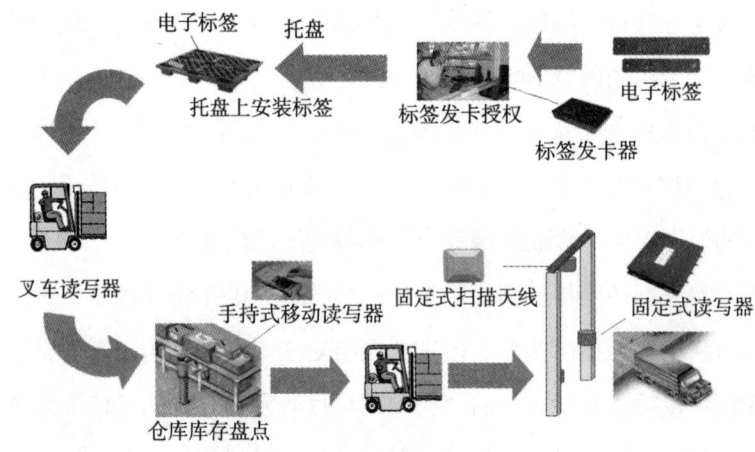

图 6-4 仓储物流应用场景

高企业生产效率。

2. 近场支付

近场支付是以 SIM 卡为核心，以 RFID 非接触技术为基础的创新性业务。它为移动运营商的客户提供在相关小额支付场所利用 SIM 卡内置的电子钱包进行消费的功能，可以广泛用于公交、便利店等支付场所（见图 6-5）。

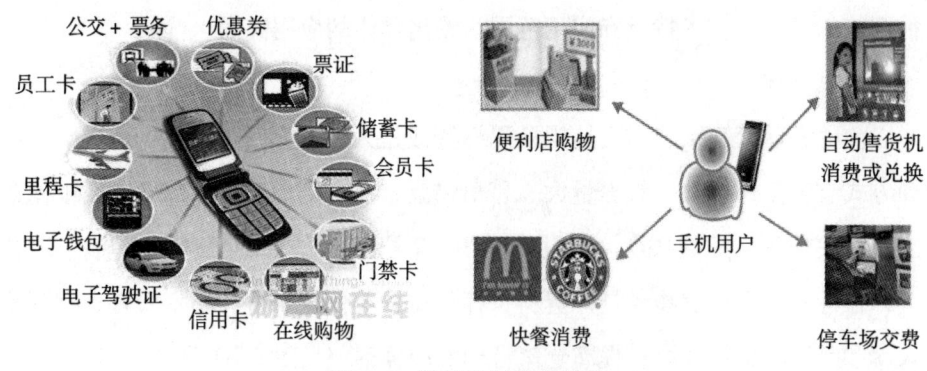

图 6-5 近场支付应用场景

用户手机支付终端（SIM 卡）通过业务订购请求向多应用管理平台申请应用下载，多应用管理平台经过鉴权确认后通过有线方式或者通过空中方式（OTA）进行应用下载。在应用下载至 SIM 卡之后，手机支付平台为用户完成开户及账户绑定工作，并再次通过多应用管理平台完成对用户 SIM 卡的个人化操作。在个人化成功后，手机支付平台通知用户业务开通。

3. 一卡通

一卡通是以 SIM 卡为核心，以 RFID 非接触技术为基础的创新性业务。它为移动运营商的集团客户提供包含门禁、考勤、内部消费、增值服务（如考勤账单、消费账单通知）等功能在内的集团信息化支付业务。

智能卡在一卡通应用领域中，首先会建立一个主安全域，应用提供方通过它所拥有的安全域来管理自己的应用，并使用安全域密钥向应用提供密码服务。各第三方应用提供商将应用提交至多应用管理平台，用户所订购的业务通过多应用管理平台进行下载与更新。应用的更新与密钥的下载可以通过有线方式或者通过空中方式（GPRS）利用 OTA 服务器实现。

物联网产业的推进将带动智能卡的发展，针对不同的行业应用，其将具有更强的环境适应能力、更先进的材质及更安全的使用机制，其应用场景将会越来越多。

第四节　东信和平物联网商业模式创新路径分析

一、智能卡行业的国内领先企业

物联网是继计算机、互联网和移动通信之后的又一次信息产业的革命性发展，是我国大力推广的下一代信息网络技术，也被正式列为国家重点发展的战略性新兴产业之一。经过近几年的发展，2012 年中国物联网市场规模已达 3650 亿元，同比增长 38.6%。专业机构预计，到 2013 年末，中国物联网市场规模将达到 4896 亿元，未来三年中国物联网市场增长率都将保持在 30% 以上。

2012 年初工信部发布《物联网"十二五"发展规划》还要求重点发展与物联

网感知功能密切相关的制造业，并且从目前行业发展态势来看，包括智能卡技术、二维码识别、RFID等在内的细分行业也已提前分享到了物联网市场增长收益。而东信和平也凭借着自身的综合优势，成为智能卡行业的佼佼者。

1. 行业分析

我国智能卡产业起步虽晚，但发展迅速。我国通过引进先进的智能卡封装生产线，在短短的几年时间里，国内智能卡的生产厂商发展超过30家，整体生产能力达到数亿张，全国智能卡用电子产品的开发和系统集成厂和公司也超过500家。截至2011年，中国智能卡市场销售量超过14亿张，同比增长10.4%；销售额达到53.4亿元，同比增长5.2%。

近几年，中国智能卡行业步入产业分工合作、规模应用起步、产品由低端向高端延伸发展的新阶段，产品结构调整、应用技术升级和优化资源配置稳步推进，表现出应用技术多元化、产品价格持续下滑、应用需求差异化、卡片市场国际化的典型特征。整个行业面临资本、技术、市场、配套、经营等多方面新的压力和挑战，同时还面临海外市场拓展的若干困难。

2. 市场分析

中国智能卡市场规模不断扩大，吸引了众多厂商的进入。激烈的市场竞争迫使企业一方面想方设法地降低生产成本，另一方面积极研发，促使原有技术的逐步成熟和新技术的出现，提高生产效率。同时由于经济和技术的进步，用户的需求呈多样化、细分化趋势，市场容量迅速递增，企业的生产规模和行业生产能力扩大，中国智能卡市场总体上将呈现这样一种发展趋势：未来行业的集中度不断下降，智能卡产品价格在多种因素的共同作用下将呈现出缓慢下降的趋势。

3. 竞争分析

从中国智能卡市场竞争格局来看，虽然国内智能卡厂商数量众多，但大部分小企业、小厂商都停留在低端领域（如门禁卡），而高端领域由于需要较高的安全和生产资质认证，实际上存在着较高的行业壁垒，只有大企业才有实力去竞争。东信和平的主要竞争对手包括外资企业金雅拓和捷德，国内企业大唐微电子、握奇数据等。

资料 6-1

• 大唐微电子和握奇数据

大唐微电子是目前全球智能卡领域中生产规模最大、产业链最完整、生产设备最先进的智能卡企业之一，是全球唯一一家能够同时在芯片级、模块级、卡片级向客户提供全方位产品、服务与解决方案的企业，也是国家指定的中国第二代居民身份证专用集成电路设计和模块加工企业。目前，公司模块年生产能力达4亿枚，智能卡年发行能力超过2亿张。

握奇数据系统有限公司成立于1994年，经过近20年的发展，已成为中国领先的数据安全解决方案提供商。握奇一直专注于数据安全与认证技术、智能卡及相关产品的研发，为不同领域提供高效、高性能、灵活的数据安全解决方案。作为全球领先的数据安全解决方案提供商，握奇以新加坡为国际业务总部，拥有覆盖美国、法国、印度、韩国等的11个海外分支机构，全系列产品和解决方案广泛应用到全球50多个国家和地区，成功服务于电信、金融、交通、政府、公共事业等领域行业客户，为数亿用户的身份认证与安全交易保驾护航。

大唐微电子和握奇数据均是智能卡领域的领先企业，其技术先进、实力雄厚，是东信和平在国内最强力的竞争对手，而且握奇数据"走出去"的成功经验值得东信和平学习。

• 金雅拓和捷德

金雅拓公司于2006年6月由全球最大的两家智能卡厂商Axalto（雅斯拓）和Gemplus（金普斯）合并成立。金雅拓公司致力于满足全球数十亿人在移动连接性、身份与数据保护、信用卡安全性、卫生医疗与交通服务、电子政务与国家安全方面日益扩大的需求，是数字安全领域的全球领先企业，

> 在40个国家设有75家办事处、研究中心和服务中心。
> 　　捷德集团是一家总部设在德国慕尼黑的国际领先技术供应商。公司成立于1852年,已经成功经营了160多年。在其所有的市场领域,包括钞票生产和处理及钞票用纸、安全文件、识别系统和智能卡解决方案,捷德公司都是全球领导者和技术创新者之一。1994年,捷德开始正式进入中国市场,涉及领域主要包括数据处理、卡片个人化、邮寄等,产品种类涵盖磁条卡、接触式IC卡、非接触式IC卡、双界面卡、USB key以及系统软件。
> 　　这两家公司均有强大的国际背景,具有丰富的国际化经营经验,特别是捷德集团,其历史悠久,它们是东信和平强有力的国际竞争对手。

从2011年各品牌的销售额来看,东信和平等国内前十名智能卡企业所占比例超过一半,而其中东信和平所占份额最多,如图6-6所示。从企业的发展能力和市场地位分析,东信和平是国内本土企业中最具发展能力和市场地位的企业,仅次于国际智能卡企业金雅拓,如图6-7所示。

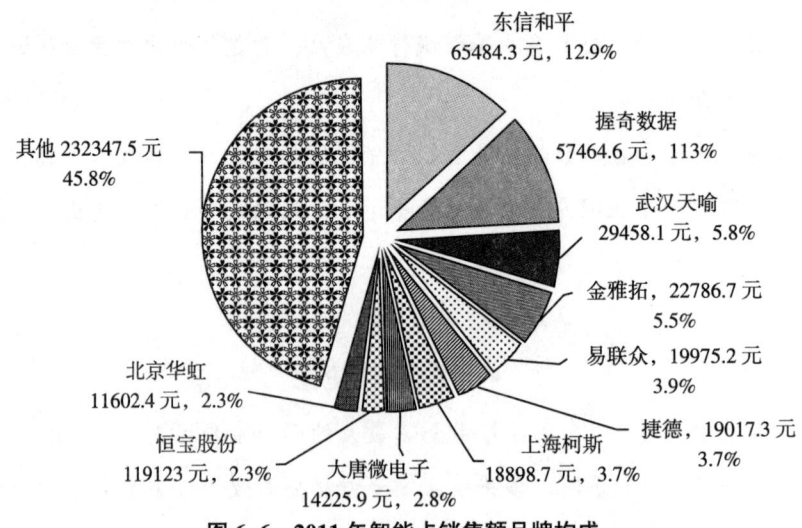

图6-6　2011年智能卡销售额品牌构成

就东信和平而言,它是国内本土最大的智能卡商,拥有先进的设备,规模大,成本低,其他国内竞争对手在技术、资金实力、品牌信誉方面竞争能力较

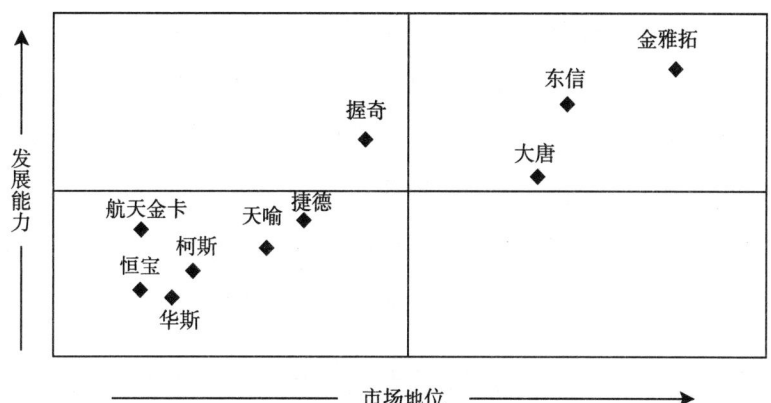

图 6-7 国内智能卡商发展能力分析

弱。而国际企业如金雅拓,同样拥有强大的资金、技术实力、庞大的生产规模以及高知名度的品牌,并且相比东信和平,其业务遍布全球,销售渠道众多,更拥有核心技术,但它们对国内市场的把握不如国内企业,且在部分应用领域存在着进入壁垒,在国内智能卡行业蓬勃发展的背景下,其领先优势正在逐渐消失。因此,东信和平应该在竞争中积极与外资企业合作,吸收其核心科技,发挥本土优势,化威胁为助力。其SWOT分析如图6-8所示。

	Strength(优势)	Weakness(劣势)
内部	1. 本土最大的智能卡厂商,拥有庞大的客户群体和品牌影响力 2. 设备先进,规模较大,成本较低 3. 拥有一定的政府背景	内部产业链构建不完善
	Opportunity(机会)	Threat(威胁)
外部	1. 新兴市场开始启动 2. 中国 3G 市场逐步启动	1. 中国二代身份证市场成熟 2. 中国智能卡市场增速明显放缓 3. 珠江三角洲地区人力成本上升

图 6-8 东信和平 SWOT 分析

在这样的总体行业环境下,作为智能卡行业的国内领先企业,东信和平将成为国际化智能卡产品及相关系统集成与整体解决方案的提供商和服务商作为公司的长期战略目标,在实际的经营运作中,不以短期盈利作为目的,坚持发展的可持续性,立足全球,坚持国际化发展方向,加大技术创新投入,巩固自身核心竞争优势,推进运营服务项目,加快产业资源整合,进一步完善全面风险管控和提升运营管理能力。坚持通信、金融支付与安全、政府公共事业三大模块业务均衡发展。在增值业务与系统集成领域，更加面向市场推进产品与服务的融合创新，提升一体化整体解决方案能力。结合"物联网"方向，积极关注国家"十二五"规划中信息化、民生、环保、节能减排等方面的应用，通过与运营商和大型集团客户的合作、技术研发和推出产品，实现技术和市场的突破。力争在研发技术能力、产业规模、管理水平、市场份额等多方面成为行业领导者。

二、向电信、金融等市场提供卡类产品和系统集成服务

盈利模式是企业在市场竞争中逐步形成的企业特有的赖以盈利的商务结构及其对应的业务结构。就东信和平而言，其盈利模式主要可以从业务结构（包括研发、生产、销售）和公司的管理活动来分析。

（1）产品和技术的研发不仅是高新技术企业的核心竞争力，也是其形成持久盈利的源泉。东信和平是国家火炬计划重点高新技术企业、广东省重点高新技术企业和通过"双软"认证的企业，同时也是省级智能卡工程技术研究开发中心，公司每年在研发上投入了大量资金，成立了专门的技术团队应对各类技术的研发，特别是近两年在物联网产业高速发展的背景下，为了完成公司向系统集成商的转型，公司研发投入逐年增加，2012年公司投入的研发费用比2011年增长1807万元，占当期营业收入的7.98%。虽然近期来看研发并不能为公司带来直接盈利，但长期来看，公司研发的投入是维持在智能卡行业的市场地位，并在系统集成行业激烈的竞争中占据一席之地的必要条件，这些投入也为公司的转型发展积累了产品技术和商务模式经验，为转型中后期盈利提供了保证。

（2）产品的生产制造一直是东信和平营业收入的主要来源，根据2012年年报显示，公司主营收入分行业中10.3亿元属于制造业，仅有142万元属于商品流通业。公司拥有建筑面积达4.6万平方米的生产基地、多条专业化的智能卡高速封装生产线以及1.8万平方米的生产车间和个人化中心，产能领先，在国内市场拥有巨大的规模优势，并且公司现在的产品和服务覆盖了电信、金融支付与安全、社会与公共事业三大应用领域，卡类产品和相关终端产品品种齐全，这也使

得公司拥有范围经济的优势。而如今公司向智能卡系统解决方案供应商和服务商的转型，为其盈利带来了更多的空间，公司能够通过为其客户开发专业化、个性化的物联网应用软件或系统集成服务，帮助客户解决问题，为客户创造价值，从而实现自身的收益。

（3）无论是智能卡市场还是系统集成市场，竞争都十分激烈，有效的推广和营销手段是公司盈利必不可少的前提。因此，公司采取选择性专业化的市场销售模式，向电信、金融与公共事业三大市场提供不同的卡类产品和系统集成服务，同时建立了强大的营销团队，积极地与下游大客户保持长期合作关系，并通过与客户重复的业务往来，赢得了客户的信赖和行业内声誉，培育了公司的良好品牌，使得近几年来东信和平芯片卡销售量在国内稳居第一位，智能卡出货量在全球也排名第五位，有效地占领了智能卡市场，实现了稳定盈利。在系统集成方面，公司也依靠强大的综合生产实力和丰富的多领域跨行业的智能卡服务经验，在通信、金融、政府等领域成功实施了一个又一个重大项目。

此外，经过多年的发展，公司形成的较完善的治理结构和运营机制使得公司的管理活动（如行政管理、人力资源管理、财务与资产管理等）虽然不直接增加产品或服务的价值，但可以通过对公司生产销售活动等的管理控制，提升效益，降低成本，有效地控制风险，提升公司的应变能力，促进公司在系统集成行业核心竞争能力的形成，为公司在新市场的盈利提供更多可能。

三、上市融资加海外扩张

资本运作是现代化企业经营发展的必要手段，它有助于企业迅速实现规模效应，增强资本扩张能力。资本运作要求最大限度地支配和使用资本，以较少的资本调动、控制较多的社会资源。

从2004年上市以来，公司最大的两个股东普天东方通信集团有限公司、珠海普天和平电信工业有限公司持有的股份分别稳定在29.62%、22.47%左右，总和占公司股本的一半，这两个公司均为国有企业，能够为东信和平在资本运作中有效地降低风险，坚定投资者的信心，吸引更多闲散的社会资本。2004年6月

24日,东信和平向深市、沪市二级市场投资者以定价配售的方式成功发行人民币普通股(A股)2500万股,每股面值1.00元,发行价格10.43元,共募集资金26075万元,扣除发行费用后资金净额为24234万元。这些上市募集的资金被用于智能卡生产线(II期)技改、IC模块封装技术引进及产业化等项目,有效地加速了公司生产技术的更新换代,加强了公司的核心竞争能力。同时,公司也通过兼并的方式实现了资本的扩张和综合实力的提升。2009年12月16日,东信和平以586.46万元成功竞得东信股份持有的东信百丰50%的股权,以234.584万元成功竞得东信网络持有的东信百丰20%的股权,共计获得东信百丰70%的股权,成为其控股股东。

此外,公司从2005年到2011年,先后在新加坡、孟加拉国、印度、俄罗斯、马来西亚成立了子公司,这些子公司开展的新业务包括拓展东信和平海外市场,推动全球销售增长和应用软件开发,并支持全面解决方案。这些资本运作是东信和平迈向国际化、寻求更高层次和更广阔发展空间的重要举措,也是公司向全球化系统集成与整体解决方案的提供商和服务商转型的必经之路。

如今,为了利于提升公司提供卡端、终端和系统完整解决方案的能力,配合公司发展系统业务和向系统运营服务转型的发展战略,2013年10月24日,公司拟与北京亿速码共同出资6000万元组建城联数据有限公司,踏入大数据领域。其中,东信和平与北京亿速码共同以现金方式各出资3000万元,分别持有城联数据50%的股权。城联数据的经营范围为:信息数据系统平台的建设和运营;大数据管理,数据收集、交换等数据管理方案;多应用卡及其相关数据系统、产品、技术的研发、销售、服务和技术转让等。

四、对物质资源与人力资源的共同组织

组织能力是企业竞争优势形成的主要因素之一,是企业配置不同层面资源的能力。良好的组织能力能够使企业在动态复杂环境下不断地通过对其拥有的资源和要素进行组合来应对市场变化,实现资源"1+1>2"的效果。就东信和平而言,其组织能力可从以下两个方面分析。

1. 对物质资源的组织

东信和平研发了移动通信、移动金融支付、政府公共事业等多领域、种类丰富的智能卡产品,并建立了全面的产品线集中生产,并且为了确保产品质量和产能有效满足市场交付的需求,使产品达到高度的保安性质要求,公司先后引进了多种国际先进设备和仪器,建立起了从普通银行磁条卡、特种工艺磁条卡,到接触式、非接触式、USB Token,乃至双界面银行智能卡的完整内部生产流程,实现了多种产品的集中生产运作和管理机制,有效地组织了物质资源,节约了公司成本,提高了效益。此外,公司将智能卡的制造和配套系统的开发及应用结合起来,更大程度发挥其在智能卡行业的优势。通过在电信智能卡技术优势上的积累,公司推动了金融等其他领域智能卡产品与电信智能卡产品的多功能应用技术结合。例如,公司新近推出了 SIMKEY 产品,通过将安全算法置于 SIM 卡中,以 SMS 方式远程激活应用。这种产品可以支持多个电子商务应用,每个应用相互独立。并且,公司在拓展海外市场时,策略性地选择了直接在海外建立子公司或者控股公司。在财务方面,东信和平坚持稳健经营的原则,并且因其在资金实力方面本身具有优势,因此公司在财务状况、资金储备、银行信誉方面都表现良好。此外,在财务管理方面,公司为降低财务费用,也采取了多种控制措施,如公司根据资金的使用进度,适当地增加定期、通知等方式的存款金额,加强对资金的管理,提高资金的收益率。

2. 对人力资源的组织

人力资源是现代企业所必需的一种特殊资源,不仅其本身具有能动性,而且企业对其的有效组织整合,也将很大程度上影响其的产出贡献。东信和平对于人力资源的核心观念是"以人为本"。一方面,公司高层管理均为具有丰富的智能卡及物联网专业技术知识和多年企业管理经验的工程师或专家;另一方面,公司十分注重企业组织文化建设,着力培育所有员工共同接受的价值观念、行为准则、团队意识、思维方式和团体归属感,形成团结进取、积极向上的团队氛围,增强企业的凝聚力、导向力、辐射力,为企业的发展提供强有力的文化支撑。此外,公司也注重学习型组织文化氛围的建立,积极开展各种员工学习、创新活动,为员工设计全面的培训计划,在员工的长期发展中培育其敢于承担、积极创新的能力。

第五节　东信和平的启示

在物联网全面感知、可靠传递、智能处理等主要环节中,智能卡可以让采集设备登录网络并起到鉴权作用,从而使采集设备拥有数据采集和收集功能,因此也成为了物联网应用中不可或缺的环节。所以,尽管现在我国物联网还处于起步阶段,但是基于物联网理念的一些初级应用,如 M2M 应用,就已经给智能卡产业带来了不小的市场,传统智能卡企业也将从物联网产业的发展中获得产品和技术更新换代的机会。而东信和平物联网商业模式的转型,也正是基于这一点的深刻认识。可以说,国内物联网如火如荼的发展趋势将推动东信和平借助这一难得的历史机遇成功实现企业产业链的升级,完成跨越式的发展。从多年的发展实践和近几年来公司的战略调整,可以看到东信和平对其传统商业模式突破的决心,也可以看到公司对物联网产业、对智能卡行业的未来发展的信心,更重要的是它为我国众多在物联网发展潮流中努力的企业提供了一些启示。

1. 战略定位

现今无论是国内还是国际,物联网都处在起步阶段,物联网概念仍然非常宽泛,涵盖的内容也十分丰富,许多行业都能在一定程度上和物联网联系起来。对于传统智能卡企业来说,虽然物联网的发展为智能卡整个行业带来了新的发展机遇,但要充分认识到,智能卡产业链并非各个环节都能乘上物联网发展的快船,如 COS 开发和卡片封装这两部分就很可能无缘分享物联网发展的"蛋糕",而芯片设计和制造、系统应用集成最可能成为物联网发展的长久受益者。面对这种情况,那些想要在物联网发展潮流中获取成功的智能卡企业,一定要充分认识到传统智能卡行业与物联网的结合点,要借鉴东信和平的战略,立足自身多年发展的行业领域,找准自身在物联网时代的定位点,规划自身的物联网发展战略,对原有产业链进行改造升级，最终实现物联网新业务的开拓和发展。

2. 技术创新

对于物联网这种新兴的信息产业，技术创新无疑是企业核心的竞争力，是企业在后续发展过程中能够有效占领市场、获得持续盈利的保证。技术门槛是许多企业无法进入某些行业的壁垒，并且行业利润越大，壁垒越高，因此，无论是企业想进入一个新领域，还是想在已有领域的竞争中脱颖而出，强大的技术创新能力是必不可少的。东信和平拥有自身专业化的研发团队，也建立了自己的技术研发中心和创新厂区，拥有多项智能卡技术专利和从业资质，每年在技术创新方面均取得了稳定的成果，在国内智能卡行业中名列前茅。但这种技术创新模式的缺点是研发费用较高，研发周期较长且风险较大，只适合有实力的大型企业；而对于智能卡行业众多的中小型企业而言，更切实际的做法是通过与高校或专业机构合作，共建研发平台，通过平台资源的共享，实现低成本的技术创新。

3. 国际合作

不可否认，在物联网等产业领域，国内与国际的水平仍存在着差距，国外企业拥有更为成熟的技术和更为雄厚的资金，但国内市场并未对外企完全开放，国内的智能卡芯片企业与国外芯片企业相比占有明显优势，国内物联网采用的安全产品极有可能会使用中国的密码算法，而国密面向外国厂商开放算法使用许可的可能性不高。因此，国内智能卡企业在全球范围内寻求资源配置和合作共赢时，应该充分利用本土优势，积极引进国外资本、先进的技术和设备，立足国内市场，针对国内需求，直接进行研发。实力较强的企业更可以如东信和平一样，直接在国外建立子公司，吸收国外先进的技术和管理经验，与国外企业在市场中激烈竞争，并将成功的经验推广到国内母公司的运作中来。

第七章　高鸿股份：进军物联网、移动互联网等新兴产业

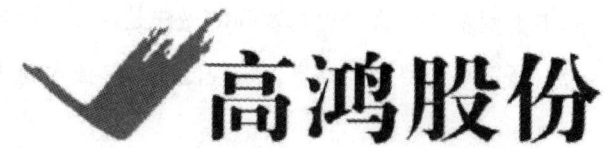

高鸿股份：企业信息化服务与集成商

　　高鸿股份坚持以"建立面向广大独立决策的投资和消费主体的服务体系"为发展战略目标，秉承"诚信为本、服务至上、勇于创新、追求卓越"的服务理念，致力于从软件、硬件、服务等多方面满足各类客户多样化的需求。

高鸿股份目前已成为中国 RFID 技术研究、产品开发、标准制定和行业解决方案领域重要的厂家之一。高鸿股份还承担了多项国家科技部"863"课题以及国家信息产业部 RFID 重大专项"基于 RFID 的电子标签产品研发与标准研究制定",并通过与国内外同行合作,掌握了通信协议、防冲突算法、射频技术、中间件平台、应用软件等 RFID 核心技术。在 2013 年乃至整个"十二五"期间,高鸿股份将大举进军物联网、移动互联网等新兴产业,大力整合其控股母公司大唐电信集团旗下物联网及移动互联网相关产业资源。

第一节　公司介绍

大唐高鸿数据网络技术股份有限公司(以下简称高鸿股份)原名贵州中国第七砂轮股份有限公司。2003 年 12 月,大唐高鸿数据网络技术股份有限公司上市,股票简称"高鸿股份",股票代码为 000851。高鸿股份是由大唐电信科技产业集团整合多年累积的数据产业领域的技术和资源组建的高新技术企业,是大唐电信集团旗下境内两家上市公司之一。高鸿股份秉承"诚信为本、服务至上、勇于创新、追求卓越"的理念,充分发挥其在产品研发、市场营销、运营服务等领域的优势,成功实施实业经营与资本运作双轮驱动的发展策略,快速稳健推进"企业信息化服务"、"电信增值业务"、"终端连锁销售"三大产业板块的发展。

一、公司基本情况

高鸿股份作为大唐电信科技产业集团下整合了多年积累的数据产业技术、产品和资源组建的高新技术企业,公司注重高新技术的开发和新科技产品的推广,加快三个业务板块的发展步伐,实现各业务板块在行业细分领域的竞争优势,努力打造"大唐高鸿"的优质品牌形象,实现高鸿股份全面、协调和可持续发展。公司经过多年的发展,在资产、人力和技术方面都取得了显著的成绩。

首先，在资产方面，2003年成立之初，其总资产规模只有3.57亿元，营业收入仅有1.27亿元，到2013年12月31日，公司总资产达到55.07亿元，增长了近15倍，公司全年实现营业收入61.98亿元，增长了近50倍（见图7-1）。

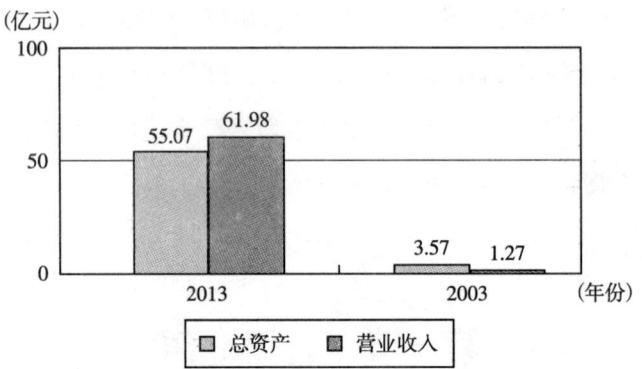

图7-1　高鸿股份总资产与营业收入十年变化

其次，在人力方面，公司拥有自己的专业技术人员和高级管理人员。截至2013年末，公司本部及各控股子公司共有1103名员工，其中财务人员77人，行政人员176人，销售人员418人，技术人员359人，生产人员73人（见图7-2）。员工薪酬采取基薪加绩效考核方式。最后，在技术方面，公司在物联网行业取得了长足的发展。公司拥有多项自主知识产权和专利，掌握了通信协议、防冲突算法、射频技术、中间件平台、应用软件等RFID核心技术，在此基础上，不断创新，推进物联网技术的应用。

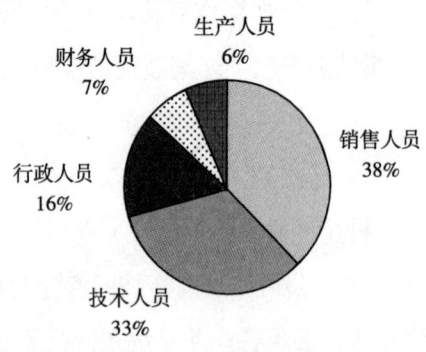

图7-2　高鸿股份员工构成

2003年，高鸿股份开始着手于物联网方面的产业规划和布局，同年高鸿股份上市,成立信息系统事业部,落实物联网相关研究与产品研发工作以及项目的承担工作。2004年,高鸿股份顺利承接物联网项目,如贵州省政府、军队、武警、电力等信息化项目,建设运营BOT模式遵义市煤矿瓦斯联网平台,并承担原信息产业部、科技部等的RFID项目。2006年,高鸿股份成立贵阳分公司,设立RFID研发中心,承担高鸿股份的计算机系统集成、RFID技术研究、产品开发和项目试点应用。自此,高鸿股份在物联网领域一路走来,经历了十几年的风雨,终成为物联网领域中的佼佼者。目前,公司在有源2.45GHz的射频领域拥有自主研发的多款射频卡以及读卡终端,拥有国内第一款微波定向手持式读写器及全套微波远距离RFID产品—标签、读写器系统。其产品目前已经在物流、煤矿等多个领域拥有成功的应用案例。

高鸿股份坚持以"建立面向广大独立决策的投资和消费主体的服务体系"为发展战略目标,秉承"诚信为本、服务至上、勇于创新、追求卓越"的服务理念,致力于从软件、硬件、服务等多方面满足各类客户多样化的需求。公司在生产经营中深入贯彻落实科学发展观,降本增效,保证面向企业客户的企业信息化业务、面向个人消费者和中小企业客户的IT连锁销售业务以及面向个人消费者的电信增值业务三个业务板块稳健发展、持续增长。

二、经营运作

截至2013年12月31日,高鸿股份实现营业收入61.98亿元,比2012年同比增长34.25%;实现净利润5217.64亿元,比2012年同比增长108.66%。公司2011~2013年的营业收入和净利润如图7-3、图7-4所示。

高鸿股份的主营业务按照行业来划分主要分为三个板块,分别是企业信息化业务板块、IT终端连锁销售业务板块和电信增值业务板块,针对不同的业务板块,公司制定了不同的发展战略。具体包括:

1. 企业信息化业务板块

公司企业信息化业务贯彻全组织利润中心理念,立足核心产品及核心方案,聚焦行业市场,大力拓展行业市场的广度和深度,逐步实现从"企业信息化服

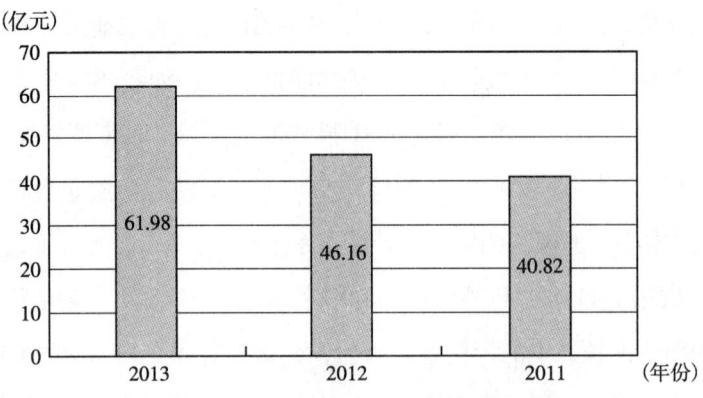

图 7-3　高鸿股份 2011~2013 年营业收入情况

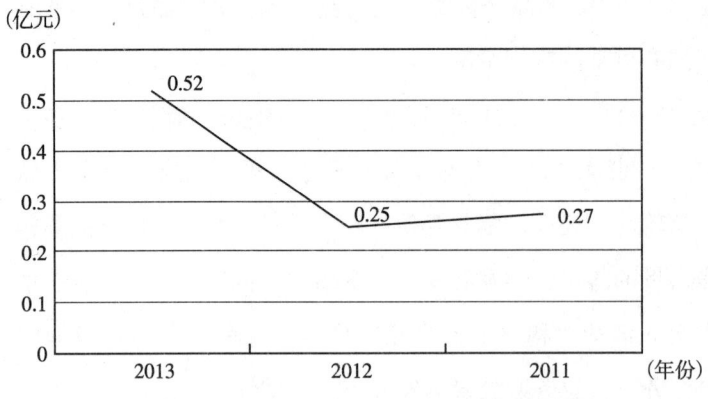

图 7-4　高鸿股份 2011~2013 年净利润情况

务"向"企业信息化服务与集成商"的转变。面对行业和企业信息化服务需求，高鸿股份大大增强了物联网传感层技术力量，形成了公司在感知层技术和产业的重大突破，主要体现在智能楼宇的物联网智能平台研究和智慧农业的示范应用工程建设方面。

2. IT 终端连锁销售业务板块

围绕"建立面向广大独立决策的投资和消费主体的服务体系"的定位，公司构建了面向全国的 IT 销售网络，如高鸿鼎恒和高鸿商城构筑的线下、线上立体化的 IT 销售平台。在实体连锁销售方面，公司推进高鸿商城初步实现品牌店面的统一收银管理。公司持续推进零售业务的优化，深度挖掘产品、客户资源，持续加大供应链上下游的合作力度，保持主力品牌的领先地位。在电子商务方面，公司致力于为消费者提供全面的高质量服务,以多元化的经营发展为思路,在目前 B2B 和 B2C 模式的基础上,尝试新业务的延伸,整合线上和线下资源,并开展深度销售,针对企业客户和集团客户推出"特色售后服务"。另外,公司推进电子商城在一线城市的布局,加强仓储物流建设,打造个性化产品,实施特色化营销,以保证电子商务业务板块销售规模持续增长。

3. 电信增值业务板块

公司重点推进移动互联网及新媒体增值业务的拓展,加快新业务体系的探索与建设,通过与国家出版总署的深度合作,整合引进优质内容资源,完成电信运营商各类基地增值业务的接入,推进数字新媒体业务的发展,提升新业务的投放能力和盈利能力。

其中,2010~2012 年公司的主营业务收入按行业和按产品划分如图 7-5 和图 7-6 所示。

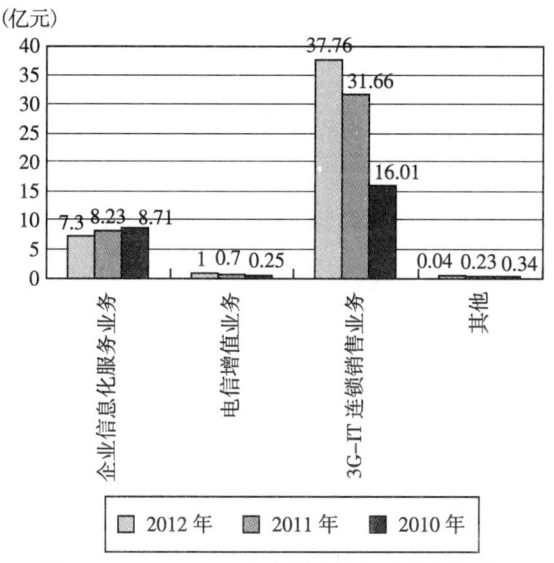

图 7-5 2010~2012 年高鸿股份行业收入构成

从高鸿股份这三年的营业收入可以发现,按行业划分,在三大业务板块中 3G-IT 连锁销售业务一直是高鸿股份的主营业务,其营业收入所占比重从 2010 年的 63.26% 上升到 2012 年的 81.9%,这与 3G 时代的到来和高鸿股份迈向物联网行业的发展趋势相吻合;按产品划分,在三大业务板块中电信增值业务和

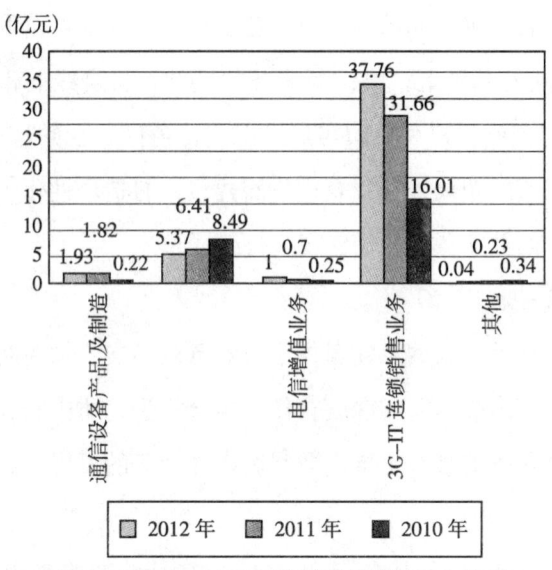

图 7-6　2010~2012 年高鸿股份产品收入构成

3G-IT 连锁销售业务都呈现出增长趋势,其中电信增值业务收入所占比重从 2010 年的 0.99% 上升到 2012 年的 2.17%,而通信设备产品及制造业务出现下降趋势,这是高鸿股份从传统经营模式向物联网模式转变的显著特征。

高鸿股份将自己定位于高新技术产业,持续进行研究开发与技术成果转化,形成企业核心自主知识产权,并以此为基础开展经营活动。公司主要从事数据通信领域产品、业务和整体解决方案的提供,以及行业信息化客户信息系统解决方案的提供。其主要经营业务及项目有多业务宽带电信网络产品、通信器材、通信终端设备、仪器仪表、电子计算机软硬件及外部设备、系统集成的技术开发、转让、咨询、服务及制造、销售;通信及信息系统工程设计;信息服务;自营和代理各类商品和技术的进出口,但国家限定公司经营或者禁止进出口的商品和技术除外;安全技术防范系统设计、施工、维修。

第二节　高鸿股份：基于"全国连锁销售和服务中心"的商业模式

在物联网时代以前，制造商生产出产品后往往通过从制造商到批发商，再到零售商，最后到消费者的营销渠道来对外销售商品。高鸿股份主要销售一些电信网络产品，其盈利方式有以下几种：第一，建立良好的分销渠道，降低成本。在传统的销售模式中，公司以实体店零售为主，完善销售队伍，降低销售成本。第二，开发新产品，占据市场优势。公司加大资金投入，依靠雄厚的研发力量，不断增加产品在同行业中的科技含量，使产品在价格和市场份额方面保持相对优势。第三，完善公司内部管理制度建设，努力降低产品的制造成本，节约项目开发过程中的费用消耗，使费效比维持在较为合理的水平。

随着网络技术的发展，传统商业模式已经不适应时代的发展，高鸿股份的发展进入了"瓶颈"期，为了抓住 3G 网络时代这一机遇，实现公司长远的发展目标，高鸿股份决定转型进入物联网行业，积极探索新的发展模式，为进入物联网行业做好充足的准备。

（1）高鸿股份升级信息化，加快 FRID 技术的研发，为物联网业务的发展提供核心技术支持。早在 2005 年，高鸿股份就开始布局 RFID 业务体系以原信息系统事业部为班底，抽调业务骨干，成立 RFID 研发中心，认真研究国内外先进的 RFID 技术。同时，还聘请著名高校、科研院所的专家、总工程师担任技术顾问，在电子科技大学、北京理工大学等院校建立 RFID 联合实验室，从事 RFID 核心技术的研发工作。经过几年的艰苦奋斗，高鸿股份对未来 RFID 业务发展形成了一个明确的战略方向和发展规划。从此，公司积极进军 RFID 和数字地理信息系统（GIS）等前沿技术领域，并将 RFID 技术作为重大发展方向之一，专注于 RFID 领域产品、系统和整体解决方案的提供。公司具有很好的研发条件和设备，曾多次承担并很好地完成了国家"863"课题和国家重大科技攻关项目，并通过与国内外同行合作，掌握了通信协议、防冲突算法、射频技术、中间件平台、应用软件等 RFID 核心技术。

（2）高鸿股份抓住"三网"融合的机遇，大举进军物联网、移动互联网等新兴产业，大力整合其控股母公司大唐电信集团旗下物联网及移动互联网相关产业资源。2012 年 10 月，高鸿股份与无锡市政府就物联网应用、"三网"融合、呼叫中心服务外包产业、电子商务、移动互联网、文化创意等业务与无锡市展开全面合作做了进一步沟通，并与无锡市政府就相关项目的深入合作签订了战略合作意向书。同样还是 2012 年 10 月，高鸿股份与北京康拓科技有限公司、北京大学智能交通与物联网创新研究中心、北银电信投资有限公司，在反复探讨和论证的基础上确定了项目资金、研发团队、试点工程、市场开拓等一系列的商业落地事宜，正式签订了"北斗及车联网项目"战略合作协议，标志着高鸿股份在车联网领域的探索及项目推进取得了实质性进展。而 2012 年 9 月，高鸿股份在"国家文化产业示范基地"卡通艺术博物馆与北京万豪天际文化传播有限公司签署了《文化科技融合战略合作协议》及《多媒体平台项目合作协议》两份分量十足的合作协议。众所周知，数字化出版作为科技与文化结合的典型行业拥有巨大的发展潜力，移动互联网与网络用户也与日俱增，因此文化科技融合正当其时。种种迹象表明，高鸿股份在 2013 年乃至整个"十二五"期间，将大举进军物联网、移动互联网等新兴产业。

（3）高鸿股份积极打造电子商务平台，加快物联网技术的应用。高鸿股份建立了电子商务平台——高鸿商城，高鸿商城作为高鸿股份物联网应用技术的典型代表，取得了显著的经济效益。据 2012 年半年报数据显示，2012 年前半年公司 3G-IT 连锁销售业务毛利率较 2011 年提高了 0.5 个百分点，整体销售额达 19.36 亿元，相对于 2011 年全年 31 亿元的销售额进步不少。公司业务之所以在物联网应用领域取得了显著成绩，是因为高鸿商城拥有自己独特的业务模式、发展战略和经营理念：高鸿商城在业内首次提出了"淘实惠、淘便利、淘个性"的 3C 消费、购物理念，成功塑造了"鸿粉团"、"3C 特莱斯"、"荷兰式拍卖"等业务模式，逐渐成为中国电子商务领域的中坚力量；高鸿商城根据自身优势制定了发展战略,建设了自有物仓基地和物流配送体系,从而提升了公司在3C网购垂直电子商务领域的综合竞争实力;高鸿商城选择稳健、踏实的经营理念,努力完善线上服务体系、提高线上服务质量、完善物流仓储系统等,在踏实做好服务的同时力求业务上的创新,通过增强供应商议价能力、合理优化线上线下关系、创新营销推广策略等方式使得公司业绩稳步增长。最终,凭借其独特的运营理念,"高鸿商城"于2011年8月被评为国家商务部首批83家电子商务示范企业之一。因此,高鸿股份通过整合集团内部零售体系资源,开展线上和线下互动,实现了采购成本更低、经营模式更灵活、营销网络覆盖面更广、服务质量更优质的目标。

总之,公司通过升级企业信息化系列产品,为企业信息化建设提供专业的技术支持;紧盯"三网"融合机遇,获取核心技术及内容资源,逐步发展为数字化信息服务主力企业;借网上、网下立体式连锁销售的基础,打造更加合理的多层次、全方位的连锁销售渠道,努力形成全方位的物联网体系。经过一系列的准备工作,高鸿股份加入了物联网的行列,从此,公司致力于推进战略调整和商业模式转型。

一方面,公司推进战略调整,基本形成了"建立面向广大独立决策的投资和消费主体的服务体系"的战略定位。公司致力于从软件、硬件、服务等多方面满足各类客户多样化的需求,以市场战略为基础,保证整体产品质量和服务质量,提升品牌形象;以服务客户为中心,打造符合市场需求的有特色的产品及服务,突出品牌定位及核心价值。针对企业信息化服务方面,公司深度挖掘市场需求,将产品打造成精品,拓展IP语音应用领域,推广企业信息化服务;针对终端连锁销售方面,公司将致力于用高质量的终端产品与丰富的品类组合服务消费者;针对电信增值业务方面,公司努力拓宽增值业务内容,提供贴心的电信增值服务。总之,公司通过三个业务板块的推进,为消费者提供具有"高鸿"特色的产品与服务。

另一方面,公司推进商业模式转型,基本形成了"全国连锁销售和服务中心"的商业模式。公司致力于推动信息网络和信息技术的广泛应用,以"加快发展服务业","积极发展电子商务","推动网络化、规模化"为宗旨。公司建立了物联网营销平台，初步建立了连锁化运营的互联网增值业务平台，移动增值业务逐步展开，为提供3G时代移动互联网增值业务服务创建了基础运营平台；完善连锁终端的产品和资金平台，搭建起3G-IT连锁终端销售营销平台；开展数据产品业务，推动3G传送网产品在TD-SCDMA网络中的应用，VOIP系列产品进一步成熟，具备了大规模产业化的能力，部分终端产品实现规模生产。公司将建立网上、网下立体式，全方位的连锁销售渠道，发挥规模效益，掌握市场话语权和主动权。

通过战略调整和商业模式转型，公司业务取得了重大进展，高鸿股份从传统的商业模式成功转型进入物联网行业。随着3G网络的普及和我国政府对物联网等新兴产业的大力支持与不懈推动，物联网产业有极大的机会成为继互联网繁荣、增值业务大丰收后的又一产业创新基础。因此，高鸿股份转型进入物联网行业有极大的发展空间和发展潜力。

第三节　高鸿股份物联网商业模式创新路径分析

一、拓展物联网细分市场和企业信息化行业应用业务

2012年，《"十二五"国家战略性新兴产业发展规划》正式发布，不仅提出"十二五"末战略性新兴产业占GDP比重从2010年的3.8%提升到8%，而且明确了在"十二五"期间，将重点实施宽带中国、物联网和云计算、信息惠民等20项重大工程。基于我国政府对物联网等新兴产业的大力支持和不懈推动，物联网等新兴产业有极大的机会成为继互联网之后的又一产业创新基础。

物联网被称为继计算机、互联网之后，世界信息产业的第三次浪潮。根据美国研究机构Forrester的预测，物联网所带来的产业价值将比互联网大30倍，物联网将成为下一个万亿元级别的信息产业业务。另外，《物联网"十二五"发展规

划》提出,至2015年,中国物联网整体市场规模将达到7500亿元,年复合增长率超过30.0%。物联网的发展,已经上升到国家战略的高度,必将有大大小小的科技企业受益于国家政策扶持,进入科技产业化的过程中。从行业的角度来看,物联网主要涉及的行业包括电子、软件和通信,通过电子产品标识感知识别相关信息,通过通信设备和服务传导传输信息,最后通过计算机处理存储信息。而这些产业链的任何环节都会形成相应的市场,加总在一起的市场规模就相当大,可以说,物联网产业链的细化将带来市场进一步细分,造就一个庞大的物联网产业市场。

物联网行业拥有广阔的发展前景,基于国际环境,国家出台了一系列宏观政策(如物联网、"三网"融合、电子商务、家电下乡、文化创意产业等扶持政策)鼓励发展实体经济,此外,社会进步和信息技术也取得了长足发展,积极的外部因素给公司的服务及产品带来了一定的机遇,也为公司步入良性发展提供了机会。

公司2011年制定了自己的"十二五"发展战略规划,即以"建立面向广大独立决策的投资和消费主体的服务体系"为发展战略目标,通过建设对客户广泛覆盖的渠道平台,横向整合外部资源和产品线,纵向整合业务及在传统渠道上整合新型业务,推进企业信息化业务、IT销售业务和信息服务业务全面、协调、可持续发展,竭力提升公司的可持续发展能力、核心竞争力及盈利能力,逐步将公司打造为新型的物联网企业。

2012年,公司坚持既定的"十二五"发展战略的引领,积极推动产业调整,优化商业模式,深入调整业务和资产结构,整合产业链价值资源,持续优化调整业务体系,全力拓展物联网细分市场及企业信息化行业应用业务。

(1)IT销售业务紧跟行业趋势,持续调整优化,形成立体式运营体系。全球IT产品行业正在经历快速变革,2011年第二季度中国首次取代美国,截至目前,中国已成为全球最大的PC市场,国内消费者对IT电子产品的需求持续旺盛。随着实体店面成本的上升及互联网信息技术的不断进步,IT产品市场逐步进入实体销售与电子商务并举的时代。在这种情况下,公司在拓展实体销售和深度挖掘大客户资源的同时，着力发展具有"高鸿"特色的 B2C 电子商城（高鸿商城网址：www.tao3c.com），致力于建立在一线城市以个性化的电子商务为主体，在二三线城市以覆盖实体店面为主体的差异化立体式运营体系。

（2）打造拳头产品和行业解决方案，持续优化调整业务体系，全力拓展物联网细分市场及企业信息化行业应用业务。在企业信息化业务方面，随着我国经济社会的高速发展，我国 IP 语音市场需求呈现逐年增长的态势，IP 语音市场将有巨大的发展空间。面对市场机遇，公司大力推动从国内知名"IP 语音系统提供商"向"企业信息化服务与集成商"的转型，持续加大在 IP 语音类融合通信领域的研发投入，推出业内领先的 IP 多媒体调度系统，纵深拓展细分市场，有效切入矿业行业应用市场，如金属非金属矿山行业调度解决方案（见图 7-7）。

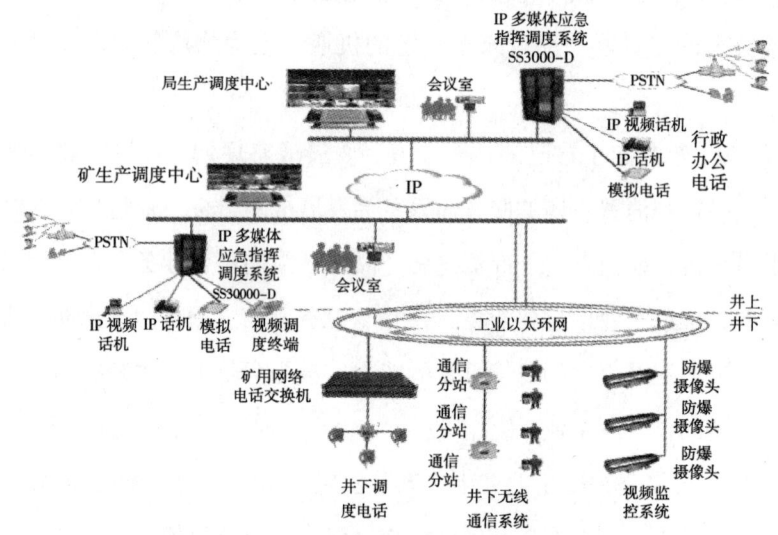

图 7-7 金属非金属矿山行业调度解决方案

资料 7-1

高鸿 SS3000-D IP 多媒体调度通信系统

金属非金属地下矿山由于没有瓦斯等易燃易爆气体，因此井下设备无须采用防爆产品，但需满足井下恶劣环境下正常工作的要求（如防水、防尘、防腐蚀等)。其所涉及的通信系统（有线调度、无线通信、视频监控）与煤矿基本一样。高鸿SS3000-D IP多媒体调度通信系统不但可实现单矿部署，而且可实现总公司与多矿之间的二级调度系统部署，总公司领导及管理人员可实现对所有矿调度点的音视频调度。不仅为各矿提供日常生产调度功能，同时也为总公司及矿上各级领导了解各矿安全情况、生产信息提供了灵活便捷的管理手段及通信方式。

（3）顺应发展趋势，实现信息服务业务盈利与收入的规模增长。文化创意产业的兴起给运营商和SP、CP及移动互联网信息增值业务带来了新的增长点。作为2009年和2012年非公开发行募集资金的项目之一，公司信息增值服务业务快速发展壮大，公司密切抓住行业的发展趋势，在巩固现有信息增值服务业务的同时，通过挖掘和塑造有效的商业模式和盈利模型，大力开拓信息增值业务的行业应用以及基于文化创意产业背景的新媒体业务和移动互联网信息增值服务业务，顺利实现公司信息增值业务的可持续快速发展。

高鸿股份横向整合内外部资源，纵向整合关联业务资源，在传统渠道上整合新型业务，努力使各业务板块在行业细分领域成为具有竞争优势的一流企业，实现高鸿股份的全面、协调和可持续发展。

二、高鸿股份有效的资源整合

资源整合对一个企业的发展具有重要的作用。资源整合是指企业对不同来源、层次、结构、内容的资源进行选择、汲取和有机融合，并对原有的资源体系进行重构，摒弃无价值的资源，以形成新的核心资源体系。高鸿股份作为物联网行业的重要厂家，其加强了资源的整合力度，引领了中国物联网行业的发展。

1. 内外资源的整合

企业的内部资源条件决定了其能否和如何有效利用外部环境提供的机会并消除可能的威胁，从而获取持久的竞争优势。高鸿股份成功转型，并在物联网应用领域脱颖而出，与其内部资源的整合能力密不可分。企业内部资源中最重要的是技术资源。物联网是新一代信息技术的高度集成和综合运用,物联网行业的发展需要不断地进行技术创新,高鸿股份在物联网的信息传感设备上取得了重大突破。射频识别(RFID)技术是一种通信技术,在物联网的应用上发挥着信息传输的作用。高鸿控股拥有 RFID 业务知识产权的两个专利,分别是《可灵活支持多天线和多种网络接口的读写器设计》和《手表型电子标签》,还有若干根据不同的应用提交的软件制作权,包括《RFID 中间件平台(RFID-MP)软件 V3.0》和《基于 RFID 技术的煤矿井下人员定位及考勤系统软件 V3.0》。大唐高鸿还承担了一些国家 RFID 项目,包括 2005 年国家高技术研究发展计划("863"课题)信息技术领域超大规模集成电路设计专项——电子标签(RFID)产品及应用,2006 年电子信息产业发展基金重点招议标项目——基于 RFID 的电子标签产品研发与标准研究制定,2006 年电子信息产业发展基金重点招议标项目——煤矿安全生产信息化标准体系研究制定,2007 年贵阳市信息产业发展项目——RFID 在煤矿安全生产中的应用。

外部资源主要是指能够潜在或实际地影响企业价值创造但又是企业不能或者不易掌控的资源。虽然外部资源不像内部资源一样对企业的发展起决定性作用,但如果企业能够通过创造性的手段,将外部资源利用与内部资源整合结合起来,同样能够提高企业资源的产出效果和效率,从而增强企业的持续竞争优势。

首先,政治环境。物联网作为一项新兴产业,已被我国提升为国家战略,其建设发展对推动我国经济结构转型、提升综合国力具有深远的战略意义。因此,国家从工作机制和政策措施两方面为物联网的发展营造良好的环境。在工作机制方面,按照国务院的要求,国家发展改革委、工业和信息化部等部门已开展了几个方面的工作。一是建立健全了物联网发展的协调推进机制。2012 年 8 月底,成立了由国家发展改革委、工业和信息化部共同牵头,13 个部门参加的物联网发展部际联席会议。二是成立了物联网发展专家咨询队伍。组建了由 34 位来自不同单位的专家组成的物联网发展专家咨询委员会,为物联网发展战略、顶层设计、重大专项提供建议。三是研究起草了 10 个物联网发展专项行动计划,做好物联网相关规划、科技重大专项和产业化专项的方案。在政策措施方面,强调加大财政投入,用好现有政策,做好政策落实,充分利用好国家科技计划、重大专项、战略性新兴产业发展专项资金等,集中力量推进物联网关键核心技术研发和产业化。相信上述政策的实施,将有力地支持我国物联网产业的快速发展。

其次,财务资源。在全球范围看,物联网正处于起步发展阶段,产业基础薄弱,关键核心技术有待突破,新产业和新技术的开发需要大量的资金支持。高鸿股份建立了募集资金专项存储制度,公司通过非公开发行股票的方式募集资金,用于公司"3G移动互联网增值业务及互联网增值业务"项目和"IT连锁门店拓展和基于3G的移动电子商务系统"项目的研发。另外,国家支持新兴产业的发展,财政部拨发的补助资金用于公司技术研发,以提高公司的技术创新能力。

最后,社会关系资源。进入物联网时代,人们对产品质量和服务质量的关注度日益提高。高鸿股份把质量作为企业的立足之本,形成了良好的企业信誉,积累了丰富和稳定的外部社会关系资源。高鸿股份在长期的经营过程中,以服务客户为中心,打造符合市场需求的有特色的产品及服务,突出品牌定位及核心价值。在信息化服务方面,公司深度挖掘市场需求,将产品打造成精品;在IT连锁销售方面,公司将致力于用高质量的终端产品与丰富的品类组合服务消费者;在电信增值业务方面,公司努力拓宽增值业务内容,提供贴心的电信增值服务。公司满足了消费者的需求,与消费者建立起了长期稳定的合作关系。

2. 移动互联网与物联网的融合

2012年12月,据公告显示,高鸿股份向特定投资机构总计发行18304万股股份,募集资金总额为11.2亿元。在本次非公开发行股票的募投项目投产后,物联网、移动互联网产业将成为高鸿股份的发力点。

伴随着2009年我国3G牌照的发放、2010年移动互联网从神坛走向生活、IPv6对移动互联网的推动、我国手机用户超过10亿、智能手机用户达5亿等一系列利好,移动互联网正越来越成为商家从日趋激烈的"红海"市场中顺利脱困的航道。移动互联网已经成为当今中国互联网络发展的趋势,在其发展条件日趋完备的今天,与物联网这个新宠不期而遇,必将产生爆炸式的化学反应。在高鸿股份的业务蓝图中,移动互联网和物联网是两大核心板块,如何实现两大业务板块的融合，发挥两大产业的互补优势，是高鸿股份的重要课题。

高鸿股份早在2011年年报中就提到，其将通过建设渠道平台对客户的广泛覆盖，横向整合内外部资源，纵向整合关联业务资源，在传统渠道上整合新型业务，努力使各业务板块在行业细分领域成为具有竞争优势的一流企业，实现高鸿股份的全面、协调和可持续发展。种种迹象表明，高鸿股份正在大力整合其控股母公司大唐电信集团旗下物联网及移动互联网相关产业资源。

2012年，高鸿股份与无锡市政府就物联网应用、"三网"融合、移动互联网、呼叫中心服务外包产业、电子商务等业务与无锡市展开全面合作做了进一步沟通，并与无锡市政府就相关项目的深入合作签订了战略合作意向书。一系列的动作，其实代表着高鸿股份实现移动互联网和物联网融合的信心。

物联网的主要工作架构是在RFID标签中存储规范而具有互用性的信息，通过无线数据通信网络把它们自动采集到中央信息系统，实现物品（商品）的识别，进而通过开放性的计算机网络实现信息交换和共享，实现对物品的精细管理。移动互联网在网络传输、终端等方面，都有现实的应用优势。当移动互联网深入到人们的工作、生活之后，也给物联网应用带来了更多的机会。物联网的服务体系非常大，其应用也将覆盖到人们生存环境的各个角落，而物联网和移动互联网相结合的应用也十分广泛，如物联网家电、智能医疗、智能交通、手机支付、工业自动化等。移动互联网的应用在未来将与物联网形成很好的结合，并且移动互联网在物联网融合方面的优势也在逐步显现，体现在以下三个方面：

（1）手机终端可以集合读写器的功能。目前，RFID的读写器成本很高，尤其是超高频应用的读写器，一般都在万元左右。手机终端作为某些应用场合的读写器，不但节约了购买成本，而且在便捷性方面有了更大的提高，用户可以不必随身携带多个读写器设备。中国移动的手机二维码应用，就是此类应用的初步尝试。

（2）手机终端也可以集合标签的功能。手机终端不但可以作为读写器，同样可以承担标签的功能，对于各种常用的卡类服务，均可以集合在手机中实现。2006年在厦门试行的NFC公交卡项目，就是此类模式的一种变形。随着技术与应用环境的成熟,各种银行卡、公交卡、门禁卡等均将在手机中集成。

(3)移动网络可以局部替代物联网传输。这也是移动互联网的最大优势,服务使用者可以在局部环节上不限于物联网的传输,而是使用移动网络来进行数据的存取。中国的移动运营商对物联网的重视,也是基于这一考虑。

在物联网与移动互联网融合的大趋势下,国内不少企业在这方面都做出了表率,如中国电信推出的基于手机的物联网应用——"翼机通"。

资料 7-2

中国电信"翼机通"

中国电信"翼机通"(见图 7-8)是电信专利产品,其主要是利用手机 RF-UIM 卡(射频手机卡)实现门禁系统、车库管理、考勤系统、消费系统等各项应用。手机门禁功能是指通过对手机用户配置密码和权限,手机用户可持手机刷卡开门。车库管理功能是指利用射频感应功能,可实现不停车远距离识别并自动实施道闸控制。餐卡系统是指通过后台为员工手机充值后,员工可持手机在食堂消费终端机上刷卡消费,并可通过管理平台对员工的消费充值记录进行实时统计和查询。同时,"翼机通"还有考勤、彩门识别等功能。作为考勤卡,"翼机通"比普通的刷卡签到更方便,系统会自动从手机上读取员工到达单位的时间并精确到秒,后台自动统计员工考勤信息,生成考勤报表。彩门识别指的是身份识别,当员工携带手机经过识别器时,显示设备能自动显示该员工姓名、照片、职位、部门等信息;同时,还可对来宾自动展现欢迎图画,播放欢迎词,充分展示公司的良好形象。另外,"翼机通"还有支付消费的功能,中国

图 7-8 中国电信"翼机通"

> 电信正在和更多的银行、商家合作，随着该业务内容的不断丰富，使用"翼机通"支付消费将成为一种趋势。

在以物与人交流为核心的个人物联网应用中，"翼机通"优势十分明显，它直接将手机从纯粹的提供通信服务过渡到了兼顾生活服务，其不仅是手机业务的变革，同时也是生活方式、消费模式的变革。可以说，"翼机通"的推广和使用是通信运营商开始探索物联网商业模式的标志。

其实移动互联网和物联网的融合，最经典的案例非车联网莫属。在本书中我们也谈到过车联网，那这里我们也谈谈高鸿股份的车联网。2012年10月，高鸿股份与北京康拓科技有限公司、北京大学智能交通与车联网创新研究中心、北银电信投资有限公司合作，签订了"北斗及车联网项目"战略合作协议，标志着高鸿控股在车联网领域的探索及项目推进取得了实质性进展。据悉，高鸿股份已与其控股母公司大唐电信集团旗下的重要科技战略预研机构、已经建成的"无线移动通信国家重点实验室"和"新一代移动通信系统与技术国家工程实验室"的"创新中心"达成了初步合作意向，双方将联合建立一个车联网实验室，该实验室将作为无线移动通信国家重点实验室车联网分中心，并命名为"大唐电信车联网（联合）研究中心（实验室）"。

"车联网"整体解决方案，将可顺利实现路况智能化动态监控、车辆实时调度等功能，是城市发展公共交通的必经之路。高鸿控股副总经理赵德胜表示，"北斗及车联网项目"将在高鸿控股"基于3G/GPS的移动车联网终端产业化"项目研究的基础上，集成汽车行驶记录仪、油耗记录、物联网技术，研发融合智能交通、交通安全、车辆管理、节能环保等的车联网终端产品。赵德胜说："'北斗及车联网项目'将以省级智慧城市的公共信息服务为切入点，依靠大唐电信集团拥有自主知识产权的TD-SCDMA 3G技术，整合北斗体系、国家密码局强制认证的签权机制和基于独立公网通信技术，部署智慧产业服务管理支撑体系。通过北斗与通信资源和技术的整合，突破车联网核心关键技术，完成北斗体系在车联网具体应用上的整体方案设计，拓展市场应用，开展以甘肃车联网和江西智慧城市等为典型应用的试点项目，展现商业模式和社会价值及服务形式。"

当然，高鸿股份的移动互联网和物联网的融合远不止于此，高鸿股份贵阳分公司副总经理刘宏伟在接受通信世界网采访时表示，高鸿非常看好RFID在移动支付方面的应用前景，早在2009年，公司就开始投入人力、物力，利用集团公司在TD方面的优势，与大唐集团其他子公司合作展开相关产品的研发，并预计在未来2~3年内提供移动支付的若干种解决方案。而2013年，高鸿收购高阳捷迅，携RFID进入移动支付领域，以手机代替城市卡、公交卡、信用卡等的支付功能。

随着3G乃至4G的逐渐普及和应用，移动互联网带宽的增加所带来的技术驱动推动着移动电子商务的快速发展。可以预期，移动互联网低延时的更大数据吞吐量、更低的建设和运维成本、更好的网络兼容性、更高品质的互动操作无疑将是物联网的最佳互动运作模式。而且值得一说的是，数据显示，高鸿股份电信增值业务已拥有数以亿计的用户，运营仅仅三年的专业IT类B2C网站"高鸿商城"也已经获得了千万级的用户支持。移动互联网、大客户、大数据、物联网将形成一个"圈"，这个圈将成为高鸿股份的又一金矿。

三、多种形式的资本运作

高鸿股份于2003年上市，原控股股东为中国七砂集团有限责任公司，注册资本为17300万元。公司以上网定价的方式发行社会公众股4500万股，其中向开元和金泰两家投资基金分别配售225万股，募集资金总额达163335万元。

随着公司不断发展壮大，开始发挥上市公司的优势，并逐渐开展资本经营活动，主要通过对外投资、企业借贷和签订重要合同的途径实现资本的扩张，完成现有通信产业经营及相关在建项目的建设，完成物联网新技术的开发，保证公司在物联网行业持续稳定的发展。

1. 对外投资是高鸿股份资本运营最主要的途径

高鸿股份进入物联网行业后，积极对外投资，通过对有利于公司业务的其他公司合资创办以及对良性公司进行投资等形式充分应用闲置资金，扩大企业规模。例如，2008~2010年公司与辽宁永乐置业投资顾问有限公司、控股子公司北京大唐高鸿数据网络技术有限公司和大唐电信科技股份有限公司、大唐投资管理（北京）有限公司合资分别成立沈阳大唐高鸿科技产业有限公司、北京大唐高鸿电子技术有限公司和大唐创业投资有限公司；2012~2013年公司分别对全资子公司北京大唐高鸿数据网络技术有限公司、控股子公司大唐高鸿济宁电子信息技术有限公司、下属公司宁波大唐高鸿科技产业有限公司和浙江大唐高鸿科技产业有限公司分别投资23000万元、3000万元、5100万元和5100万元。

2. 企业借贷是高鸿股份资本运营的主要途径

高鸿股份的发展需要大量的资金注入，公司及其控股公司通过直接申请借款的方式补充流动资金，推动技术研发和产品推广。如高鸿股份及其控股公司曾向大唐电信科技产业控股有限公司、电信科学技术研究院、大唐电信科技产业控股有限公司申请借款，满足企业发展的资金需求，提供生产经营所需的周转资金。

3. 签订重要合同也是高鸿股份资本运营的途径

高鸿股份通过签订重要合同，提供物联网新技术，获取服务收入。如公司向大唐软件技术股份有限公司提供基于RFID技术的中间件通用技术开发服务，向大唐移动通信设备有限公司提供基于TD-LTE无线移动通信系统的融合通信系统开发服务等，既推广了物联网技术，又获取了新技术研发的费用。

四、打造集投资价值和社会价值于一体的企业

"创造价值"是企业生命意义之所在。企业的价值就在于其创造价值的能力：不断地为顾客、员工、股东和社会创造价值，并最终实现自身价值的提升。企业价值的创造是企业长盛不衰、持续发展之本。

1. 提升客户价值

高鸿股份一直秉承"诚信为本、服务至上、勇于创新、追求卓越"的理念，通过"企业信息化"、"电信增值业务"和"3G-IT连锁销售业务"三大产业板块为客户提供最优质的产品和服务，满足客户的需要，进而实现企业价值的创造。

首先，在企业信息化业务板块，公司凭借十余年的技术研发和市场推广经验，拥有"平台产品—中继媒体网关—终端产品"的全系列 VoIP 产品线。VoIP 产品主要用于企业市场的应急通信和保密通信，VoIP 整体解决方案成功应用于多个行业，VoIP 产品为企业及行业用户提供了方便的 IP 旁路接入、话务收敛、落地等应用，提供了更好的通信质量和更方便的维护管理，可以迅速投入到企业和运营商的下一代网络系统（NGN）建设中，为企业提供融合、优质的通信服务。其次，在电信增值业务板块，高鸿股份于 2009 年推出手机动漫、手机网游、手机杂志等基于 3G 的创新性增值业务，与各大基础电信运营商协作陆续布放各项应用，让用户尽快体验 3G 环境下的增值服务。目前，电信增值业务已成为生活中不可或缺的一部分，人们可以随时随地通过手机观看新闻、影视、综艺、体育等电视内容及精彩的视频，集生活、休闲、娱乐于一体，满足不同消费群的个性化要求。最后，在 3G-IT 连锁销售业务板块，公司一直致力于物联网核心技术 FRID 技术的研究，促进物联网产业升级。2012 年，公司承担了"基于 3G-GPS 的移动物联网终端产业化"子项目，对 TD-SCDMA 等 3G 技术、汽车行驶记录仪、油耗记录、全球定位、物联网技术（RFID、传感器、视频监控）等完成集成，是新一代融合了职能交通、交通安全、车辆管理、节能环保的车联网终端产品。本终端是在传统车辆数据记录仪的基础之上，结合重点行业的应用需求而研发的，该产品除了对加强车辆的监控管理，约束驾驶员的不良行为，预防交通事故，保证车辆安全行驶，提高交通运输管理水平以及车辆燃料的监管控制起到了决定性的作用之外，同时还为道路交通事故鉴定和分析起到了良好的辅助性作用。

2. 提升员工价值

员工是企业发展的第一资源，是推进企业全面建设和发展的一支重要力量，发挥着生力军作用。因此，要切实维护员工利益，提升员工价值。一是塑造良好的工作、学习和生活环境。在工作上，要给员工提供良好的环境，创造必要的条件，力争使每一个员工都满怀激情地开展工作。在学习上，要给员工创造更多培训学习机会，加强培训的广泛性和实效性。在生活上，企业工会或者领导要经常深入基层,了解掌握员工的家庭情况,做好济贫帮困工作。二是建立合理的收入分配制度。应该按照"公开、公平、公正、竞争和择优"原则,进一步深化用工分配制度改革,完善工资计划管理机制,健全岗位收入调节机制,构建科学合理的薪酬分配体系。并且完善选拔任用、培养开发、考核评价、分配激励机制,为员工搭建公平、公正的提升平台。三是建立公正的绩效考核机制。在"效率优先、兼顾公平"的前提下,将绩效考核结果与人事管理对接起来,把每名员工月度、季度、年度绩效评价结果纳入个人人事管理档案,不仅把其作为员工奖惩、评先争优、薪酬福利的客观依据,而且还要作为职务升迁、学习培训、岗位轮换的重要依据,真正发挥绩效管理的激励约束功能,不断激发员工的内在潜能与价值。

3. 提升股东价值

股东是股份制公司的出资人或投资人,为公司的发展提供了资金支持。因此,要切实维护公司全体股东的利益,提升股东价值。首先,公司要建立较为完善的法人治理结构、较为健全的内部管理和控制体系,同时要加强人员培训,强化制度的执行和监督检查,杜绝因为管理不到位等原因造成损失,切实保护投资者的合法权益。其次,2012年7月18日,高鸿股份发布了《未来三年股东回报规划》,表示原则上公司将以年度为周期进行利润分配,以落实好现金分红事项。最后,公司要改善经营情况,不断扩大经营规模,把"蛋糕"做大。截至"十一五"期末,高鸿股份资产规模达24亿元,市值超42亿元,为股东赢得了良好的价值与市场回报。

4. 提升社会创造价值

高鸿把"打造有投资价值的企业、有社会价值的企业"作为企业愿景目标,以"推进信息化与工业化融合,促进中小企业信息化建设"为己任,立志为中国信息产业的发展带来改变。公司积极进军 RFID 和数字地理信息系统(GIS)等前沿技术领域,并将 RFID 技术作为重大发展方向之一,专注于 RFID 领域产品、系统和整体解决方案的提供,对加快我国信息化进程,增强中小企业竞争力,推进物联网产业的发展有重大意义。

第四节 高鸿股份的启示

历经多年探索和发展,高鸿股份在物联网行业的 RFID 相关技术应用已实现突破性进展,形成了明显的技术优势。高鸿股份脚踏实地,锐意进取,敢为人先,在"三网"融合的路上,不断前行,取得新的成就,为我国众多企业提供了启示。

1. 行业选择与战略定位

物联网被称为继计算机、互联网之后,世界信息产业的第三次浪潮,拥有广阔的市场前景。另外,国家出台了一系列宏观政策鼓励和支持物联网行业的发展。高鸿股份抓住时机,横向整合外部资源和产品线,纵向整合业务及在传统渠道上整合新型业务,逐步将公司打造为新型的物联网企业。随着我国经济社会的高速发展,IP 语音市场需求呈现逐年增长的态势,公司推出业内领先的 IP 多媒体调度系统;全球 IT 产品行业正在经历快速变革,公司推出以个性化的电子商务为主体的差异化立体式运营体系;文化创意产业兴起,公司推出基于文化创意产业背景的新媒体业务和移动互联网信息增值服务业务。高鸿股份适应国家政策和市场需求,结合自身优势,不断创新,获取了更多的市场。其他企业也可以借鉴高鸿股份的成功经验,把握物联网行业的发展趋势,认清国家支持政策,了解顾客需求,整合内外部资源,开展新型业务,打造自己的品牌优势。

2. 资源整合

资源整合是指企业对不同来源、层次、结构、内容的资源进行选择、汲取和有机融合,并对原有的资源体系进行重构,摒弃无价值的资源,以形成新的核心资源体系。高鸿股份成功转型,并在物联网应用领域脱颖而出,与其拥有先进的 RFID 技术、专业的技术人才、合理的组织结构是有紧密联系的。另外,物联网正处于起步发展阶段,关键核心技术有待突破,新产业和新技术的开发需要大量的资金支持。高鸿股份建立了募集资金专项存储制度,公司通过非公开发行股票的方式募集资金，用于新技术的研发，已确立技术领先地位。因此，对物联网行业的公司而言，技术优势至关重要。公司应该合理地整合内部和外部资源，充分发挥资本优势和技术优势，实现效用最大化，也可以通过合理筹集资金的方式获取资金支持。

3. 价值创造

"创造价值"是企业生命意义之所在。企业的价值就在于其创造价值的能力：不断地为顾客、员工、股东和社会创造价值，并最终实现自身价值的提升。对此，高鸿股份也不例外。对顾客而言，公司提供优质的产品和服务，注重满足不同消费群的个性化要求，不断升级新型业务；对社会而言，公司积极进军RFID和数字地理信息系统（GIS）等前沿技术领域，推动信息化进程；对员工和股东而言，公司切实维护员工和股东的利益，提升员工和股东价值。因此，高鸿股份是一个为顾客、员工、股东和社会创造价值的企业，值得其他公司学习。

第八章 同方股份:"大数据城市运行体征管理"

清华同方:实现从校办企业向高科技企业的成功转型

> "如果将智慧城市比作一个人的话,那么物联网就是人的各个感觉器官,移动互联网是遍布全身的神经系统,云计算是神经中枢,大数据则是人的大脑,通过判断、决策来协调我们每一个人的行为。"

——同方股份物联网应用产业本部副总经理、大数据城市运行体征应用中心经理王恩勇物联网是信息产业发展的第三次浪潮，是信息化与工业化融合的重要途径和载体，也是占领国际国内产业发展高端的历史机遇。2013 年，《国务院关于推进物联网有序健康发展的指导意见》、《国务院关于促进信息消费扩大内需的若干意见》、《关于印发 10 个物联网发展专项行动计划的通知》、《关于组织开展 2014~2016 年国家物联网重大应用示范工程区域试点工作的通知》四大物联网行业相关政策陆续出台。在这一年里，住建部相继公布了两批共 193 个智慧城市试点建设名单，试点规模扩张远超市场预期。国家开发银行曾表示，将在"十二五"期间后三年与住建部合作投资 800 亿元建设智慧城市，政策与资本市场的双重青睐将物联网和智慧城市产业的发展推向高潮。同方股份有限公司敏锐觉察到了这次机遇，通过整合已有的物联网业务，建立了相对独立的物联网应用产业部，开始向物联网方面正式进军。为了实现"做大做强，争创一流"的战略目标，同方股份以"科技服务社会"为宗旨，密切依托清华大学的科研实力与人才平台，紧紧围绕"技术 + 资本"、"合作 + 发展"、"品牌化 + 国际化"的发展战略，大力弘扬"承担、探索、超越、忠诚、责任与价值等同"的企业文化，在信息、能源环境两大产业方向上不断探索、创新，形成了以计算机、数字城市、物联网应用、微电子与射频技术、多媒体、半导体与照明、知识网络、军工、数字电视、环境科技等主干产业。

第一节　公司概况

清华同方的前身是清华大学企业集团旗下的五家前校属优秀企业——清华人工环境工程公司、清华信息技术公司、清华同方网络技术公司、清华同方实业总公司、清华凯实科技公司。这些企业在长期的创业过程中，形成了一定的基本业务框架，达到了近 2 亿元的产值规模，并积累了大量的成功实践经验，为日后清华同方的组建奠定了基础。然而，上述五家前身企业在清华同方组建之前，普遍存在着规模较小、资金短缺等问题,因而随着形势的发展已难以适应清华大学众多科技成果转化与产业化的需求。因此,清华大学决定以清华大学企业集团作为主要发起人,建立清华同方股份有限公司,并于1997年2月28日在国家工商局办理了名称预先核准。1997年6月25日,清华同方股份有限公司正式注册成立;两天后,公司股票在上海证券交易所鸣锣上市(股票代码:600100)。2006年5月30日,清华同方股份有限公司正式更名为"同方股份有限公司"(以下简称同方股份)。历经十几年的发展,同方股份从萌芽到成长,从磨砺到蜕变,取得了惊人的业绩,其资产达到425亿元,营业收入达到226亿元,净利润达到6.77亿元。

一、公司基本情况

同方股份有限公司,从一开始就将自己定位于一个以高科技产业为主导,以科技成果的产品化、产业化为经营宗旨的知识型企业,并围绕这一企业定位逐步形成了将自己作为科技成果孵化器的独特的技术创新模式,即紧密依托清华大学的人才、科技优势,从清华大学已有的科技成果或科技人力资本中发现、筛选能和市场结合的项目,通过"技术+资本"的运作,二次开发并孵化成新的产品、新的产业甚至新的(内)企业,而这些新的产品、新的产业甚至新的(内)企业既可以充实到清华同方的产业领域,也可以通过各种有效的方式,如技术转让、企业购并等转移到社会企业。

截至2013年12月31日,同方公司总股本21.97亿万股份,其中,清华控股有限公司持有4.74亿万股份,占公司总股本的21.6%(见图8-1)。作为清华大学唯一的国有独资有限公司和国有资产授权经营单位,清华控股负责经营管理清华大学全部科技型企业,是清华大学科技成果转化的平台和孵化器。

根据产业发展和自身特点,同方不断探索和调整优化组织结构,至今已形成了较为科学的管理体系和完整的事业部型的组织结构,如图8-2所示。在同方治理结构中,公司最顶端是最高权力机构股东大会,对公司重大事项进行决策,并对公司的经营管理有广泛的决定权,截至2013年,同方最大股东是清华控股有

| 物联网商业模式 |

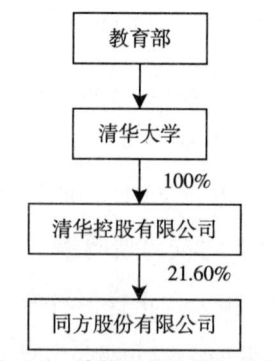

图 8-1　清华同方的股权结构

限公司，持有公司总股本的 21.6%。股东会下设董事会，负责公司或企业和业务经营活动的指挥与管理。董事会下又设有总裁和副总裁作为公司的行政负责人，同时设有监事会对董事会和总裁行政管理系统行使内部监督。同方在北京设有公司总部，包括研发中心、运营中心、财务部部门及办公室，主要负责整个公司的经营策划布局。同方股份在信息、能源环境两大产业方向上不断探索、创新，形成了以计算机、数字城市、物联网应用、微电子与射频技术、多媒体、半导体与照明、知识网络、军工、数字电视、环境科技等主干产业为核心，外加同方威视技术股份有限公司和同方人工环境有限公司的"10 + 2"的组织架构及产业格局。

截至 2013 年 12 月 31 日，同方公司（母公司）员工总数 1626 人，主要子公司在职员工数量 16224 人，在职员工数量合计 17850 人。其中，按专业构成分类：技术人员 4693 人，占总数的 26.29%；销售人员 3015 人，占总数的 16.89%；生产人员 7050 人，占总数的 39.50% 等。按学历构成分类：本科学历 5206 人，占总数的 29.17%；硕士学历 1241 人，占总数的 6.95%；博士学历 110 人，占总数的 0.62%。具体比例如图 8-3、图 8-4 所示。

同方股份拥有占员工人数 26.29% 的研发和工程技术人员，正是这些人员，确保了同方在安防系统、微电子与核心元器件、数字城市、物联网等领域处于国内领先水平。杰出的科技人才和高素质的技术开发队伍形成的综合技术竞争力是公司的核心竞争力所在，稳定和壮大科技人才队伍对公司的生存和发展尤为重

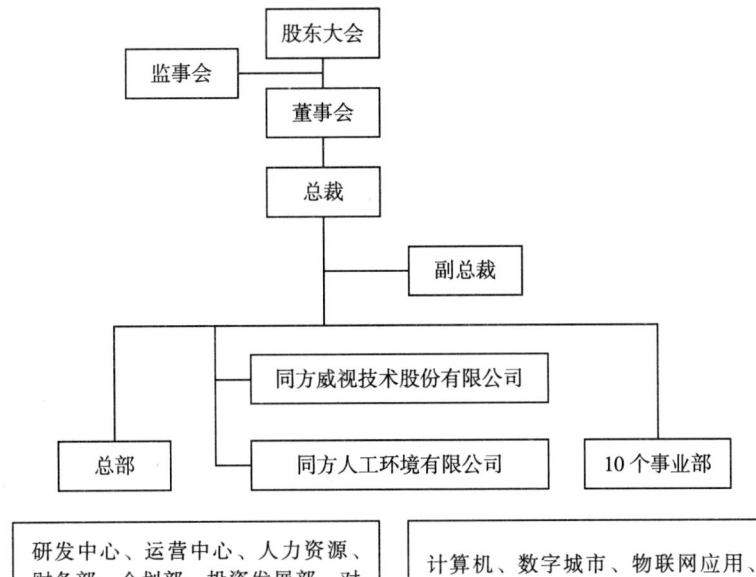

图 8-2 同方股份的组织结构

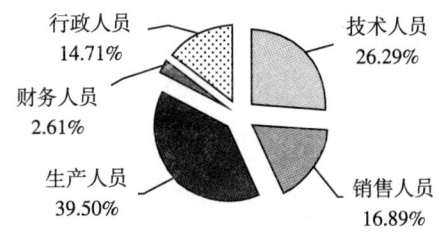

图 8-3 同方股份员工专业构成情况

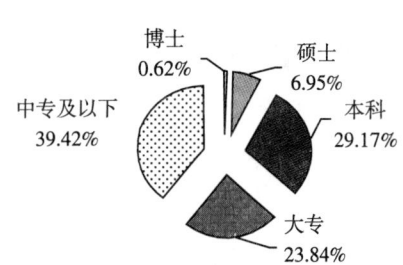

图 8-4 同方股份员工教育程度情况

要。公司产品开发、生产、质量保证和更新换代的功能主要依赖参与研发的技术开发人员。能否拥有一支高素质、高技能的研发队伍是高科技企业能否在激烈的市场竞争中立足的关键因素，特别是在物联网产业这个新领域中，同方想要引领国内发展潮流，紧跟国际发展进程，则创新型人才是根本，有效的人力资源管理制度是保障。

二、经营运作

2012年既是国家"十二五"规划的开局之年,也是同方成立的第15个年头。15年来,公司的经营规模和效益实现了几十倍的增长,营业收入从1.86亿元增长到223.43亿元,净利润从4490万元增长到6.06亿元,总资产从2.8亿元增长到337亿元。近年来,同方股份的营业收入与净利润如图8-5所示。

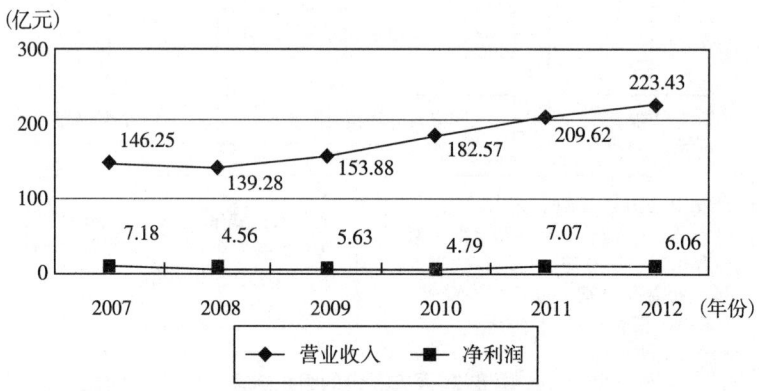

图8-5 同方股份2007~2012年营业收入与净利润变动

自设立以来,同方一直坚持"技术+资本"、"合作+发展"的发展战略,并依托清华大学和自主研发的各项技术,形成了计算机、数字城市、物联网、微电子与核心元器件、多媒体、半导体与照明、知识网络、军工、数字电视、节能和安防系统十一大产业板块,打造了大型集装箱检查系统全球市场份额第一、全球最大的学术期刊数据库、智能楼宇工程量全国第一、计算机产品销量国内品牌前三名、SIM卡芯片出货量国内第一等市场领先地位。

2013年,同方股份继续立足于信息技术和节能环保行业,不断完善以构筑完整产业链为核心的经营模式,在十一大产业集群之间沿着产业链上下游进行布局,挖掘和开发关联技术、产品和服务,不断拓宽核心业务领域,构造产业链的竞争优势,发展附加值高的业务领域,并形成了"芯片+硬件终端+内容"的互联网服务与终端产业链、"大数据+软件/硬件+平台/系统集成"的智慧城市产业链、"军用通信/保障+安全检查"的公共安全产业链、"建筑节能+工业节能+照明+污水处理/中水回用"的全方位节能环保产业链（见图 8-6）。同时，各产业链条之间通过不断交互、支撑和融合，实现了市场开拓，提高了公司整体竞争实力。

截至 2013 年 12 月 31 日，同方股份总资产达到 425.67 亿元，比 2012 年同期增长 13.36%；全年实现营业收入 226.5 亿元，比 2012 年同期下降 0.95%；实现净利润 6.77 亿元，比 2012 年同期增长 10.21%。同方股份已初步形成互联网服务与终端、智慧城市、公共安全和节能环保四大产业链（见图 8-6），公司主营业务收入达到 225.66 亿元。其中，互联网服务与终端营业收入为 121.92 亿元，智慧城市营业收入为 30.45 亿元，公共安全营业收入为 38.97 亿元，节能环保营业收入为 33 亿元。

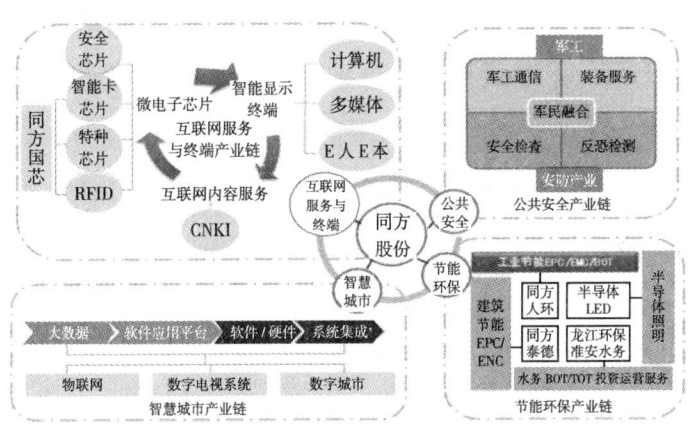

图 8-6 同方股份的四大产业链

（1）互联网服务与终端产业链。同方股份抓住机遇，并购了以手写技术为核心、具有自主技术的 E 人 E 本，建立了以安全平台芯片、智能卡芯片和特种集成电路芯片为核心的芯片业务，以计算机、多媒体、E 人 E 本为核心的硬件终端业务和以中国知网学术期刊数据库为核心的互联网内容服务业务，三个产业环节构成互联网服务与终端产业链，并在产业链内部聚集优势资源，协同市场合作，进行技术创新互动，以提升竞争力。

（2）智慧城市产业链。"十二五"期间，智慧城市 IT 投资规模近 1 万亿元，我国智慧城市建设已经进入提速发展时期。我国智慧城市建设自 2010 年开始推进，截至 2012 年底，全国已有超过 180 个城市投入智慧城市建设，通信网络和数据平台等基础设施建设投资规模接近 5000 亿元。2013 年初，国家住建部公布了 90 个首批国家智慧城市试点名单，并配套了包括国开行、商业银行在内的 4400 亿元授信额度。同方股份持续致力于城市基础设施的数字化和智能化建设，形成了由大数据、自动化控制软/硬件产品、以 ezONE 为核心的平台软件、行业应用软件构成的智慧城市产业链条，并在物联网、智能建筑、轨道交通智能化、城市热网四大核心领域，以自有技术为核心，不断实施技术创新和商业模式突破，继续保持了领先的市场地位。在物联网产业方面，同方股份充分利用在行业市场中的竞争优势和相关应用软件的技术积累，结合移动互联硬件终端产品的应用，着力打造以大数据为核心的城市政务体征智能化、信息化业务。

（3）公共安全产业链。同方股份在技术创新和产品创新的基础上，依托关键器件制造和相关软件的自主可控核心技术，利用军民融合带来的产业发展机遇，打造了以安全检查为核心的安防系统产业和以军用通信/保障业务为核心的军工产业，形成了覆盖"安防系统"、"国防军工"的"大安防"公共安全产业链。

（4）节能环保产业链。同方股份依托在节能环保行业多年来的技术积累和产业基础，围绕以楼宇自动化控制为核心的建筑节能产业，以供热/冷和余热回用技术为核心的工业节能产业，以 LED 半导体照明技术为核心的照明产业和以污水处理、中水回用为核心的水务产业，不断加大投入，实施产业结构调整和技术、商业模式创新，并购并控股了专业从事污水处理的龙江环保集团股份有限公司，构建了包括产品、EPC 工程承包、EMC、BOT、TOT 等投资运营服务的多种商业模式的节能环保产业链。

第二节　同方股份物联网行业创新应用

伴随物联网多重利好政策的发布，我国物流网产业开始从概念走向运营，物联网产业发展路径图也逐渐清晰起来。特别是工信部发布的《物联网"十二五"发展规划》，更进一步提出要在十个重点领域完成一批应用示范工程，力争实现规模化应用，物联网市场未来成长值得期待。凭借在物联网产业领域的综合优势，同方股份加大对微电子射频芯片、楼宇自控、ezONE 业务基础平台、ezM2M 物联网业务基础平台等核心技术的投入力度，加快城市运行体征监控、IC 卡芯片及设备、节能等多个相关产业的发展，形成跨越智能交通、智能环保、智能安防、智能物流、智能农业等多个领域的"大物联网"概念，打造整体产业链条。

作为一家高新技术企业，创新无疑是企业能够不断发展的原动力。与西方发达国家流行的以企业资源为核心吸引科技资源的方式不同，同方股份在借鉴国外孵化器模式的同时，大胆进行创新，打破大学、研究机构与产业间的壁垒，探索出了独具特色的创新模式（见图 8-7）。同方股份拥有优秀的技术、人力资源禀赋，将清华大学作为自己的虚拟 R&D 中心，这大大减少了技术创新所需的成本。然后根据市场的需求，围绕项目成立一个创新小组（或研究室），把技术连同技术的拥有者移植到创新小组中，实现"带土移植"的项目孵化，并通过创新小组的运作与组织，不断完善技术，同时使其市场能力不断增强、队伍不断扩大。如果孵化项目可以形成一种成熟的技术、成熟的产品，则并入公司已有的主业领域，或直接转移到社会企业；如果孵化项目足以形成一种新兴产业，则以孵化项目为技术基础，以创新小组为组织基础，建立起新的内企业（分公司、子公司、控股公司等）。这些新的内企业一方面可以并入公司已有的产业领域，另一方面可以通过各种途径，如上市参股、控股或出售给社会企业，获取利润。由此获得的增量资金又可以进一步用来促进学校科技成果的转化。

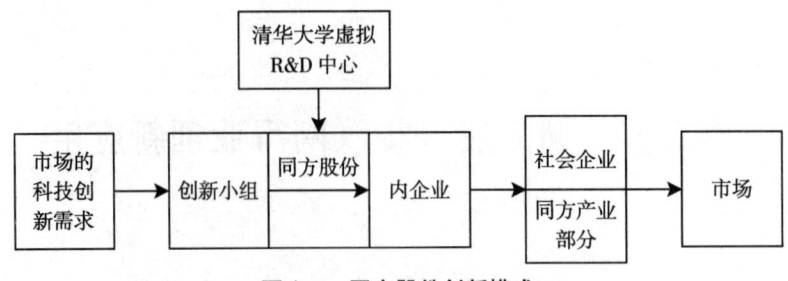

图 8-7 同方股份创新模式

在物联网产业，同方股份的创新主要体现在技术创新，即集中于物联网应用层的中间件运营平台及以此为基础的各行业应用套件的开发、系统集成等方面。除了运用孵化器这一内部技术创新途径，同方股份也通过与其他企业、高校合作的形式来增强技术创新能力，如参与组建北京物联网关键应用技术工程研究中心，充分利用北京等外界物联网的创新资源和其搭建的公共创新平台，全力提升自身物联网产业综合创新能力，使其成为物联网技术发展的引领者、物联网产业创新要素的整合者、产业促进者和物联网合作交流的组织者之一。

不仅如此，同方股份立足于信息技术和节能环保行业，不断完善以构筑完整产业链为核心的经营模式。目前，同方股份有限公司立足信息、环保、安防三大产业，在电视、IT、空气治理、光电产业、空调、数字城市、水处理、军工、安全保障、媒体与娱乐、教育、固废处理、资源综合利用、新能源、电子元件等产业领域提供优质的知识型产品和服务，并且将知识型产品与服务集成到一起。

1. 信息产业——智慧生活中国梦

以大数据为基础，以计算机、通信、互联网技术应用为平台，同方股份将新一代信息技术广泛运用于城市建设和管理领域，并为数字化家居、移动互联应用、个人消费电子提供全方位解决方案。在大数据物联网领域，同方股份运用顶层设计方法，实现组织机构由业务驱动转变为数据驱动，形成全局的业务指标体系，打破信息孤岛，提升数据中心价值。以元数据、数据处理、数据整合、数据分析、数据联机分析、数据资源管理、数据服务、数据可视化、云计算等大数据技术为基础，同方股份推出指标体系数据中心、数据资源安全、数据规划与设计平台、非接触读卡器等应用解决方案，并具体运用于智能建筑、智能交通、城市运行体征管理、数字出版、移动互联网等行业。

物联龙岩是同方股份最早实施的智慧城市项目，同方股份以智能物流、智能旅游、城市管理、城市应急、水文监测五大模块为总体框架，打造一个统一的龙岩市城市运行体征监管平台，建立龙岩市数据中心，通过扩宽龙岩市的信息采集渠道、信息采集范围，完善基础数据的收集，并深入分析实时数据和历史数据，建设基于龙岩市运行体征的指标体系，构建通信网、互联网、物联网三张基础网络，最终从总体上提升龙岩市各方面的管理水平和运行效率。

例如，在城市交通方面，可在环境控制、综合监控、安全保障、旅客服务、信息采集等方面提升城市交通综合管理水平。又如，同方股份的高速公路智能监控系统，可为高速公路管理部门从收费站、监控分中心、监控中心直至监控总中心提供多级管理体系的公路监控方案，实现全数字化视频控制，以取代传统的模拟视频系统。清华同方天视 e-sight 全数字多媒体控制器，可一体化实现矩阵切换和画面分割、数字录像、实时监视、报警联动和回放检索，网络传输和监控等功能。

2. 节能环保产业——心系天下冷暖、再造碧水蓝天

在节能环保方面，同方股份以建筑节能、可再生能源回收利用、大气环境治理、水污染治理、资源综合利用及新能源、新材料等领先技术，服务国家节能环保事业，为人类创造清新、健康、绿色的生存环境。其实，笼统地说，城市的节能环保也可以归为智慧城市范畴，而节能应用解决方案也可以说是同方股份在大数据智慧城市领域中最为成熟的解决方案之一。例如，在建筑节能方面，同方股份以热泵和智能控制技术为高耗能工业企业、各类大型公共建筑提供节能诊断、设计、项目融资、改造、施工、运行管理、测量和验证的全方位服务，并成功运用于武汉城市级节能服务中心、重庆城市日月光中心广场、大连市大化集团、中央电视台暖通空调、同方科技广场绿色照明、电厂余热利用等项目中。例如，在同方科技照明项目中，平均节能50%左右，大厦每年节能220万元左右；而在山东电厂余热项目中，平均节能效率达45%，每年节省费用1350万元。同方股份的节能解决方案取得了良好的应用效果。

3. 安防产业——安全战略"中国芯"

安防产业也是物联网领域的重点应用行业，依托国际领先的核放射技术、芯片技术、自主安全可控技术，同方股份构建了以"信息安全"、"安防服务"、"国防军工"为核心，并向多领域延伸的"大安全"产业矩阵，广泛服务于公共安全、政府、金融、军队等重要领域，全力打造国家安全战略"中国芯"。目前，同方股份在安防产业的运用领域有安全检查、智能卡安全芯片、信息安全解决方案、高端通信装备、电网指控与网络设备、卫星地面应用系统及装备等。例如，安全检查，其以辐射成像技术为核心，为民航、海关、交通、港口、冶金、质检和核电等领域提供安全检查解决方案，打击恐怖行为和非法贸易，保护国土安全及人民生命财产安全；而应急指挥平台通过公共安全数据资源管理平台、公众民情采集与服务数据管理平台、资源统筹与经济监测数据资源管理平台等，致力于城市消防和安防联网、城市应急管理等系统的建设，提供安防、消防、通信联网、集成平台等产品和解决方案，提升城市处理突发事件的能力。

第三节　同方股份：基于"大数据城市运行体征管理"的智慧城市

在物联网时代以前，一般的校办产业主要是将自己的科技成果进行转化，然后再慢慢做成一个产业。这种商业模式风险大，盈利性不强。同方自成立以来，就创立了与一般校办企业不同的商业模式，其背后的商业逻辑是促进科技成果的产品化、产业化，如图8-8所示。

对于同方这样一个集团公司，首先要解决战略布局问题。在横向上，同方实行由两元化向多元化扩展的战略布局，即将产业链从能源环境和IT两大主产业逐步延伸，至今已经涵盖大部分战略性新兴产业；在纵向上，同方也力争做全产业链投资，如半导体与照明产业，同方覆盖从最高端的LED芯片制造到最终的

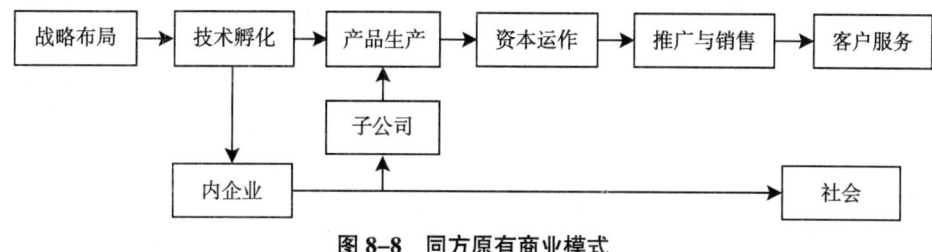

图 8-8 同方原有商业模式

每家每户的灯泡，整个领域目前已经达到了国际水平。生产和资本运作是同方商业模式的核心竞争优势，同方一直坚持"技术+资本"的战略方针。首先是"技术"，即以清华大学为虚拟 R&D 中心，根据技术高度、实用度、成熟度和可控度的标准，不断筛选其已经取得的应用技术成果，并结合社会市场需求，选择有前景的技术成果迅速孵化成产品，将其作为公司的盈利点。其次是"资本"，即用资本来推动产业化。一是通过资本手段建立产业基地，把前十年所积累的成果和已经有的小批量、中批量生产做大；二是运用吸收、兼并等手段，实现低成本扩张；三是通过风险资本运作与分拆重组，增强同方已有产业的实力，实现同方规模的继续扩张和盈利能力的加强。再次是产品的推广销售，同方面向普通个人客户的产品以分销代理、厂家直销等多种模式推向市场，并积极参与政府采购项目，而同方的中间产品和服务则以竞标等多种形式提供给企业和政府。并且通过品牌化战略，同方的各类产品和服务有效地实现了价值增值。最后是客户服务，同方坚持客户为先的服务宗旨，并全面整合优势资源，针对用户创新性地提出"主动服务"的理念，旨在为客户特别是大客户政府采购提供最舒适的应用体验，从而实现客户价值的创造和盈利。

自 2009 年 8 月"感知中国"概念提出以来，政府对物联网研发应用提供了大量政策鼓励和支持，物联网的应用在国内社会各界迅速兴起。2010 年 5 月，同方股份进行产业结构调整，全面整合多年积累下来的物联网应用业务，成立同方物联网应用产业本部，并确立为同方十大核心产业之一。如今，物联网产业已不仅仅是一窝蜂的"生产 RFID 芯片"，它已经发展成为一条较完整的产业链，并被应用到多领域之中。因此，同方物联网产业部把各种资源吸收进来，结合其在传统的电子政务上的优势以及本部在物联网产业发展中形成的系统集成等方面的优势，提出适合自身发展的物联网商业模式，即作为大集成商（包括平台运营、系统集成、软件开发等），以"渠道+产品+技术+品牌"四位一体的业务模式为支撑，为政府和企业提供整套解决方案和系统集成服务。同方物联网业务可以集中表现为其所致力于的城市智慧化建设，主要是为了满足政府对现代城市以及企业对自身业务的信息化、智能化管理的需求，更宽泛地讲即"两化"融合的需求。

不仅如此，同方大胆提出了基于"大数据城市运行体征管理"理念的"智慧城市"解决方案，主要包含在线监测、数据资源和城市综合管理三大系统，三者相互依托、相辅相成。在线监测系统是感知智慧城市运行体征管理建设的触角，通过感知设备数据的采集和分析，可以完整反映城市运行的实时状况，进行状态跟踪，并实现预报预警和分级自动报警等功能，是实时保障城市正常运行的重要环节，形成智慧城市的神经网络。数据资源系统则是整个城市运行体征管理的灵魂，搭建了对外提供应用服务、对内实现整合的一体化数据采集、数据资源管理和信息服务的业务服务平台，将不同来源、不同类型、不同应用的数据进行规范、整合，形成智慧城市的数据资源体系，并对外提供统一的数据共享和信息服务，形成智慧城市的知识库。而以应急管理和数字城管为核心的城市综合管理系统就是基于统一的智慧城市数据资源体系，站在"全局一盘棋"的高度，支持综合分析和研究判断，实现全方位管理城市的目标，形成智慧城市的"大脑中枢"。

智慧城市需要物联网、云计算、大数据与移动互联网等新一代信息技术和应用的融合与支撑，尤其是大数据，更是作为其核心与灵魂，引导城市管理由经验治理转为科学决策。"城市运行体征管理"是同方智慧城市建设理念的核心。同方股份有限公司物联网应用产业本部副总经理兼总工程师李小华认为，城市管理的智慧需要从数据中抽取，大数据由于数据覆盖面较全，大数据的处理相对完整并自成体系，大数据的技术架构与云计算、物联网等技术体系互相促进、相辅相成，因此可以从各类传感器中的历史数据组成的庞大数据渠道里，通过"数据资源体系"找出管理城市的智慧，从而快速推进城市的智慧化进程。

同方智慧城市是以具有自主知识产权的ezM2M物联网应用基础平台为支撑，

以城市运行体征管理为核心，以在线监控系统、应急管理系统和数据资源管理系统为三大业务，涉及安监、环保、水利、交通、民政、农业、国土、城管八个行业，以及智能家居、智能物流、食品溯源、网络舆情四个领域，形成"1+8+4"的行业服务体系。同方股份"城市运行体征管理"如图8-9所示。

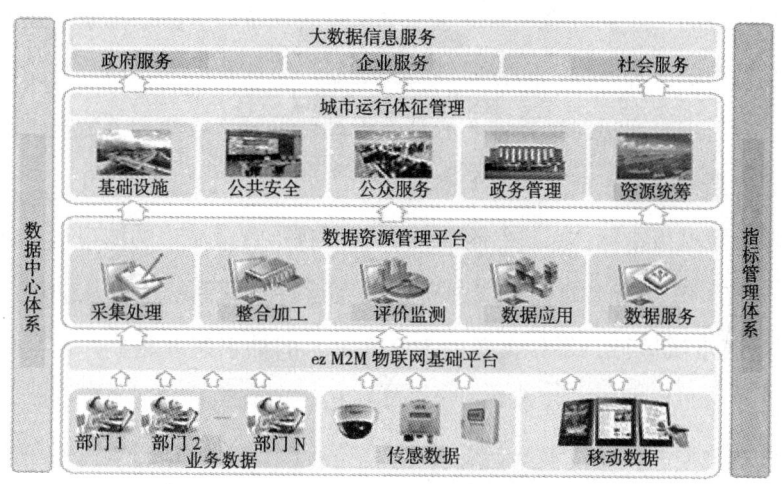

图8-9 同方股份"城市运行体征管理"示意图

"城市运行体征"从基础设施、公共安全、公众服务、政务管理、资源统筹五个方面全面展示城市运行状况。第一方面是基础设施，侧重于对一个城市"物"的管理；第二方面是公共安全，侧重于对一个城市的"事"的关系；第三方面是公众服务，侧重于对一个城市中最基本的"人"的服务；第四方面是政务管理，侧重于对政府各个部门的管理和稽查，有效促进行政效益的提高；第五方面是资源统筹，因为毕竟一个城市要发展，涉及经济、社会等各方面，必须把一个城市的资源发挥到最大化。同方股份有限公司副总裁、物联网应用产业本部总经理周侠表示，"城市运行体征管理"，就是把城市看成一个人，"他"是一个生命体，要靠各种神经去感知他的各项身体状况。人只有集齐视觉、听觉、嗅觉、味觉、感觉等各种神经，这个人才是健全的；而城市只有有了这些"神经"，才知道哪里缺水、哪里拥堵、哪里污染、哪里发生了突发事件等。

从一个城市的角度来讲，要建设智慧城市，首先要对城市进行分析，明晰城市的自身特点，在此基础上制定城市的发展目标。同方物联网应用产业本部副总经理、大数据城市运行体征应用中心经理王恩勇表示:"'城市运行体征'概念形象化地解释了一个智慧城市该有的指标体系,如人的身高、体重等都是基本指标,一个城市能否正常地运转涉及日常监测、公共安全、民情采集与服务、政府管理效能考评、资源统筹与经济监测等很多指标,通过设定这些指标来考察政府完成指标的情况,才能清楚地知道这个城市是否正常、有序、高效地运转。大数据是智慧城市的核心资源,同方要做的就是通过系统化的管理将智慧城市与大数据充分结合起来,通过对数据中心的高效管理帮助城市收集相关数据供政府决策使用,让数据中心真正成为政府的参谋。"

按照智慧城市指标体系进行逻辑化,就形成了智慧城市的城市运行体征大数据中心。据了解,南水北调东线山东段调度运行管理系统项目从2013年10月22日开始通水试运行,每秒大概以500立方米的抽水速度北上,送至鲁北、胶东地区。在运行过程中,基本实现了预期的信息监测与管理、自动化数据采集和闸泵站自动监控等。在技术上,南水北调东线山东段调度运行管理系统利用城市运行体征的大数据中心所涵盖的公共基础服务平台、GIS公共服务平台、数据分析平台等系统,实现了信息自动采集、数据存储、数据转发、数据分析服务以及可视化大数据展示等功能。南水北调东线山东段94个闸泵站/监测点实时运行,每5分钟采集一次水位、水情、水质、流量、闸门开度和基础运行状态的基础信息,每天数据量在50万条左右、1GB的容量,一年将近1.5亿条、1TB左右的监测数据。

同方物联网产业部紧紧围绕中国"智慧城市"的建设,全方位提供咨询设计、规划实施与运维服务,并始终占据行业领先地位。根据物联网的一般价值链形式(见图8-10),可以知道同方物联网产业主要业务均位于这个价值链的中下游,其最终产品直接面向客户(主要包括政府和行业企业),其商业模式并非传统的生产—销售—售后服务模式,而是需要同方通过竞标、签署合约等方式获得客户项目,再切实结合客户需求,充分利用与深化物联网相关技术,并与网络运营商合作或租用其网络服务,最终为客户提供专业权威的物联网应用集成服务与解决方案,满足客户需求,实现价值创造。

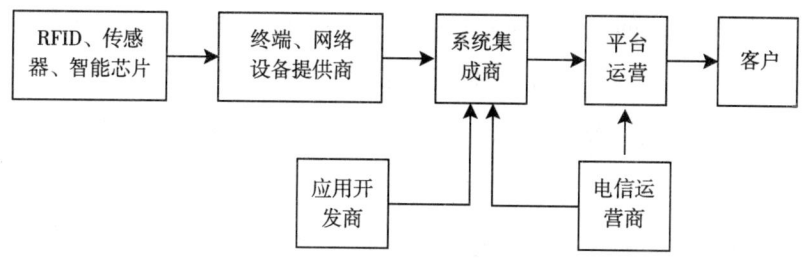

图8-10　物联网的一般价值链形式

同方凭借自身优势，并吸纳各行业先进的解决方案，成功参与了近千个政府与行业的信息化项目。从计算机网络集成及智能化到各行业政府信息化应用，从"两化"融合及无线传感器技术到应用软件人机交互集成，从项目前期可行性研究及需求工程到招投标技术方案规划咨询，直至项目实施、管理的各个阶段，同方均得到了各个行业相关单位的认可和好评。

在物联网继续迅速扩张的背景下，随着物联网应用技术不断成熟，其成本也将随着规模的扩大而有效下降，物联网应用技术在满足了政府对现代城市智能管理以及企业对其业务智能管理的需求后，将进一步应用于普通家庭的智能化中，同方也会积极将业务更多地拓展至普通家庭用户，实现B2B模式向B2B + B2C模式的拓展。

第四节　同方股份物联网商业模式创新路径分析

在物联网崛起的当下，同方也在力图调整自己的产业布局，从行业选择与战略定位、盈利模式、资源整合、组织革新、资本运作、价值创造六大方面进行调整，进而构建起了同方全新的物联网商业模式。

一、以智慧城市为物联网业务的核心

物联网是继计算机、互联网和移动通信之后的又一次信息产业的革命性发

展，是我国大力推广的下一代信息网络技术的中心，也被正式列为国家重点发展的战略性新兴产业之一。有数据显示，2009~2012年，我国物联网产业以29.7%的年均复合增长率高速增长。其中，2011年我国物联网产业市场规模为2632.6亿元，比2010年增长42.5%；2012年市场规模约为3650亿元，比2011年增长38.6%。2013年我国物联网市场规模达4896亿元，未来三年我国物联网市场增长率将保持30%。在具体行业应用的推动下，物联网初步展现出了巨大潜力。同方深刻学习和领会了"感知中国"的内涵以及理解了政府对物联网的政策支持，因而整合原有资源，成立了物联网应用产业本部，将物联网产业作为自身核心产业。

物联网产业具有产业链长、涉及多个产业群的特点，其应用范围几乎覆盖了各行各业。从目前的产业发展态势来看，物联网作为一个显露雏形的战略性新兴产业，其技术基础还不够牢固，成熟的商业模式还未能形成，传感设备制造商、传感网络运营商和物联网服务提供商等都在分头寻求突破，相互间缺乏有机联系。以设备提供商为主导，以产品为中心，通过与服务提供商合作，开发满足客户个性化需求的服务，并通过相对成熟的电信运营商网络，形成最终的整体解决方案的产业协作模式对于客户需求可以进行及时、准确的把握，但是由于市场分散、资源控制能力弱和融资能力差等原因，难以得到规模化的发展，产业链的整合难度较大，也容易造成服务提供商的商业模式创新明显滞后于传感设备和基础网络所能提供的技术可能性或解决方案，使潜力巨大的物联网应用市场难以大规模启动。

因此，我国物联网产业发展的下一个阶段，就是物联网的大规模应用和产业的规模化阶段，由以设备制造商为核心转变为主要依赖网络运营商提供整体解决方案和服务供应商开发应用商业模式。由于传感基础网络是由已经相当成熟的基本通信网承担，整体解决方案可以说已经是水到渠成，所以服务提供商的应用服务创新和商业模式创新就自然而然地成为当前物联网发展的关键点。因此，我国物联网产业发展接下来要以技术发展的基本方向为依据，以推动服务提供商的应用服务创新为重点，确定物联网的基本商业模式，以商业模式整合物联网产业链，以市场创造带动新一轮技术升级和网络建设。政府推动物联网发展的政策重心，也应转移到鼓励和支持服务提供商开拓应用市场和开发商业模式上来。

同方发现并把握住了这一机遇，利用综合产业优势，在原有微电子与射频技术产业部等基础上成立了物联网应用产业部，将其物联网产业链从末端IC卡、RFID电子标签产品等感应层设备的开发生产拓展至物联网应用层的系统集成服务和软件提供，并将智慧城市建设作为其物联网业务的核心。

应用层是物联网发展和合作最广的领域，而目前物联网应用的市场规模还比较小，因此，在这市场潜在需求大、竞争激烈的行业发展初期，同方采取了扩张性的增长战略，积极地扩展业务，争取市场，利用综合产业优势，将物联网技术应用于其原有IT产业下的各子产业，实现资源的整合与原有优势的充分利用。同方以创建"中国物联网应用建设领域一流品牌"为企业战略目标，致力于"智慧城市"建设，提出了DCM发展战略，把物联网产业分成三层，并突破了中国物联网市场重"硬"轻"软"的传统习惯，将自己定位于M应用软件和中间件这一层，以其拥有自主知识产权的ezM2M物联网应用基础平台为支撑，依托自己强大的品牌和业务拓展能力、系统集成能力及宽广的区域服务能力，开发应用于安监、环保、水利、交通、民政、农业、国土、城管八个行业的ezM2M软件系列产品，服务于物联网各行业建设领域，为客户提供国内领先的物联网/M2M软件产品和解决方案。同方还与网络运营商合作（如与重庆中国移动签署M2M战略合作协议），将其业务拓展至多个行业，并与同方其他产业部的产品尽可能地形成DCM完整产业链。例如，同方锐安公司的移动E物流营运，就是基于ezLMS物流车辆在线管理系统、M2M SaaS营运平台。

资料8-1

同方DCM理念

同方在较早时期就提出了M2M的说法，也体现了同方在感知中国、传感网络、智慧地球等方面更侧重于"应用"的特点。同方软件打造的"物联网业务基础中间件平台"以ezONE业务基础平台为核心，构建的上层M2M

相关行业应用，覆盖节能、环保、应急、交通、RFID智能卡、GPRS定位、市政与楼宇等20多个"垂直"应用行业，目前已在超过300个项目中成功应用，典型案例包括中国移动e物流中心、中影集团院线放映设备管理、虹桥大型交通枢纽工程、奥运场馆门票管理、国务院应急系统、伊朗德黑兰地铁、新加坡UBS大楼集成系统等。

在同方的DCM理念中，一个典型的M2M系统一般包括末端设备或子系统（Devices）、通信连接系统（Connect）以及总控管理系统（Manage）。即通过多种通信技术，连接各种末端设备或子系统，采用M2M中间件/Web Services/SOA等标准化数据表达技术，将终端设备或子系统汇总到一个统一的管理系统，实现远程监视、自动报警、控制、诊断和维护，进而实现对设备的全局化管理和服务。这其中"软件"将成为物联网/M2M应用的核心和灵魂。DCM理念的划分方式如图8-11所示。

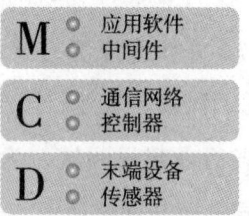

图8-11 同方DCM理念划分

同方软件的战略方针是以ezM2M中间件及各行业公共构件库为基础，依托自己强大的品牌和业务拓展能力、系统集成能力及宽广的区域服务能力，服务于物联网各行业建设领域，为客户提供国内领先的物联网/M2M软件产品和解决方案。

同方DCM战略的核心产品：ezM2M物联网业务基础中间件平台和行业应用套件旗舰产品拥有自主知识产权，其技术是基于JavaEE/SOA等开放框架和构件，其产品覆盖节能环保与能源管理、公共安全与应急、综合交通枢纽与轨道交通、RFID与智能卡、GPRS车辆和特种行业、市政与楼宇设备管理等众多领域。

二、作为孵化器的盈利模式

企业能否持续盈利是判断其商业模式是否成功的唯一的外在标准。因此，在设计商业模式时，如何实现长期可持续的盈利自然成为重要的原则。同方的盈利体现在其商业模式的各个环节。

1. 规模盈利

同方历经十几年的探索与发展，其产业链基本覆盖战略性新兴产业，并且已经初具规模，在有些行业甚至已经处于世界领先水平。同方提供的高科技产品和服务种类很多，这为同方的产品之间有效地分担市场风险、降低成本、实现规模盈利提供了保障。并且，在物联网商业模式下，同方将物联网应用技术渗透到其他产业中，使其互补融合，形成新的产品和服务，成为新的盈利点。例如，同方 ezWRMS 水资源管理系统与同方能源环境本部的结合，能够应用于对城市污水处理厂的集控、对地区水环境的监控、对流域水环境的检测，能够为政府部门提供一个集监控、管理、查询、数据收集和数据统计于一体的水污染治理综合系统。

2. 孵化器盈利模式

同方作为一个科技创新孵化器，技术与产品的研发和持续改进是其最为关键的价值活动，也是其核心竞争优势所在。同方孵化器盈利模式如图 8-12 所示。其孵化项目可以形成一种成熟的技术、成熟的产品而并入公司已有的主业领域，成为新的盈利产品或直接转售到社会。如果孵化项目足以形成一种新兴产业，则以孵化项目为技术基础，以创新小组为组织基础，建立起新的内企业，这些内企业不仅可以为公司带来新的利润增长点，也可以在资本市场上转移到社会企业，转化为营业外收入。特别是在物联网这个朝阳产业蓬勃发展的时期，同方的孵化器模式已经也将继续为其孵化出更多的拥有自主知识产权的产品，成为其物联网业务盈利的源泉。

3. 产品盈利

一方面，同方作为一个高校高科技型企业，始终注重自主科技产品的研发和

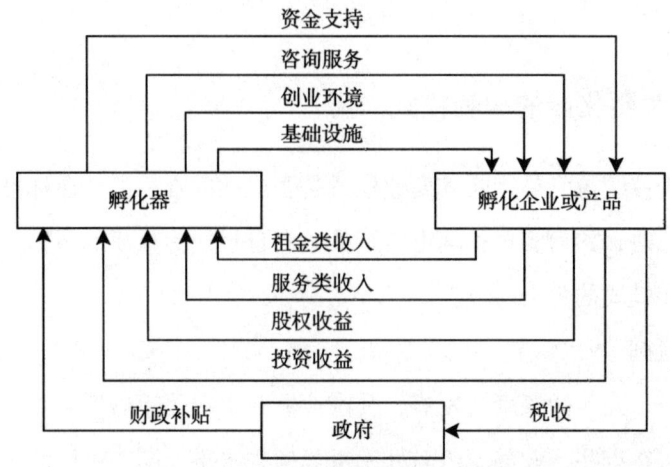

图 8–12　同方股份的孵化器盈利模式

核心科技竞争力的提高，其经营要素都是围绕建立产品差异化的核心竞争力而进行培植和配置的，这为同方产品进入市场后能够盈利提供了可能。另一方面，同方拥有自己的生产基地和工厂，并十分关注工厂生产活动中的品质管理和订单管理，同时尽可能改进工艺、降低成本，这为其盈利提供了更大的空间。如今，同方正大举进军物联网应用产业，其产品不再仅是可以批量生产销售的实物，更包括借助物联网平台提供的个性化服务。同方通过与客户深入沟通和商讨，为其开发合适的物联网应用软件或提供系统集成服务，满足客户需求，而同方物联网产业部面向的客户以政府与企业为主，因此，同方物联网应用业务的盈利主要是同方通过参与竞标或与企业签约，获得项目款，并在为客户提供有一定质量保证专业化软件、系统产品以及配套的售后服务的前提下，通过价值创造、降低成本盈利。近年来，同方股份中标的主要合同项目如表 8–1 所示。

表 8–1　同方股份中标的主要合同项目

时间	事件
2002 年 5 月	中标新乡市人民政府便民服务中心系统建设工程，总合同额达 848 万元
2003 年 6 月	中标新疆"金保工程"首期工程应用系统开发与实施项目，合同总金额达 500 万元
2004 年 3 月	长春市人口和计生委计算机系统建设工程，通过长春市政府采购中心投标方式签约
2005 年 5 月	中标新疆喀什地区"金保工程"一期工程设备及系统集成项目，总合同金额达 400 万元
2006 年 2 月	与新疆维吾尔自治区劳动和社会保障厅续签 630 万元新疆"金保工程"社会保险和劳动力市场应用系统各地州市实施项目合同

续表

时间	事件
2006年2月	与新疆维吾尔自治区劳动和社会保障厅续签630万元新疆"金保工程"社会保险和劳动力市场应用系统各地州市实施项目合同
2011年3月	同方物联网应用产业本部中标"龙岩市物联网应用基础服务平台（M2M）暨数字化城市管理示范项目"
2012年12月	物联网本部中标安全生产微博舆情监测分析系统建设与服务项目
2012年12月	物联网本部成功签订繁峙鸿生物流农产品批发市场信息系统软件开发和系统集成项目合同

4. 资本运作与其他公司支持活动

这些活动包括：行政管理、人力资源管理、财务与资产管理、技术支持、信息系统建设管理、外部关系管理等。尽管这些活动不能直接增加产品或服务的价值，但可以通过对同方价值增值活动的管理、控制，提升改善其管理经营，从而既提升效益、降低成本，又促进同方核心竞争能力的形成，有利于总体价值的实现。

5. 品牌盈利

如今，物联网应用行业竞争激烈，如何有效地占领市场成为同方物联网业务盈利的关键。虽然价格策略在短期内能够使同方获得更多的市场份额，但是长期来看价格竞争只会将价格越压越低，进入恶性循环。因此，在市场的推广上，最好的方法就是实行差异化策略，同方的品牌战略正是这一策略的具体实施。同方物联网应用产业部以中国物联网应用建设领域一流品牌为企业目标，现在已是中国十大系统集成商之一、智慧城市建设的领跑者，其产品和服务得到了各个行业相关单位的认可和好评，也无疑使得同方拥有了垄断势力，成为其盈利的又一来源。

三、同方股份内外部资源的统一整合

市场竞争优势常常属于那些擅长整合资源的企业，而不是属于那些花费巨资创造新资源的企业。资源整合是指企业对不同来源、层次、结构、内容的资源进行选择、汲取和有机融合，并对原有的资源体系进行重构，摒弃无价值的资源，以形成新的核心资源体系。对于同方这样一个实力雄厚的集团企业，内外部资源的整合是其物联网商业模式创新的重要部分。

1. 内部资源整合

企业的内部资源条件决定了其能否和如何有效利用外部环境提供的机会并消除可能的威胁，从而获取持久的竞争优势。可以说，同方在短短的两年中，在物联网应用领域脱颖而出、独领风骚，与其对内部资源的整合能力密不可分。

（1）智力资源。智力资源包括知识资源和人力资源。国内一流大学——清华大学作为其智力资源的源头，不仅能够为其提供大量的知识科技成果，还能提供优质的各方面人才，这是同方所具有的先天禀赋优势，而同方以其独特的创新孵化器模式，将知识资源转化为资本、将禀赋优势转化为企业的市场竞争优势则是一种有效的资源整合能力。目前，同方拥有微电子射频方面的专利60多项，拥有物联网应用软件著作权近百项。在人力资源方面，同方一方面整合原有物联网业务方面的人才。另一方面大量吸收清华大学提供的新人才，同方物联网产业本部现有员工700余人，其中本科及以上学历占90%以上，研发及工程技术人员占60%，这些正是同方在物联网应用领域能够也将取得更大成就的必要条件。

（2）企业家资源。企业家敢冒风险和勇于开拓创新的精神以及对创新活动的组织管理能力，是企业重要的战略资源。同方物联网产业的领导层都是富有行业经验的管理者、技术者。他们在同方成立物联网产业部之前就开始从事于政务信息化、教育信息化等涉及交通、安监、环保等多行业的物联网相关应用业务，并参与四川什邡、福建龙岩、辽宁大连、广西桂林、浙江宁波等多个城市的物联网发展规划。同方物联网产业部总经理周侠，更是国内率先提出"城市运行体征管理"等智慧城市建设理念的专家。而同方的领导层，除独立董事外，均毕业于清华大学，拥有大学及以上学历和研究员等高级职称。多年的管理经验也使得他们对经济风向、市场有着敏锐的洞察力。而他们对同方物联网产业发展布局的独到见解也将成为其成功的关键。同时，他们确立的企业文化、企业制度，创造的企业环境对企业发展的影响程度也是很大的。

（3）组织资源。组织资源是为确保组织高效运转而确定的正式的组织结构、组织程序及组织语言、正式与非正式的计划、管理系统等。经过十多年的发展，同方从职能制组织结构整合成为现在的事业部型的组织结构，这对其现在所处的多产品、跨区域以及多产业经营的高速发展阶段的促进作用是很大的。

（4）无形资源。在知识产权方面，2013年度公司新申请中国专利和计算机软件登记283项，其中发明140项、实用新型112项、外观设计15项、计算机软件登记16项。截至2013年12月底，公司共申请中国专利2154项，获得中国专利权1325项，其中发明489项、实用新型735项、外观设计101项；申请并获得计算机软件登记著作权204项。共申请涉外专利714项，已获得外国发明专利权299项。同方物联网本部获得软件著作权近百个，且每年申报的软件著作以及登记的知识产权数量呈平稳上升趋势，"清华同方"品牌价值也已超过550亿元，在现今客户对物联网产品认知度不高的背景下，同方的品牌资源能够有效地引导客户的购买行为。发展至今，同方在物联网应用行业已经是领军企业，2009年被推举为中关村物联网产业联盟理事长单位，2011年被推荐为中国物联网应用与推进联盟副理事长单位。这些无形资源能够增加同方的市场价值，也将成为同方物联网产业发展不可或缺的内部资源。

2. 外部资源整合

外部资源主要是指能够潜在或实际地影响企业价值创造但是企业又不能或者不易掌控的资源。虽然外部资源不像内部资源一样对企业的发展起决定性作用，但如果企业能够通过创造性的手段，将外部资源利用与内部资源整合结合起来，同样能够提高企业资源的产出效果和效率，从而增强企业的持续竞争优势，特别是当企业遇到自身内部资源"瓶颈"时。

（1）经济与政策环境。1997~2012年，国内经济环境既经历了稳定的增长时期，也受到过国际金融危机的冲击，但同方的业绩一直稳步增长。自2012年以来，国内外经济形势愈加复杂，我国的经济增速也降至8%，这也更凸显了"十二五"期间发展的主题——转变经济发展方式。对于战略性新兴产业这一块，各级政府依然是大力支持，社会期望也很高，特别是随着传感技术、信息网络技术的快速发展，国内外社会各界对物联网技术的需求与期望也日益增加，国家各相关部委、各地区都在积极地推出物联网发展计划，出台各类政策措施，务实支持物联网产业的健康发展，这也为同方特别是其物联网产业部的发展提供了积极的外部环境。

（2）资本资源。同方"大物联网"打造、全产业链投资的战略目标，需要大量资金的投入，如果仅仅通过公司利润的积累，则远远满足不了同方对资本的需求，所以，金融体系的支持是同方物联网得以发展的强劲动力，它能够为同方提供大量的资金和风险投资，帮助同方进一步加强自主性技术创新能力。实际上同方也是这么做的，2011年，同方拉开了大规模分拆上市的序幕，其下各产业部子公司陆续上市，依靠金融市场的资金支持快速发展。并且就如今股市而言，物联网概念股走势仍相当强劲，许多股民都看好这一行业，这对同方物联网产业部来说，是一个拥有大量资金的潜在市场。2012年，我国经济增速放缓，政府着力推进经济结构调整，5月后，货币政策开始明显放松，贷款利率降低，企业能更容易地在资本市场上融集所需资金，支撑自身发展，而且社会融资总量也大幅增加。良好的社会资本环境将成为同方继续发展壮大的外部保证。

（3）社会关系资源。同方在十几年的发展历程中积累了丰富和稳定的外部社会关系资源，其中顾客关系资源，包括长期信赖同方产品的私人客户，以及青睐同方提供的产品与技术服务的政府采购部门。特别是在物联网应用行业发展初期，许多项目都是由地方政府支持、推动的。因此，与各级政府及相关部门的长期良好合作关系自然是同方物联网产业发展的重要资源，同方也充分认识到这一点，积极地参与了国家物联网的建设规划，也得到了各级政府的认可。另外，同方积极参与各种形式的物联网战略联盟，如2009年成立的中关村物联网产业联盟。这是因为同方充分认识到，竞争对手也是一种宝贵的外部资源，物联网产业中竞争对手之间的竞争能使同方认清自身物联网产业优势所在，进而在专业化中形成核心竞争优势；合作能够使同方获取互补的创新知识，降低创新成本，分散创新风险。总之，这些外在资源的整合都为同方在物联网时代下的扩张发展提供了不竭动力。

> **资料 8-2**
>
> **中关村物联网产业联盟**
>
> 中关村物联网产业联盟于 2009 年 11 月 1 日由中关村物联网产业链上、下游具有优势的 40 余家机构共同发起组建,并在北京成立。其目的在于借此加强企业间的协作、创新与联动,促进物联网成员单位与政府的互动,整合、协调优势资源,促进中关村地区物联网产业的发展壮大。清华同方股份有限公司成为理事长单位,北京移动、北京邮电大学、中国科学院软件所、北京交通委信息中心等 12 家产学研用代表机构成为副理事长单位。
>
> 作为我国最重要的物联网产业联盟,中关村物联网产业联盟以智慧城市为突破口,在城市管理、应急安全、智能交通、节能环保等方面做出了突出的贡献。中关村物联网产业联盟成立以来,联盟与成员单位一起为中关村物联网产业的发展做出了积极的努力,致力于推进物联网企业参与各级政府的示范应用项目,组织相关标准的研讨和制定,编撰物联网产业规划及发展报告,组织企业申报各级各类资金支持等工作,充分发挥了中介组织的协调和资源配置作用。中关村物联网产业链的企业在技术研发和工程实施方面已经广泛地开展合作,共同研究制定相关的标准,共同承担国家和北京市政府的重大项目。

四、超强的组织反应能力

组织能力是指在动态复杂环境下,企业不断地通过对其拥有的资源和要素进行组合以应对市场变化的战略性组织流程,是配置资源的能力。企业是组织能力的集合体,不同的组织能力会使企业产生不同的绩效,优秀的组织能力无疑是企业竞争优势的重要方面。就同方而言,其组织能力可从以下几方面分析。

1. 组织的协同能力

组织的协同能力是企业生产过程中通过组织的活动将资源进行整合,获得协同效应的能力。

早在物联网概念在国内提出来之前，同方在物联网产业领域就开始了研究和探索。2003 年，同方自主开发出国内首个 M2M 平台，提供基于 OMIX 数据交换标准的标准化、构件化的运行环境和快速开发工具；2005 年，同方率先提出物联网 DCM 发展战略，站在整个产业链角度，将物联网体系分成三层。并以此为基础，先后开发出拥有自主知识产权的 ezONE、ezM2M 基础核心平台以及一系列的行业应用软件与产品。但此时同方的物联网业务还零散地分布在同方不同的产业部，还未得到足够多的重视，所占用的资源也不多，发展空间还很大。为了将更多的公司资源整合并运用到同方物联网产业的发展中，也为了能够更有效地协调公司物联网产业发展和其他产业发展的关系，公司于 2010 年 5 月对原有组织结构进行了调整，增设物联网应用产业本部，物联网本部下设大数据产业研发与工程中心、大数据城市运行体征应用中心、大数据网络环境建设中心、职能管理、财务体系，并下设子部门，具体如图 8-13 所示。本部直属于公司总部，拥有较高的独立权，也拥有较完整的组织结构，这也使得同方物联网产业部在业务能力和财务能力上有所提升。这次调整之后，同方物联网产业本部发展迅猛，从 2010 年起，同方的物联网产业销售收入增长率从 10% 以下跃升到 25% 左右。

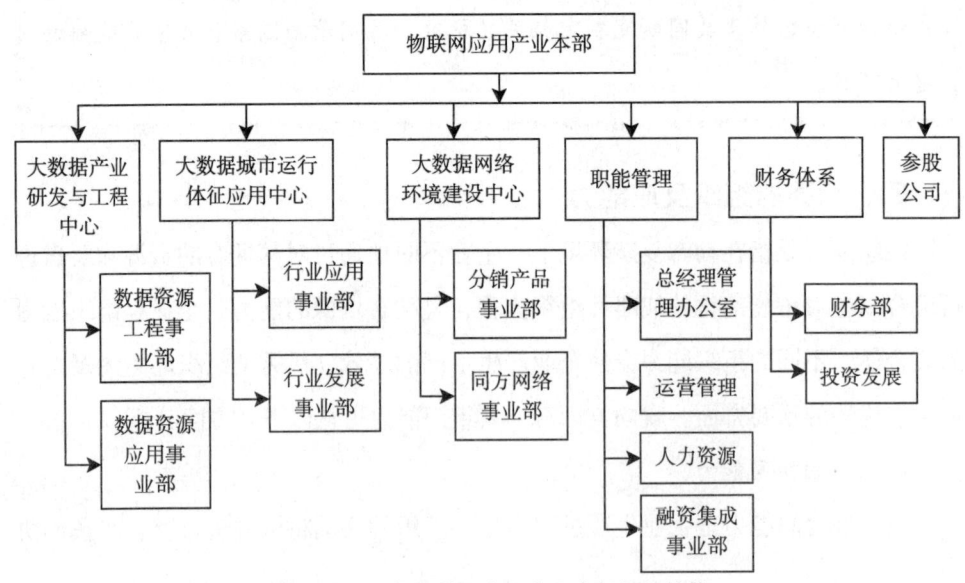

图 8-13 同方物联网应用产业本部组织结构

2. 组织的执行能力

在企业获得同样资源的基础上，由于企业组织结构、人力资源和组织文化等方面的差异，组织的执行能力会表现出很大的不同。这种过程实现的能力来自对信息的管理能力、决策的制定和执行控制能力。

对信息的管理，决定了企业决策的制定和执行控制，并且会影响到对资源的整合配置。首先，信息的筛选和甄别。同方依托国内一流大学——清华大学，其人才资源无疑能够帮助同方从社会爆炸式的信息中提取出有价值的信息，为其下一步战略部署提供基础。其次，保证信息流的畅通和传递的速度和范围也是组织能力的体现。同方作为一个高科技型企业，其企业内部信息化建设完备，如计算机网络基础设施建设、生产制造管理系统的信息化建设、企业内部管理业务的信息化建设等。并且，同方内部信息的开放与共享以及对外的信息披露机制都比较完善。

3. 组织的反应能力

对企业来说，获取资源并对其进行配置整合是一种基础能力，执行和控制能力是组织活动的主体表现，但组织能力还应该有一个很重要的构成，就是反应能力。

反应能力分为两类，预先反应和事后反应。正如同方早在2003年就开始进行物联网中间件平台开发那样，依托于清华大学，同方总能够预判市场下一个阶段需求的技术，然后先于其他企业进行开发和产业化。事后反应主要体现在当遭遇市场变化时，企业能够及时调整适应以应对挑战。同方的事后反应能力在许多方面都有体现。例如，2011年我国政府开始对物联网的财政、应用示范进行规划部署，与此同时各地政府也积极地开展物联网相关产业发展工作，同方很快就利用综合产业优势，布局从城市级别整体物联网应用到末端IC卡、RFID电子标签产品开发的全物联网产业布局，并推动城市运行体征监控业务、城市公共服务管理业务、城市公共安全指挥业务等的发展，打造"智慧城市"理念。此外，组织的学习能力和创新能力是反应能力的最高体现。同方作为高科技型企业，非常重视员工、团队和组织不断地自觉学习，强化组织应变能力和学习能力，建立学习—创新力—生产力—竞争力的传导链条。

五、基于 M2M 业务中间件平台的价值创造

企业价值创造是指企业以一定的资源投入,包括财力、物力及人力等,通过其自身生产经营过程,实现资本的增值及收益的创造。企业价值创造的分析角度有很多种,以下将从自身价值、客户价值、社会价值、价值创新四个方面分析同方的价值创造。

1. 提升自身价值

自同方创建以来,其营业收入和利润都稳步增长,虽然 2008 年受世界金融危机的影响,营业收入增长停止,但自 2009 年经济复苏以来,同方又开始了新一轮的增长,到 2012 年其营业收入近 223.42 亿元人民币,比 2011 年增长 6.59%,净利润达 6.06 亿元,并且同方物联网产业为其收入的贡献率也逐年上升。此外,同方成功的品牌战略也为其带来了品牌价值的提升,如今,"清华同方"这一品牌价值已经超过了 550 亿元,单物联网智能建筑系统的品牌价值就达到 46.92 亿元,居国内第一名,并高出第二名 14 亿元。同方公司物联网产品和服务也广受社会各界好评,荣获国内各种奖项,例如,同方连续四年蝉联"中国 RFID 行业年度最有影响力系统集成企业"奖项、同方数字城市六项工程获评"2012 年度全国百项建筑智能化经典项目"、同方工业有限公司荣获"智慧北京大赛优秀解决方案奖"等,这为同方品牌价值的提升贡献了力量。企业文化同样影响着自身价值的提升,同方"承担、探索、超越、忠诚、责任与价值等同"的企业文化有效地凝聚、激励了员工,弥补了其正式制度的不足,降低了企业组织成本,减少了企业在价值创造过程中的无谓损耗。

2. 提升客户价值

同方一直以"客户为先,应用为本,专业力量,持之以恒"的精神,为客户提供最优质的产品和服务,其经营过程是一个通过提升客户价值,满足客户的需要,进而得到回报,满足自身需要,实现企业价值创造的过程。例如,在智能建筑领域,2012 年 8 月,同方成功签约克拉玛依石化园生产指挥中心项目,为其提供自主 ezIBS 系统集成软件,集成包括楼宇自控、视频监控、防盗报警、设备

节能管理、停车场、消防报警、机房场地环境在内的七个子系统。在 ezIBS 平台上，通过开发相关端口，完成各个子系统的可视化编程，最终满足了业主方管理人员在任一时间、任一地点、任一网络计算机上，在统一的可视化界面管理系统下，实现智能化管控的需求，为该生产指挥中心搭建了一个节能、智能、安全、稳定、高效的绿色办公和生活空间。在物联网智能交通领域，2012 年，同方物联网本部中标安徽交通运输服务平台（一期）省中心应用系统软件开发项目，内容包括编制相关流程标准、校准平台技术规范指南以及相应软件的维护与升级。项目建成后，将有效满足安徽省对提升交通应急信息化管理水平、保障高速公路及重要站点的稳定运行的需求，对全国交通行业的应急推广也具有重大意义。此外，同方为客户提供的软件系统后期更新及运维服务，满足了客户对产品、对技术的长期需求，从而为客户带来了更多的价值。

3. 提升社会价值

在社会主义市场经济条件下，一个优秀的企业不仅能够为自身获得经济收益，也能够为社会创造价值。同方的企业宗旨是"科技服务社会"，在其探索高科技产业发展之路的过程中，以"科教兴国"为己任，在物联网大背景下更是主动承担了用物联网技术去改造和提升传统产业、促进工业和信息产业融合的责任。同方自主开发的 ezM2M 物联网业务基础平台以及基于此开发的 M2M 行业应用套件，对提高我国高端基础软件的竞争力、打破国外垄断格局、填补行业空白具有重大意义，并且具有明显的技术外溢效应，提升了我国物联网产业的社会价值。

4. 实现价值创新

价值创新是通过对现有行业模式概念的根本性改变，以及重建现有的市场边界（通过打破现有规则以及改变竞争的性质）来创造显著的客户价值，并实现企业高速成长的战略过程。

同方物联网的价值创新是基于其 M2M 业务中间件平台以及这一运营平台的推广与应用，重点在于对"软件"的研发和应用。这一平台是同方根据自身研发能力和研发方向构建的核心竞争力的体现，是同方在物联网领域上的重大突破。

并且 M2M 业务中间件平台为同方物联网业务向多个方向（如节能减排、能源环境、数字城市、轨道交通、数字媒体等）拓展提供了支撑，也实现了同方的价值创新在这些方向的延伸。

在未来的价值创造中，同方应继续坚持"技术＋资本"的战略，特别是在国内与国际存在较大差距的关键设备、海量数据处理、平台运营等物联网核心技术攻关上，需更加注重其优势技术资源的应用；应继续坚持"合作＋发展"的战略，充分利用市场优势和政策支持，集多方资源，协同开展重大技术攻关和应用集成创新，形成更加完善的物联网产业体系以及以"软件—硬件—平台和中间件—应用"为核心的完整的物联网产业链，实现其与众不同的价值创造方式。

第五节　同方股份的启示

物联网应用领域的服务创新和商业模式创新将会成为我国物联网产业发展的新阶段。政府推动物联网发展的政策重心，也将适时转移到鼓励和支持服务提供商、系统集成商开拓应用市场和开发商业模式上来。同方物联网商业模式的创新，正是基于对这一点的深刻认识。在汹涌澎湃的物联网发展潮流中，同方物联网产业将在这一难得的历史机遇中成功实现跨越式升级，完成质的飞跃与创造。历经十几年的探索和发展，我们可以看到同方对传统高校科技型企业商业模式的突破和创新。并且在物联网时代下，同方继续抓住机遇、跟上潮流、迅速扩张，取得了新的成就，这为我国众多科技型企业提供了启示。

1. 行业选择与战略定位

物联网是信息产业发展的最新浪潮，是信息化与工业化融合的重要途径和载体；也是占领国际国内产业发展高端的历史机遇。有业内专家表示，物联网增长空间最大的是网络运营商，其次是系统集成商，最小的是 RFID 和传感器供应商；而受益时间最早的是 RFID 和传感器供应商，其次是系统集成商，最后是物联网运营商。我国 RFID 和传感器供应因物联网应用推广对其的需求较大,至今收益最为明显,但由于其核心技术门槛较低,在未来的发展中很可能形成完全竞争的格局。并且其属于物联网产业链的底层,对物联网产业链的整合能力较弱,很难主导物联网的大规模应用和产业的规模化发展。而我国的物联网网络运营商只有中国移动、中国电信和中国联通,该行业属于垄断行业,一般民营企业无法进入。所以,我国物联网产业下一发展阶段的关键是物联网应用领域,主要内容是如何整合物联网产业链,如何将物联网技术应用于工业化和信息化的融合。尽管系统集成行业仍然存在着技术、标准、市场等壁垒,但从 2010 年至今,经过三年多的发展,物联网应用产业规模迅速扩大,应用领域也广泛拓展。同方就是根据自身已有的多产业布局,发挥综合优势,立足长远利益,将其物联网业务重心放在应用领域,成为了物联网应用及系统集成方面的领头企业。其他企业在借鉴同方的成功案例时不要盲目,应该结合自身优势,看清国内的物联网发展进程,在物联网产业链中选对自身的定位和发展点。并且一旦选择了自身的定位,就应尽早地进入,以抢占更多的市场,为后期发展奠定基础。在战略选择上,应该更加注重企业长远发展以及企业长期盈利能力的培养,如采取品牌化、国际化战略等。

2. 技术创新

从同方物联网产业的发展历程与前景来讲,无论是在行业地位与影响力方面,还是在核心平台与产品以及行业应用等方面都在国内占据领先地位,是国内物联网应用产业的领军企业,这与同方强大的技术创新能力密不可分。物联网产业作为新兴的高科技信息技术产业,技术门槛较高,想要在激烈的市场竞争中立足甚至脱颖而出,需要强大的技术创新能力作支撑。而同方的技术创新能力又是源于以清华大学作为其虚拟 R&D 中心,因此,这为其他企业提供了一种增强技术创新能力、节约创新成本的途径,那就是与国内的高校合作,将其技术创新成果产业化。更进一步,在如今中央和地方政府都在积极推动物联网产业发展的背景下,有效地为自身技术创新引入政府支持,实现政、产、学、研的结合,无疑会是明智之举。

3. 资源整合

同方的发展告诉我们，想要在物联网这个潜力巨大的行业中形成竞争优势，有效的资源整合能力是不可或缺的。但物联网行业中的众多中小型科技企业，相较于巨大的市场，其自身拥有的资源是十分有限的，要想突破这一发展限制，就必须有效地整合外部资源，其中很重要的一点就是形成合作发展的机制，在全球范围内寻求合作共赢，寻求最佳的资源配置。就目前国内的物联网发展来看，虽然在不少领域实现了突破，但在很多领域依然存在技术不成熟、资金不充足的问题，而国外拥有优势的技术和资本资源，因此，引进外国先进技术和资金，是整合外部资源、培育自身竞争优势、实现自身的发展的一种有效途径。

4. 价值创造

物联网企业应更加注重价值创造能力的培养。同方物联网产业的发展经验告诉我们，单纯地扩大生产规模、降低成本并不能保证持续的盈利，盈利源自价值创造。为了培养企业的价值创造能力，首先，要关注客户，客户的满足是价值创造的最终源泉，在未来的物联网发展中，多领域的、有针对性的、个性化的技术服务将成为赢得客户的关键。其次，要在物联网的商业模式创新中寻求价值创造，如物联网的多网络融合模式，能够极大地拓展物联网的横向规模，提供更多物联网模块的组合可能性，也为客户提供更多的选择权，物联网价值也将得到极大的提升。

参考文献

[1] Dieter Uckelmann, Mark Harrison 等. 物联网架构——物联网技术与社会影响 [M]. 北京：科学出版社，2013.

[2] 黄桂田等. 中国物联网发展报告（2012~2013）[M]. 北京：社会科学文献出版社，2013.

[3] 黄桂田等. 中国物联网发展报告（2011）[M]. 北京：社会科学文献出版社，2011.

[4] 宗平等. 物联网概论 [M]. 北京：电子工业出版社，2012.

[5] 毕开春等. 国外物联网透视 [M]. 北京：电子工业出版社，2012.

[6] 洪涛等. 物联网经济学 [M]. 北京：中国铁道出版社，2011.

[7] 李向文等. 物联网概论——物联网框架及产业链蓝图 [M]. 北京：中国物资出版社，2011.

[8] 刘云浩. 物联网概论 [M]. 北京：科学出版社，2011.

[9] 董耀华等. 物联网技术与应用 [M]. 上海：上海科学技术出版社，2011.

[10] 李虹. 物联网与云计算：助力战略性新兴产业的推进 [M]. 北京：人民邮电出版社，2011.

[11] 李虹. 物联网：生产力的变革 [M]. 北京：人民邮电出版社，2010.

[12] 国际电信联盟. ITU 互联网报告 2005：物联网，2005.

[13] 朱晓荣等. 物联网与泛在通信技术 [M]. 北京：人民邮电出版社，2010.

[14] 项有建. 冲出数字化：物联网引爆新一轮技术革命 [M]. 北京：机械工

业出版社，2010.

[15] 亚历山大·奥斯特瓦德，伊夫·皮尼厄. 商业模式新生代 [M]. 北京：机械工业出版社，2011.

[16] 胡向东. 物联网研究与发展综述 [J]. 数字通信，2010（2）.

[17] 张云霞. 物联网商业模式探讨 [J]. 电信科学，2010（4）.

[18] 范鹏飞等. 基于运营商视角的物联网商业模式 [J]. 通信企业管理，2010（12）.

[19] 郎为民. 大话物联网 [M]. 北京：人民邮电出版社，2011.

[20] 周洪波. 物联网：技术、应用、标准和商业模式 [M]. 北京：电子工业出版社，2010.

[21] 吴功宜. 智慧的物联网：感知中国和世界的技术 [M]. 北京：机械工业出版社，2010.

[22] 张飞舟. 物联网技术导论 [M]. 北京：电子工业出版社，2010.

[23] 王志良. 物联网——现在与未来 [M]. 北京：机械工业出版社，2010.

[24] 杨刚等. 物联网理论与技术 [M]. 北京：科学出版社，2010.

[25] 田景熙. 物联网概论 [M]. 南京：东南大学出版社，2010.

[26] 国脉物联网技术研究中心. 物联网100问 [M]. 北京：邮电大学出版社，2010.

[27] 张铎. 物联网大趋势 [M]. 北京：清华大学出版社，2010.

[28] 王庆秀. 中国物联网商业模式探究 [J]. 中国证券期货，2012（12）.

[29] 赵冠南等. 我国物联网商业模式初探 [J]. 四川工程职业技术学院学报，2013（3）.

[30] 欧晓华. 我国物联网商业模式及发展趋势研究 [J]. 中国商贸，2013（2）.

[31] 胡保亮. 物联网商业模式：研究进展与展望 [J]. 科技管理研究，2013（11）.

[32] 欧阳桃花. 基于朗坤与联创案例的中国农业物联网企业商业模式研究 [J].

管理学报，2013（3）．

[33] 董红杰.商业模式视角下的物联网发展研究 [J].科技管理研究，2013（4）．

[34] 詹正华等.我国物联网发展的商业模式探讨——以无锡物联网发展为例 [J].当代经济，2013（13）．

[35] 王华安.物联网产业链所引发的商业模式创新 [J].中国公共安全，2013（20）．

[36] 李遵白.基于技术路线图的物联网产业布局研究 [J].企业经济，2011（6）．

[37] 赵展.关于物联网商业模式的思考 [J].物联网技术，2012（6）．

[38] 郑淑蓉等.物联网产业商业模式的本质与分析框架 [J].商业经济与管理，2012（12）．

[39] 陈靖宇等.基于物联网技术的商业模式研究 [J].制造业自动化，2012（4）．

[40] 宋孟凯.物联网产业商业模式 [J].商业时代，2012（1）．

[41] 李奕莹.基于价值网的物联网商业模式研究 [D].山东大学硕士学位论文，2013．

[42] 唐亮.我国物联网产业发展现状与产业链分析 [D].北京邮电大学硕士学位论文，2010．

[43] 戴蕾.我国物联网产业链构建研究 [D].北京邮电大学硕士学位论文，2011．

[44] 朱蕊.基于价值网的物联网产业链协同研究 [D].南京邮电大学硕士学位论文，2012．

[45] 张皓强.中国移动通信公司物联网产业链研究 [D].华东理工大学硕士学位论文，2011．

[46] 杨国安.组织能力 [M].北京：机械工业出版社，2010．

[47] 魏炜，朱武祥.发现商业模式 [M].北京：机械工业出版社，2009．

[48] 纪永英. 创新的盈利模式 [M]. 北京：机械工业出版社，2009.

[49] 王方华，徐飞. 盈利模式 3.0 [M]. 北京：机械工业出版社，2009.

[50] 陈明，余来文. 商业模式：创业的视角 [M]. 厦门：厦门大学出版社，2011.

[51] 余来文，王乔，封智勇. 云计算商业模式 [M]. 福州：福建人民出版社，2013.

[52] 李莹，余来文. 远望谷的物联网商业模式创新 [J]. 中国高新区，2012 (2).

[53] 余来文. 创业型企业商业模式的构成要素研究 [J]. 当代财经，2011 (12).

[54] 余来文. 远望谷物联网商业模式 [J]. 物联网世界，2012 (3).

[55] 曾霖，余来文. 同方股份转型物联网商业模式分析 [J]. 物联网世界，2013 (2).

[56] 曾霖，余来文. 东信和平物联网商业模式 [J]. 物联网世界，2013 (6).

[57] 魏衬衬，余来文. 大陆物联网商业模式 [J]. 物联网世界，2014 (1).

[58] 孙梦熊，余来文. 厦门信达物联网商业模式 [J]. 物联网世界，2014 (3).

[59] 王红红，余来文. 高鸿股份物联网商业模式创新路径 [J]. 物联网世界，2014 (4).

[60] 远望谷、新大陆、厦门信达、东信和平、高鸿股份、同方股份等公司内外部资料、年报、出版物、评论等.

[61] 百度、凤凰网、新华网、RFID 世界网、物联中国、中国行业研究网、赛迪网、比特网、畅享网、腾讯网、和讯网、金融街、大智慧、新浪网、凤凰网等网站资料.

后 记

时下,云计算、物联网、大数据等革命性技术纷至沓来,可谓一波未平一波又起。物联网已融入我们的生活,渗透到每个角落。从Google眼镜、智能手表等可穿戴设备的大行其道,到智能冰箱、智能电饭煲、智能洗衣机等智能家居,再到无人驾驶汽车的横空出世,物联网领域可谓风起云涌。物联网热潮来袭,物联网企业也如雨后春笋般一夜之间全冒了出来。但鲜有人对物联网企业展开研究,关系物联网能否存活下来的商业模式更是无人问津。近年来,笔者一直关注物联网的应用,更关注物联网企业的盈利之道。可以说,物联网商业模式是对物联网企业运作的一种深层次思考,更是对现有物联网企业管理实践的一种高度总结。

谈及物联网,可以说笔者与它还真有不解之缘,一是从物联网在中国刚起步时,笔者就开始在这个圈子里打拼,曾在远望谷担任高层管理职务,对物联网特别是RFID电子标签在中国的普及应用深有体会。正是基于多年对物联网的关注和认知,让笔者萌发了为物联网写点什么的想法,也算为物联网产业发展尽自己的绵薄之力。二是出于笔者对研究商业模式创新的兴趣,在对中国本土的云计算企业商业模式进行研究之后,觉得很有必要对物联网企业商业模式进行探索,所以才有了这个姊妹篇的问世。可以说,物联网商业模式是首次从商业模式视角对物联网展开研究,不仅提出了物联网商业模式的原创模型,而且对物联网概念公司的案例加以剖析,以验证物联网商业模式的创新模型。

当结束《物联网商业模式》的写作时,如果说最后成书是一个成果,那么这是一个众人智慧的集合。本书在写作过程中得到了《物联网世界》主编李海燕等的指导和帮助，特此表示衷心的感谢。并感谢江西财经大学研究生李莹、曾霖、孙梦熊和江西师范大学研究生魏衬衬、王红红等同学在写作过程中协助收集大量有价值的资料并帮助整理书稿。另外，感谢经济管理出版社编辑人员在本书出版过程中给予的大力支持。

在本书写作过程中，笔者有效利用了远望谷、新大陆、厦门信达、东信和平、大唐高鸿、清华同方等公司的内外部资料，包括网站资料、相关总结、成功经验、管理智慧和商业实践，这些公司有价值的资料使本书得以顺利完成，在此对这些成功企业表示感谢。

特别需要说明的是，本书在完成过程中，学习、借鉴、吸收和参考了国内外众多专家学者的研究成果及大量相关的文献资料，并引用了一些书籍、报纸、网站的部分数据和资料内容。笔者尽可能地在参考文献中列出，但也有部分由于时间紧迫，未能与有关作者一一联系，敬请见谅，在此，对这些成果的作者深表谢意。

限于笔者的学识水平，书中错漏之处在所难免，恳请各位同人及读者指正。如您希望与笔者进行沟通、交流，扬长补短，发表您的意见，请与笔者联系。联系方式：eleven9995@sina.com，jnufzy@126.com。

2014年5月18日于深圳